歷史的築夢者

開創文明與 新世界的先驅

從古代帝王到現代科學家 那些改寫歷史的力量

陳深名，劉國生———編著

從中國的文化巨匠、道家學派的創始人，到法家思想的奠基者，
再到西方哲學之父、古羅馬的開國英雄，本書將讀者帶入一段跨
越古今、東西的奇異旅程。

. . . .

每一個時代都有其獨特的挑戰

但擁有遠見和勇氣的人總能留下不朽的足跡

目錄

目錄

目錄

前言

　　人類文明悠久長遠，世界歷史風雲變幻。其間，出現了許多偉大的人物。他們的出現，影響了人類歷史的軌跡，改變了世界歷史的發展格局。品讀古今中外的歷史偉人，既讓我們了解他們成長的足跡，奮鬥的歷程，評判他們為人類歷史所作的巨大貢獻，更使我們借古鑑今，更明智的掌握未來，避免歷史重複發生。這也是我們策劃本書的主要原因。

　　其次，人類歷史上出現的偉人，繁若群星，數不勝數。讓我們在有限的時間內，如何去了解那些多如繁星的偉大人物呢？於是我們精挑細選，將那些在某一領域的開創人，或在某一方面取得空前絕後成就的巨人，集合成冊。

　　一個偉大的人物，在特定的時空綿延的過程中，總是和歷史與現實、物質與精神、戰爭與和平、美麗與醜惡、矛盾與和解……這些巨大社會歷史內涵和重要的時代關鍵字分不開。打撈、發現、拓展和照亮這些人物身上所涵蓋的巨大精神財富，是我們策劃編寫的立足點。只有這樣才能把過去和現在對照起來，才能豐富每一個讀者的精神世界。

　　本書主要是給年輕朋友閱覽和品讀的，一個國家的興亡盛衰取決於肩負未來的年輕一代，這些青年由什麼樣的領袖培養，怎樣成長？建立什麼樣的人生觀、世界觀？以怎樣的作風前進？這些才是一個國家和民族明天的指標。自然，世界、宇宙一刻也不會停息，在你停下前進腳步的瞬間，就開始了人生的退步。不斷地開拓人生，不斷地創造、前進，才是生存真正的動力。從這些著名人物身上我們可以深刻感悟到這一點。他們的生命是頑強的、躍動著的，一旦奮起，就將爆發出無法估量的巨大力量。害怕失敗的人將一事無成。過去所有著名人物不免經受一個又一個失敗，但是他們在失敗的時候，不是沮喪氣餒，而是不屈地奮鬥，最後取得了勝利。

前言

這是我們要潛心學習的東西。

在本書的編寫過程中，我們力主把著名人物那些本色的、感性的一面展現到廣大讀者面前。

能力有限，必定使許多著名人物成為遺珠，這正是我們深負歉意和愧疚的，在此誠懇希望讀者不吝賜教。

中國文化第一人

> 孔子，名丘，字仲尼。魯國陬邑（今山東曲阜東南）人。春秋末期
> 思想家、政治家、教育家，是儒家學派的創始人。他的哲學思想
> 提倡「仁義」、「禮樂」、「德治教化」以及「君以民為體」。儒學思想
> 滲入中國人的文化生活領域中，同時也影響了世界上其他地區的
> 一大部分人近兩千年。孔子對中國文化的影響，堪稱歷史第一人。

孔子的遠祖是宋國貴族，殷王室的後裔。周武王來殷後，封殷宗室微子啟於宋（今河南商丘附近）。由微子經微仲衍、宋公稽、丁公申，四傳至泯公共。泯公長子弗父何讓國於其弟鮒祀，弗父何為卿。孔子先祖遂由諸侯家轉為公卿之家。弗父何之曾孫正考父，連續輔佐宋戴公、武公、宣公，久為上卿，以謙恭著稱於世。孔子六祖孔父嘉繼任宋大司馬。按周禮制，大夫不得祖諸侯，「五世親盡，別為公侯」，故其後代以孔為氏。後宋太宰華父督作亂，殺宋殤公和孔父嘉。其後代避難奔魯（孔氏為魯國人自此始），卿位始失，下降為士。孔子曾祖父防叔曾任魯防邑宰，祖父伯夏的事蹟無考，孔子的父親名紇，字叔，又稱叔梁紇，母親叫顏徵在。叔梁紇是當時魯國有名的武士，建立過兩次戰功，曾任陬邑大夫。叔梁紇先娶妻施氏，生 9 女，無子。又娶親，生一子，取名伯尼，又稱孟皮。孟皮腳有毛病，叔梁紇很不滿意，於是又娶顏徵在。當時叔梁紇已 66 歲，顏徵在還不到 20 歲。

魯襄公二十二年十月庚子日（西元前 551 年 9 月 8 日），孔子生於魯國陬邑昌平鄉（今山東曲阜城東南）。因父母曾為生子而禱於尼丘山，故名丘，字仲尼。

魯國為周公旦之子伯禽封地，對周代文物典籍保存完好，素有「禮樂之

9

邦」之稱。魯襄公二十九年（西元前 544 年）吳公子季札觀樂於魯，嘆為觀止。魯昭公二年（西元前 540 年）晉大夫韓宣子訪魯，觀書後讚嘆「周禮盡在魯矣！」魯國文化傳統與當時學術下移的形勢對孔子思想的形成有很大影響。

孔子三歲時，叔梁紇卒，孔家成為施氏的天下。施氏為人心術不正，孟皮生母已在叔梁紇去世前一年被施氏虐待而死，孔子母子也不為施氏所容，孔母顏徵在只好攜孔子與孟皮移居曲阜闕里，生活非常艱難。孔子曾說過：「吾少也賤，故多能鄙事。」年輕時曾做過「委吏」（管理倉廩）與「乘田」（管放牧牛羊）。雖然生活貧苦，孔子十五歲即「志於學」。他擅長取法他人，曾說：「三人行，必有吾師焉。擇其善者而從之，其不善者而改之。」（《論語・述而》）他學無常師，好學不厭，鄉人因此稱讚他「博學」。

孔子 17 歲時，孔母顏徵在卒。孔子 19 歲娶宋人亓官氏之女為妻，一年後亓官氏生子，魯昭公派人送鯉魚表示祝賀，孔子感到十分榮幸，給兒子取名為鯉，字伯魚。

孔子 30 歲時，已博學多才，成為當地較有名氣的一位學者，並在闕里收徒授業，開創私人辦學之先河。其思想核心是「仁」，「仁」即「愛人」。他把「仁」作為行仁的規範和目的，使「仁」和「禮」相互為用。主張統治者對人民「道之以德，齊之以禮」，從而再現「禮樂征伐天子出」的西周盛世，進而實現他一心嚮往的「大同」理想。

孔子 35 歲時，因魯國內亂而奔齊。為了接近齊景公，做了齊國貴族高昭子的家臣。次年，齊景公向孔子詢問政事，孔子說：「君君，臣臣，父父，子子。」景公極為讚賞，欲起用孔子，因齊相晏嬰從中阻撓，於是作罷。

孔子在齊不得志，遂又返魯，繼續鑽研學問，修詩書禮樂，培養弟子，從遠方來求學的，幾乎遍及各諸侯國。其時魯政權操在季氏手中，而季氏又受制於其家臣陽貨。孔子不滿這種政不在君而在大夫的狀況，不願

出仕。他說：「不義而富且貴，於我如浮雲。」

　　魯定公九年（西元前 500 年）齊魯夾谷會盟，魯定公由孔子相禮。孔子認為「有文事者必有武備，有武事者必有文備」，應早有防範，使齊君想用武力劫持魯君之預謀未能得逞，並運用外交手段收回被齊侵占的鄆、灌、龜陰之田。

　　魯定公十二年（西元前 498 年）孔子為加強公室，抑制三桓，援引古制「家不藏甲，邑無百雉之城」提出「墮三都」的計畫，並透過任季氏宰的子路去實施。由於孔子利用了三桓與其家臣的矛盾，季孫氏、叔孫氏同意各自毀掉了費邑與後邑。但孟孫氏被家臣公斂處父所煽動而反對墮成邑。定公圍之不克。孔子計畫受挫。

　　孔子仕魯，政治清明，天下太平。齊人聞而懼，恐魯強而並己，乃饋寶馬美女於魯定公與季桓子。魯國君臣接受了齊國所贈的寶馬美女，終日迷戀聲色。孔子則大失所望，遂棄官，帶領顏回、子路、子貢、冉有等十餘弟子離開魯國，開始了長達十四年之久的周遊列國的顛沛流離生涯。是年孔子已五十五歲。先至衛國，始受衛靈公禮遇，後又受監視，恐獲罪，將適於陳。過匡地，被圍困五天。解圍後原欲過薄至晉，因晉內亂而未往，只得又返衛。衛靈公怠於政，不用孔子。孔子說：「苟有用我者，期月而已，三年有成。」後衛國內亂，孔子離衛經曹至宋。宋司馬桓魋欲殺孔子，孔子微服過宋經鄭至陳，是年孔子六十歲。其後孔子往返陳、蔡多次，曾因楚昭王來聘孔子，陳、蔡大夫圍孔子，致使絕糧七日。解圍後孔子至楚，不久楚昭王死。後返衛國，孔子雖受「養賢」之禮遇，但仍不見用。

　　魯哀公十一年（西元前 484 年）冉有回到魯國，率軍在郎戰勝齊軍。季康子派人迎回孔子。時年孔子六十八歲。

　　孔子回到魯國，雖被尊為「國老」，但仍不得重用。他也不再求仕，乃集中精力繼續從事教育及文獻整理工作。一生培養弟子三千餘人，身通六

藝（禮、樂、射、禦、書、數）者七十二人。在教學實踐中，總結出一整套教育理論，如「因材施教」、「學思並重」、「舉一反三」、「啟發誘導」等教學原則和「學而不厭」、「誨人不倦」的教學精神，及「知之為知之，不知為不知」和「不恥下問」的學習態度，為後人所稱道。他先後刪《詩》、《書》，訂《禮》、《樂》，修《春秋》，對中國古代文獻進行了全面整理。老而喜《易》，曾達到「韋編三絕」的程度。

孔子 69 歲時，獨子孔鯉去世。71 歲時，得意門生顏回病卒。孔子悲痛至極，哀嘆道：「天喪予！天喪予！」這一年，有人在魯國西部捕獲了一隻叫麟的怪獸，不久死去。他認為象徵仁慈祥瑞的麒麟出現又死去，是天下大亂的不祥之兆，便停止了《春秋》一書的編撰。

魯哀公十六年（西元前 479 年）夏曆二月十一日，孔子去逝，葬於魯城北泗水之上。孔子生前歷盡苦難，但死後卻得到了無比的榮耀，喪禮的隆重程度，超過了任何一個諸侯。魯哀公親自為孔子作了祭文：「上天不仁啊，連這位國老也不給我留下，如今只使我一人在位，孤零零地擔著罪過。唉！尼父啊，我今後還去向誰求教呢？」

孔子雖為殷貴族的後裔，但關係已很遠，由於家道中落，他自青少年時代一直過著貧賤的生活。三歲喪父，十七歲喪母，不得不獨立謀生，因此他的社會生活很接近平民，是一個平民知識分子。司馬遷說：「孔子布衣，傳十餘世，學者宗之。自天子王侯，中國言六藝者折中於夫子，可謂至聖矣！」（《史記·孔子世家》）由於他是一個布衣知識分子，又十分了解人民的疾苦，所以他一生的政治主張和教育宗旨在於重視教化人民，對老百姓要實行仁政德治，省刑罰、薄賦稅。孔子的大量言論都說明他是一個時時看到人民，想到人民，處處關心人民疾苦，並與百姓站在一起的政治家，他一生努力步入政壇，希望透過出仕，救民於水火之中。

孔子說過一句很重要的話：「中庸之為德也，其至矣乎！民鮮久矣。」（《論語·雍也》）這裡，孔子提出了一個新的觀念，即「中庸」的觀念。春

秋戰國時期，出現了儒、墨、道、法四大文化學派，道家和法家的所謂「黃老刑名之爭」只看到對立面，強調抗爭性，主張對人民實行絕對的統治。墨家的學說則只看到統一面，放棄了抗爭性，專講同一性，力主兼愛尚同。而孔子所創立的儒家學說則較為貼近對立統一的哲學法則，主張用禮來節制統治者對人民的剝削，藉此緩和社會矛盾，主張仁民愛物，尚德緩刑，以求得統治者與被統治者的這一對矛盾同處於一個共同體中。由於孔子的中庸思想較為接近社會實際，因此具有長久的生命力。孔子的思想與學說二千多年來一直居於正統的地位，是有其深刻的哲學基礎與廣泛的社會基礎的。這在很大程度上與孔子的中庸思想有關。

中國古代的大眾文化，多少帶有民主性和革命性的言論與事蹟，很大一部分也是與孔子的學說有關的。孔子是主張忠君尊王的，但他的尊君是有條件的，他忠的是明君賢王，他反對暴君汙吏，念念不忘實現他的「博施於民而能濟眾」（《論語‧雍也》）的小康社會。他的「學而優則仕」，「有教無類」，平民可以求學，布衣知識分子可以議政、參政的思想，他的「仁者愛人」，以仁為核心的人本主義、民本主義的思想，他的對老百姓主張「先富後教」的思想，長期以來，使孔子在民間和歷史上獲得了極大的聲望與美譽，獲得了人們無比尊崇。

此外，孔子的學說是極重倫理道德的學說。孔子提倡學悌忠信、禮義廉恥，提倡恭、寬、信、敏、惠，由孔子所創立的一系列倫埋道德的觀念成為一種準則，孔子的學說與中國的歷史文化、民族心理已經血肉相連，密不可分，構成為整個中華民族的文化生命。因此，孔子被稱為「文聖」。這主要是歷代對他的肯定與尊崇，最初並不是由帝王或統治者提倡起來的。具體來說，主要是由孔子的弟子、再傳弟子、以及先秦諸子的尊崇，後來又被歷代文化偉人所尊崇而獲得文聖的地位的。

孔子一生的主要言行，經其弟子和再傳弟子整理編成《論語》一書，成為後世儒家學派的經典。

　　孔子是偉大的政治家、思想家、教育家，儒家學說的創始人，教育的鼻祖，其思想主張「仁」、「義」、「禮」、「智」、「信」，曾對整個人類文明與發展產生過重大影響，發揮了巨大作用。而在現今的知識經濟社會，博大精深的孔子思想及儒家學說則更成為指引人類社會航道繼續發展、進步，駛向文明彼岸的燈塔。儒學作為中國古典哲學，其影響和作用正像英國著名學者李約瑟博士（Noel Joseph Terence Montgomery Needham）所斷言：中國傳統文化中保存著「內在而未誕生的最充分意義上的科學」。正因如此，孔子不僅被中國封建統治者封為聖人，也被現代具有高度發達科學文化的美國入選為人類「歷史上最有影響力的一百人」之一。

　　孔子經其終生宣導和歷代儒家的發展，使中國儒家學說成為中華文化的主流，作為中國人的主流思想逾兩千餘年。孔子思想體系的核心是德治主義，他執著地宣導德化社會與德化人生。德化社會的最高標準是「禮」，德化人生的最高價值是「仁」。孔子教導人們積極奉行「己欲立而立人，己欲達而達人」，「己所不欲，勿施於人」的「忠恕之道」，以建立正確的人生觀和正確處理人與人之間的關係。孔子提倡「天人合一」之教，以善處人與自然的關係，他還闡述和弘揚了人不僅要「仁民」，也要「愛物」的道理。孔子堅決主張國家要實行「富之教之」的德政，使社會與文化得到發展。孔子認為文明的最高成就在於造就理想人格以創立理想社會，透過潛志躬行「內聖外王之道」，以達到「天下為公」、「大同世界」之境界。由於孔子的卓越貢獻和思想影響深遠，他才被中國人尊為「至聖先師，萬世師表」。

　　孔子是中華民族歷史上第一個偉大的教育家，在一定意義上說，他也是全人類歷史上一個偉大的教育家。在中國歷史中，孔子是第一個大規模私人講學的人，也是第一個創立學派的人。同時，孔子又是第一個系統地總結了大規模創辦私學的教育經驗，整理與傳授了古代文化典籍，繼承與發揚了夏商周三代的主要文化遺產，形成了一套德化人生的價值系統，由宣導理想人格的追求而擴及優秀內在精神的培育。

孔子是中國古代第一個有完備、系統理論的偉大的思想家。在他以前沒有正式的有系統的哲學思想（今《老子》書中的哲學思想，研究結果更偏向是戰國時代的產物，約成書於前 320 年），在他以後整個封建時代的哲學思想，都和他的思想有直接或間接的關係。

孔子是中國文化史上第一位繼往開來的奠基者。孔子在中國傳統文化知識中，既是一位集大成者，又是一位開創者。

孔子是影響中國禮樂文化、政治文化、制度文化、倫理道德、思維方式、價值觀念、風俗習慣最大最久最深的思想家、哲學家、教育家。他的思想是中華民族精神的源頭活水、禮樂文化的重要依據、價值觀念的是非標準、倫理道德的規範依據，構成了中華民族文化的基本精神價值。

孔子已經成為中國傳統文化的象徵。孔子文化精神，作為中華民族傳統文化的代表，對推動人類社會的發展歷程有舉足輕重的影響。孔子與蘇格拉底、耶穌和釋伽牟尼一起，被稱為締造世界文化的「四聖哲」。孔子既屬於中國、又屬於世界，他的思想既是歷史的，又是跨時代的。譬如他的「和而不同」思想，對今天不同國家之間的矛盾都有著重要的現實意義。中國是世界四大文明古國之一，而且是唯一沒有中斷歷史的文明古國。中華民族的傳統文化，不僅哺育了中華兒女，而且還深刻地影響了整個東亞以及西方世界。在五千年歷史長河中，中華文化充分展現了其生生不息的創造活力和吸納外來文化的包容能力。

在孔子以後的兩千多年裡，孔子思想首先傳入朝鮮、韓國、越南、日本等亞洲國家，十六世紀又傳入歐洲，二十世紀以來，孔子更大跨步地走向世界。孔子的《論語》被譯成日文、韓文、拉丁文、法文、德文、俄文、義大利文、英文、越文、西班牙文、葡萄牙文、阿拉伯文、希伯萊文、菲律賓文等幾十種語言，孔子聲名日益洋溢廣布。面對工業現代化帶來的諸種弊端，一些有識之士也試圖從孔子思想中尋找良藥，孔子的影響將會愈來愈大、愈來愈廣。

道家學派第一人

老子，姓李，名耳，字伯陽，謚曰聃，楚國苦縣（今河南周口鹿邑縣）厲鄉曲仁里人。約生活於西元前 571 年至前 471 年之間，曾做過周朝的守藏史。老子，被後世認為是道家學派創始人。

老子幼年牧牛耕讀，聰穎勤快。晚年在故里陳國居住，後出關赴秦講學，死於扶風。關於老子的生平，即充滿疑問和矛盾，按司馬遷《史記・老子列傳》記載，先秦的老子就有三個，一位是楚國苦縣的李耳，一位是楚人老萊子，還有一位是周藏官太史儋，世人莫知其然否。真有點如傳說中孔子所形容：「鳥，吾知其能飛；魚，吾知其能游；獸，吾知其能走。走者可以為罔，游者可以為綸，飛者可以為矰。至於龍，吾不能知其乘風雲而上天。吾今日見老子，其猶龍邪！」這條人間的龍出顯隱滅，難以捉摸，「合而成體，散而成章，乘乎雲氣而養乎陰陽。」（語出《莊子・天運》）孔子猶如此感覺，何況常人！

當然，從司馬遷的記述中看，他是傾向於第一位老子李耳。他說：「老子修道德，其學以自隱無名為務。居周久之，見周之衰，乃遂去。至關，關令尹喜曰：『子將隱矣，彊為我著書。』於是老子乃著書上下篇，言道德之意五千餘言而去，莫知其所終。」這就是著作《道德經》的聖人老子。至於老萊子、太史儋，似乎為老子之傳人。

關於《道德經》成書時間，學術界存在著很大爭議，甚至對老子這個人是否存在也有爭議。老子雖與孔子生活在同一時代，但書中沒有任何一個特定的人物、地點、時間和歷史事件可以證明。從其風格和內容來看，現代學者一致認為《道德經》成書沒有那麼早，大多數學者認為西元前 320 年前後是最接近的時間。

老子遺留下來的著作，僅有《道德經》，也叫《老子》，它是老子用韻散結合的語錄體寫成的，它是道家的主要經典著作，也是研究老子哲學思想的直接材料。其《道德經》被日、前蘇聯、德、英等國視為古代哲學中的奇葩而翻譯出版。

《道德經》一書宣揚自然無為的天道觀和無神論。其思想體系的核心是「道」，提出了天道無為的思想以及「道常無為，而無不為」的思想，即道是構成萬物的基礎，道並不是某個體意志有目的地構成世界萬物，道是世界萬物自身的規律。

老子從自然本身解釋世界，提出自然天道觀。老子以哲學家的智慧觀察了千變萬化的自然界和人類社會以後，發現宇宙間一切事物有一個共同的本源，從而抽象出最高的哲學範疇「道」。他說「有物混成，先天地生。寂兮寥兮，獨立不改，周行而不殆，可以為天下母。吾不知其名，字之曰道，強為之名曰大。」天地萬物是從道發展來的，「道生一，一生二，二生三，三生萬物。」道在上帝之前就存在了，「象帝之先」。作為宇宙的本體和發源地，老子認為，道是看不見，聽不到，摸不著的，它無形、無聲、無體，不分上下，不辨明暗，不見前後，是無形、無狀、無象的「惚恍」，最終歸於「無物」，天地萬物最終是生於「無」，這個無就是「道」。

老子認為，道的根本特徵是「自然」，即自然而然。他說，「人法地，地法天，天法道，道法自然」，因此，自然是宇宙普遍原則。道生育萬物是自然而然的，無意志，無目的，無所求，無所私，無所爭，「生而不有，為而不恃，長而不宰」。也正因為如此，「道」便具有了化育萬物、無所不為的偉大力量，「以其終不自為大，故能成其大」。

老子自然無為的天道觀在社會歷史領域表現為「無為而治」的政治哲學和與世無爭的人生哲學。

生當亂世的老子，政治上主張自然無為，在個人生活態度上也主張陰柔退讓。老子認為，「夫唯不爭，故無尤」，即不爭就不會獲罪，堅持「不敢

為天下先」，認為人應「知其雄，守其雌」，「知其榮，守其辱」。宣稱人和事都一樣，不能太強悍，「勇於敢則殺，勇於不敢則活」，實際上，老子的不爭也含有爭的一面，這是一種以退為進的策略，他說「夫唯不爭，故天下莫能與之爭。」自然界也是這樣，「天之道，不爭而善勝。」

在這種無為退讓的政治哲學和人生哲學架構下，老子設計了一幅理想社會的藍圖：「小國寡民。使有什伯之器而不用；使民重死而不遠徙。雖有舟輿，無所乘之，雖有甲兵，無所陳之。使民復結繩而用之，甘其食，美其服，安其居，樂其俗。鄰國相望，雞犬之聲相聞，民至老死，不相往來。」對現實社會的失望和恐懼使老子對遠古社會的生活傾注了太多的熱情和希冀。

在老子思想中，最富有智慧的、對東方心理結構影響最為深遠的是辯證思想。在對自然界和人類社會各種現象及其運動變化的觀察中，老子發現了許多辯證的規律，如：「有無相生，難易相成，長短相形，高下相傾，音聲相和，前後相隨」，推而廣之，長短、高下、音聲、前後、多少、興廢、美醜、榮辱、生死、厚薄、輕重、智愚、貴賤、陰陽、動靜、攻守、進退、強弱、剛柔等等，所有這些事物既對立又統一，相輔相成。

老子認為，矛盾的雙方不僅對立統一，而且還互相轉化。無論自然還是社會，事物不僅處在發展變化中，而且往往是向著相反的方面轉化。老子的一句名言：「禍兮福之所倚，福兮禍之所伏」，就是說災禍往往伴隨著幸福，幸福之中也往往伏著災禍，矛盾雙方無不存在著轉化的因素。老子還說「正復為奇，善復為妖」，正面可以轉變為反面，善良可以轉變為妖孽。事物如此，戰爭也不例外，「以兵強則不勝」。

在老子的哲學思想中，還充滿著許多治國治天下、為人處世的智慧，對今天的人們，有著很大的啟發意義。老子認為高明的統治者應該實行「清靜無為」的政策，順應人的天性，遵從自然之道，而不要定過多的制度去約束老百姓，不要憑自己的主觀意志去管理國家，否則會適得其反。老子還

提出，我們做任何事都應該踏踏實實，從小做起，「天下難事必作於易，天下大事必作於細」。老子認為表面剛強的東西雖然鋒芒畢露，但生命力是很短暫的，而看似陰柔的東西似乎缺乏力量，但具有長久的生命力，他提出「柔弱勝剛強」，主張辦事要有柔性、韌性，像水一樣，綿延不絕，最終就會滴水穿石。老子還提倡對人要有「赤子之心」，要用愛心去關懷別人，要助人為樂，他認為你施予別人越多，你不但沒有失去什麼，反而會因得到了精神上的快樂而感到了更多的滿足，這就是「與人而愈有」的道理。

　　總之，千百年來，老子的思想深刻地影響著中國的哲學、倫理道德、政治、文化甚至中國人的思維，在各個方面產生了巨大的影響。如果你仔細省察自身，說不定會發現，「老子」就在你的心中。

　　老子的哲學思想和由他創立的道家學派，不但對傳統文化的發展，做出了重要的貢獻，而且對 2,000 多年來思想文化的形成，產生了深遠的影響。如果把傳統文化比作一棵大樹，那麼，這棵大樹的根和主幹是儒家文化，道家文化則是這棵大樹的枝幹，而其他文化則是這棵大樹的葉。牠們互相依存，互相補充，互相融合，形成了多元互補的結構。

　　在國外，《道德經》的譯本有 500 多種，語種多達二十多種，除英、日、德、意、俄等語種外，還有梵文、拉丁文、希伯來文和世界語等。在中國哲學家中除了孔子，只有老子對人類思想產生了廣大而深遠的影響。老子，堪稱道家文化第一人。

中國兵家第一人

中國兵家第一人

孫武（西元前 535—西元前 479 年）

> 孫武，字長卿，後人尊稱其為孫子、孫武子，齊國樂安（今山東惠民）人。春秋時期吳國名將和偉大的軍事理論家，後人尊崇為「兵聖」、「兵家之祖」和「兵家之師」，除了他戰功顯赫外，更主要的是他留給後世一部不朽的軍事名著—《孫子兵法》。該書有 13 篇，共 5,000 餘字。但這短短的幾千字裡包卻含著一個博大精深的理論體系和十分豐富的思想內容，對中國軍事學術的發展產生了巨大而深遠的影響。歷代兵學家、軍事家無不從中汲取養料，用於指導戰爭實踐和發展軍事理論。孫武，堪稱中國兵家第一人。

孫武出生於西元前 535 年左右的齊國樂安（今山東惠民），具體的出生月日不可考。孫武的祖先叫媯滿，被周朝天子冊封為陳國國君（今河南東南部，建都宛丘，今河南淮陽）。後來由於陳國內部發生政變，孫武的七世祖媯完便攜家帶口，逃到齊國，投奔齊桓公。齊桓公早就了解陳公子媯完年輕有為，任命他為負責管理百工之事的工正。媯完在齊國定居以後，改姓田，故他又被稱為田完。一百多年後，田氏家族成為齊國國內後起的一大家族，地位越來越顯赫，在齊國的領地也越來越擴大。田完的五世孫田書，做了齊國的大夫，很有軍事才能，因為領兵伐莒（今山東莒縣）有功，被齊景公封在樂安，並賜姓孫氏。因此，田書又被稱為孫書。孫書的兒子孫憑，做了齊國的卿，成為齊國君主以下的最高一級官員。孫憑就是孫武的父親。

家學的薰陶使孫武從小就喜愛兵法，渴望探求戰爭制勝之道，以備將來登壇拜將，沙場點兵，在戰爭舞臺上做出一番驚天動地的事業。可惜當時齊國內亂不止，幾大家族爭權奪利紛爭不休。大約在齊景公三十一年（西元前 517 年）左右，18 歲的孫武，無意捲入到無謂的家族抗爭之中，做卿

大夫之間傾軋抗爭的犧牲品，便毅然離開樂安，舉家遷到了南方的吳國，躬耕隱居，潛心著兵書，尋求新的發展機會。孫武一生事業就在吳國展開，死後亦葬在吳國，因此《吳越春秋‧闔閭內傳》就把孫武稱為「吳人」。

孫武來到吳國後，便在吳都（今蘇州市）郊外結識了從楚國而來的伍子胥。伍子胥原是楚國的名臣，西元前 522 年因父親伍奢和兄長伍尚被楚平王殺害而潛逃到吳國。他立志興兵伐楚，為父兄報仇。孫武結識伍子胥後，十分投機，結為密友。這時吳國的局勢也在動盪不安之中，兩人便避隱深居，待機而發。

西元前 515 年，吳國公子光利用吳國伐楚、國內空虛的機會，以專諸為刺客，襲殺吳王僚，然後自立為王，稱闔閭。闔閭即位後，就禮賢下士，任用伍子胥等一批賢臣，他又體恤民情，不貪美味，不聽淫樂，不戀女色，重視發展生產，積蓄糧食，建築城垣，訓練軍隊，因而大得民心，吳國呈現出一派欣欣向榮的景象。闔閭又注重搜求各種人才，立志要使吳國更加強盛，進而向長江中游發展，滅楚稱雄。

孫武遂受好友、時任吳國大臣的伍子胥推薦入宮，並把自己撰寫的兵法十三篇呈獻給吳王。吳王將這十三篇兵法一一看完，讚口不絕，卻不知孫武是否能將這些理論運用於實戰，便問他：「你的十三篇兵法，我都看過了，可以小試一下指揮隊伍嗎？」孫武回答說：「可以」。吳王又問道：「可以用婦女來試嗎？」孫武答：「可以。」於是，吳王派出宮中美女共 180 人，交由孫武操演。

孫武把 180 名宮女分為左右兩隊，指定吳王最為寵愛的兩位美姬為左右隊長，讓他們帶領宮女進行操練，同時指派自己的駕車人和陪乘擔任軍吏，負責執行軍法。

分派已定，孫武站在指揮臺上，認真宣講操練要領。他問道：「你們都知道自己的前心、後背和左右手吧？向前，就是目視前方；向左，視左手；向右，視右手；向後，視後背。一切行動，都以鼓聲為準。你們都聽明白了

嗎?」宮女們回答:「聽明白了。」安排就緒,孫武便擊鼓發令,然而儘管孫武三令五申,宮女們口中應答,內心卻感到新奇、好玩,她們不聽號令,捧腹大笑,隊形大亂。孫武便召集軍吏,根據兵法,斬兩位隊長。

吳王見孫武要殺掉自己的愛姬,馬上派人傳命說:「寡人已經知道將軍能用兵了。沒有這兩個美人侍候,寡人吃飯也沒有味道。請你赦免她們。」孫武毫不留情地說:「臣既然受命為將,將在軍中,君命有所不受。」孫武執意殺掉了兩位隊長,任命兩隊的排頭充當隊長,繼續練兵。當孫武再次擊鼓發令時,眾宮女前後左右,進退迴旋,跪爬滾起,全都合乎規矩,陣形十分齊整。孫武傳人請闔閭檢閱,闔閭因為失去愛姬,心中不快,便託辭不來,孫武便親見闔閭。他說:「令行禁止,賞罰分明,這是兵家的常法,為將治軍的通則。對士卒一定要威嚴,只有這樣,他們才會聽從號令,打仗才能克敵制勝。」聽了孫武的一番解釋,吳王闔閭怒氣消散。殺掉自己的愛姬,吳王雖不高興,但卻因此了解到孫武是一位既能著書立說,又能統兵作戰的軍事奇才,終於封孫武為將軍,令他日夜練兵,準備伐楚。

在孫武的嚴格訓練下,吳軍的軍事素養有了明顯提升。

西元前 512 年,闔閭為鞏固自己的政權,清除餘黨,決定將在自己發動政變時投奔徐和鐘吾(今江蘇窗遷縣東北)未回的二位王室公子掩余和燭庸追殺掉。闔閭下令讓徐與鐘吾將他們兩人拘捕送給自己發落,但這二個小國沒有這樣做,而是將二位公子驅逐出境,二位公子在走投無路的情況下投向敵國楚國。楚國得此二人後,如獲至寶,把他們安頓在養(今河南沈丘縣東南),同時還為他們築城,並取城父與胡(均在養之東)的土地給二公子,作為他們的封邑。吳王闔閭十分清楚,楚國此舉的用意是想利用二位公子,把養作為牽制吳的戰鬥堡壘。闔閭以孫武為將,下了攻克養城的決心。這一仗是孫武初試兵鋒的一場戰鬥,因此,孫武在戰前認真分析了敵我雙方的形勢。孫子認為,養城一戰,闔閭目的一方面是擒殺掩余和燭庸二公子,剪除自己政敵的隱患;另一方面掃除淮水北岸的楚軍勢力,

為日後破楚入郊掃清障礙。因此，孫武向闔閭提出了「肆楚疲楚、攻克養城」的戰略方針。在戰術實施時，孫武將吳軍分編成三軍，同時將戰鬥分兩個階段進行。第一個階段為佯攻潛、六（今安徽六安縣一帶）同時代夷（城父）。吳軍從本國出發，向城父進軍。在佯攻不克後，吳軍便兵鋒一轉，南下渡過淮水，直驅 500 餘里，攻打潛、六二地；當楚軍的增兵即將到達時，吳軍便撤退待命，不與楚軍正面衝突。楚軍見吳軍撤走，便將部隊駐紮在南岡（今安徽潛山縣）。孫武這時調動他的第二軍人馬渡淮水而上，疾行軍數百里直撲楚之戰略要地弦邑。當楚軍即將趕到弦邑時，孫武見已成功調動了敵人，便命部隊撤退待命。由於吳軍的兩支部隊成功地調動了敵軍，使敵人疲憊不堪，士兵士氣沮喪。這時，孫武命令吳軍的第三軍實施了攻克養城的戰鬥。吳軍一舉攻下養城，擒殺了二公子，勝利地結束了這場戰鬥。這場戰鬥的勝利確立了孫武作為吳軍不可多得的軍事指揮的地位。

　　孫武指揮吳軍初戰告捷後，這時闔閭頭腦發熱，想要長驅直入攻克楚都郢（今湖北江陵縣紀南城）。孫武認為這樣做不妥，便進言道：「楚軍是天下的一支勁旅，非舒國和鐘吾國可比。我軍已連滅二國，人疲馬乏，軍資消耗，不如暫且收兵，蓄精養銳，再等良機。」吳王聽從了孫武的勸告，下令班師。

　　西元前 506 年秋，吳舉師伐楚。吳軍按孫武的既定線路，從淮河平原越過大別山，長驅深入楚境千餘里直奔漢水，威逼郊城。吳軍的行動，完全出乎楚國的意料。楚令尹囊瓦和左司馬沈尹戌調楚軍出夏州（今湖北武漢市漢口）於漢水南岸布陣防禦，與吳軍夾漢水對峙。左司馬沈尹戌看到吳軍來勢凶猛，便向令尹囊瓦建議說：你依託漢水阻擊吳軍，不使其渡過漢水，以保證郊城的安全；我立刻去言城，調集那裡的主力部隊並襲吳軍的後路，毀壞吳軍舟船，阻塞三關，斷其歸路。到那時，你再渡過漢水從正面進攻吳軍，我率軍從側後襲擊，一定能大敗吳軍。囊瓦同意了他北上調集援軍的意見，自己在漢水與吳軍對峙，等待援軍到來。可是，等沈尹戌走後，

囊瓦卻改變主意，置即定戰略於不顧，開始指揮楚軍渡過漢水與吳軍戰。

孫武開始見楚軍與自己的軍隊對峙不戰，便推測到楚軍將調集軍隊夾擊自己。當他正在策劃如何調敵以誘使其過河決戰時，卻發現楚軍即將渡過漢水與吳軍決戰。孫武大喜過望，指揮軍隊先擺出決戰的架式，在小別山交戰一場。吳軍與楚軍剛一交戰，孫武便指揮吳軍佯敗後撤，從小別到大別山。孫武指揮吳軍邊打邊退，引誘楚軍一直追到了預定的決戰地 —— 柏舉（今湖北麻城）。十一月十九日，孫武突然捨舟登陸，以 3,500 名精銳士卒為前鋒，迅速地通過楚國北部大隧、直轅、冥阨三關險隘（今河南信陽南），直插楚國縱深。楚軍措手不及，被迫在柏舉倉猝應戰。楚軍大敗，吳軍乘勝追擊，先後用「半渡而擊」等戰法，11 天行軍 700 里，五戰五捷。十一月二十九日，闔閭、孫武、伍子胥率領吳軍攻陷了郢都。楚昭王帶著妹妹倉皇南逃。吳王終於實現了破楚入郢的夙願。孫武以三萬兵力大勝楚軍二十萬人的這場破楚入郢之戰，歷史上亦稱之為「柏舉之戰」。

柏舉之戰，是中國戰爭史上以少勝多、快速取勝的經典戰例。戰國時期軍事家尉繚子讚道：「有提三萬之眾，而天下莫當者誰？曰武子也。」

然而，這時越國乘吳軍伐楚之機進攻吳國，秦國又出兵幫助楚國對付吳軍，這樣，闔閭不得不引兵返吳。此後，吳又繼續伐楚，楚國為避免亡國，將國都由郢遷到都（今湖北宜城縣東南）。

孫武在幫助闔閭西破強楚的同時，計劃征服越國。

西元前 496 年，闔閭聽說越王允常去世，新即位的越王勾踐年輕稚弱，越國國內不大穩定，認為機不可失，時不再來，便不聽孫武等人的勸告，不等準備工作全部就緒，就倉猝出兵，想要擊敗越國。不料，勾踐整頓隊伍，主動迎戰，兩軍相遇於吳越邊境的李（今浙江嘉興縣西南）。勾踐施展巧計，他派死刑犯首先出陣，排成三行，把劍放在脖子上，一個個自刎於陣前。吳國士兵不知那是一個個罪犯，居然看得忘了神，傻了眼，越軍乘機發動衝鋒，吳軍倉皇敗退，闔閭也傷重身亡。

闔閭去世後，由太子夫差繼承王位，孫武和伍子胥整頓軍備，以輔佐夫差完成報仇雪恥大業。西元前 494 年春天，勾踐調集軍隊從水上向吳國進發，夫差率 10 萬精兵迎戰於夫椒（今江蘇吳縣西南太湖邊），在孫武、伍子胥的策劃下，吳軍在夜間布置了許多詐兵，分為兩翼，高舉火把，只見在黑暗的夜幕中火光連成一片，迅速向越軍陣地移動，殺聲震天，越軍驚恐萬狀，軍心動搖，吳軍乘勢總攻，大敗越軍，勾踐在吳軍的追擊下帶著 5,000 名甲士跑到會稽山（今浙江紹興市東南）上的一個小城中憑險抵抗，由於吳軍團團包圍，勾踐只得向吳屈辱求和，夫差不聽伍子胥勸阻，同意了勾踐的求和要求。

吳國的爭霸活動在南方地區取得勝利後，便向北方中原地區進逼。

西元前 484 年，孫武再次顯露出其傑出的軍事才能，輔佐吳王夫差在艾陵之戰中戰勝齊國，從而使吳國國威大振，在兩年後的黃池（今河南封丘縣南）會盟中取代晉國成為霸主。司馬遷在《史記‧孫子吳起列傳》裡指出：「（吳國）西破彊楚，入郢；北威齊、晉，顯名諸侯，孫子與有力焉！」

隨著吳國霸業的蒸蒸日上，夫差漸漸自以為是，不納忠言。伍子胥認為：勾踐被迫求和，一定還會想辦法到以後報復，故必須徹底滅掉越國，絕不能養姑息奸，留下後患。但夫差聽了奸臣的挑撥，不僅不理睬伍子胥的苦諫，反而製造藉口，逼其自盡，甚至命人將伍子胥的屍體裝在一隻皮袋裡，扔到江中，不給安葬。

孫武深知「飛鳥絕，良弓藏；狐兔盡，走狗烹」的道理，對伍子胥慘死的一幕十分寒心，於是便悄然歸隱，息影深山，根據自己訓練軍隊、指揮作戰的經驗，修訂其兵法 13 篇，使其更臻完善。

大約在西元前 479 年，孫武逝世，墓葬於江蘇省吳縣東門外。

孫武的一生，除了其赫赫戰功以外，更主要的是他給後人留下了不少珍貴的論兵、論政的篇章，其中尤以流傳下來的《孫子兵法》最著名。這短短的 13 篇 5,000 餘字，講的全部都是如何克敵制勝的戰略戰術，全書構成

了一個嚴密的系統，表現了孫武完整的軍事思想體系。

第一〈計篇〉，論述怎樣在開戰之前和戰爭中實行謀劃的問題，並論述謀劃在戰爭中的重要意義。孫武認為，在開戰之前，必須對敵我雙方的基本條件作周密的研究和比較，以便制訂正確的作戰計畫。謀劃周密就可能在戰爭中獲勝，謀劃不周難於獲勝，根本不進行謀劃是肯定要失敗的。在戰爭進行過程中，也必須根據利害關係和不斷變化的形勢來進行研究和謀劃，採取機動靈活的措施，做到「攻其不備，出其不意」地打擊敵人。

第二〈作戰篇〉，論述速戰速勝的重要性。因為出兵打仗要耗損國家大量的人力、物力、財力，拖久了就會使軍隊疲憊、銳氣挫傷、財貨枯竭，別的諸侯國會乘機進行進攻。從速勝的思想出發，孫武反對以當時簡陋的作戰武器去攻克堅固的城寨，也反對在國內一再徵集兵員和調運軍用物資，而主張在敵國就地解決糧草、用財貨厚賞士兵、優待俘虜、用繳獲來補充壯大自己。他認為這樣做，才能迅速戰勝敵人。

第三〈謀攻篇〉，論述用計謀征服敵人的問題。怎樣才能做到「不戰而屈人之兵」呢？孫武認為上策是「伐謀」，其次是「伐交」，再次是「伐兵」，即主張透過政治攻勢、外交手段和武裝力量來征服敵人。在和敵人抗爭時，如果敵強我弱，應該集中優勢兵力戰勝敵人，做到「十則圍之，五則攻之，倍則分之，敵則能戰之」，即戰鬥力比敵人強大時就要善戰，戰鬥力不如敵人就要避免與敵人作戰，不能強拚硬打。孫武在此篇中提出了「知彼知己，百戰不殆」的著名思想。

第四〈形篇〉，論述用兵作戰要先為自己創造不被敵人戰勝的條件，以等待敵人可以被我戰勝的時機，使自己「立於不敗之地」。

第五〈勢篇〉，論述用兵作戰要造成一種可以壓倒敵人的迅速之勢，並要擅長利用這種迅速之勢。怎樣造成這種勢呢？首先，要給自己創造條件，使本身具有戰勝敵人的強大力量。其次，要「擇人而任勢」。選擇熟知軍事、知人善任的將帥，指揮士兵靈活自如作戰，並且用假象迷惑敵人，

用小利調動敵人，引誘敵人陷入圈套，然後用伏兵狠狠地打擊敵人。

第六〈虛實篇〉，論述用兵作戰須採用「避實而擊虛」的方針。怎樣才能做到避實擊虛呢？第一，要使我方處於主動地位，使敵方處於被動地位，把戰爭的主動權掌握在自己手裡。擅長用兵作戰的人，能夠設法調動敵人，而不被敵人所調動。第二，要出其不意，攻其不備，打擊敵人兵力空虛之處。第三，要集中自己的兵力，並設法分散敵人的兵力，造成戰術上的我眾敵寡。

孫武在此篇指出，「故兵無常勢，水無常形，能因敵變化而取勝者謂之神」。

第七〈軍爭篇〉，論述如何爭奪制勝的有利條件，使自己在戰爭中處於有利的位置，掌握作戰主動權的問題。

第八〈九變篇〉，論述將帥指揮作戰應根據各種具體情況靈活機動地處置問題，不要死搬硬套，將帥要從實際出發處置問題才能戰勝敵人，即使國君的命令也可以不執行的軍事名言。

第九〈行軍篇〉，論述軍隊在山地、江河、鹽鹼沼澤地、平原等四種地形上的不同處置辦法及判斷敵情問題，還論述了特殊地形的處置辦法。並提出了「令之以文，齊之以武」的文武兼用的治軍原則。

第十〈地形篇〉，反覆論述了利用地形作戰的方法，論述了地形與戰爭的關係，明確提出了「地形者，兵之助也」。這一觀點。

第十一〈九地篇〉，著重論述深入敵國作戰的好處。分析了九種戰地的特點和士兵處在這些地區的心理狀態，相應地提出了在這些地區用兵的不同措施。

第十二〈火攻篇〉，論述在戰爭中如何使用五種火攻方法、條件和原則等問題。這必須變化運用，我軍可以掌握，敵軍也可以掌握，應該注意防備。

第十三〈間篇〉，論述了間諜的種類和使用間諜的方法以及使用間諜偵

察敵情在作戰中的重要意義。孫武十分重視間諜的作用，認為它是作戰取勝的一個關鍵，軍隊依靠間諜提供的情報而採取行動。

孫武強調戰爭的勝負不取決於鬼神，而是與政治清明、經濟發展、外交努力、軍事實力、自然條件諸因素有關聯，預測戰爭勝負主要就是分析以上這些條件如何。孫武不僅相信世界是客觀存在的，而且認為世界上的事物都在不停地運動變化著，強調在戰爭中應積極創造條件，發揮人的積極力量，促成對立面朝著有利於自己的方向轉化，表明孫武掌握了生動活潑的辯證法。正是因為孫武在軍事科學中概括和總結出異常豐富、多方面的哲學道理，確立了他在兵家哲學的地位。

孫武被古今中外的軍事家一致尊崇為「兵家之祖」。戰國時代的吳起、孫臏、尉繚等眾多的軍事家推崇孫武的軍事藝術。三國時著名的政治家、軍事家曹操盛讚《孫子兵法》，並親自整理前人對《孫子兵法》的研究，作成簡明的「略解」，為後人學習運用《孫子兵法》提供方便，宋代《孫子兵法》作為《武經七書》之首，成為科舉中武科考試的理論科目，《孫子兵法》從此在社會上得到廣泛的流傳。

《孫子兵法》在 7 世紀傳入日本，18 世紀以後先後譯成法、英、德、捷、俄等語種在世界各國傳播，受到外國軍事界的高度重視。它博大精深的理論體系和戰略思想，影響及於海外，並隨著時間的推移，不僅沒有過時，還日益受到重視。甚至 1980 年代末爆發的波斯灣戰爭，以美國為首的盟軍高級將領還參考《孫子兵法》來規劃和指揮戰爭。後人推崇孫武為「百世兵家之師」，稱《孫子兵法》為「世界第一兵書」。

封建帝王第一人

> 秦始皇，姓嬴，名政，秦莊襄王之子，出生在趙國邯鄲。西元前
> 247 年，嬴政即位為秦王，西元前 238 年親政，從西元前 230 到
> 西元前 221 年，先後滅了韓、趙、魏、楚、燕、齊六國，統一天
> 下。統一全國後，自稱皇帝。二千多年來，人們對秦始皇—中國
> 最早的皇帝，儘管有譽有毀，褒貶不一，但他席捲天下，橫掃宇
> 內，最早統一中國，以及他透過一系列的統一措施，建立了中央
> 集權制度，實行郡縣制，修築長城，統一度量衡，統一文字，統
> 一交通道路，統一貨幣的豐功偉績，在中國的歷史上都是重大的
> 政策。秦始皇，是中國封建帝王第一人。

秦始皇帝出生的年代，正值中國歷史上七雄爭霸、烽火連天的戰國末期。他的父親名叫子楚，是秦昭王的孫子，秦安國君的兒子。子楚被派往趙國作人質。當時，在趙國邯鄲做生意的陽翟（今河南省禹縣）大商人呂不韋看到子楚這種特殊的背景和處境，於是極力策劃幫助子楚返回秦國，並把自己一位美貌動人、能歌善舞的愛妾趙姬送子楚為妻。不久生下一子，這就是後來大名鼎鼎、威震四方的秦王嬴政。

子楚回秦國後，繼位當了秦王，是為莊襄王，立嬴政為太子。西元前247 年莊襄王病故，年僅 13 歲的嬴政就被推上秦王的寶座。但當時的國政大權為相國呂不韋所把持，呂不韋號稱秦王仲父，嬴政許多事情受到呂不韋的限制。隨著秦王嬴政年齡的一天天增長，他對呂不韋的專權也愈益不滿，於是二者的爭權也日益激烈。

西元前 238 年，22 歲的秦王嬴政舉行了加冕典禮，開始親政。這時長信侯嫪毐發動政變，嬴政一舉粉碎了嫪毐集團，接著又以呂不韋與政變有關為藉口，罷其相國之職，令其遷蜀，迫使呂不韋無奈自殺。至此，秦國大權真

正掌握在了嬴政手中，這就為他指揮消滅六國的統一戰爭創造了絕對必要的條件。

秦王政大權獨攬之後，就開始實施他吞併六國、統一天下的雄偉戰略。他廣泛搜羅人才，重用客卿，甚至包括從敵營中來的人或曾譏評過自己的人，使秦國一時人才濟濟，如重用韓國間諜鄭國興修鄭國渠，使關中四萬多頃鹽鹵地變成旱澇保收的肥沃良田，為秦統一天下提供了足夠的物質條件。

他禮待軍事理論家尉繚，並採納其賄賂各國權臣以破壞六國合縱的建議，軍事上受益匪淺。又接受法家代表人物韓非法、術、勢思想，加強他對政權的統馭能力。聽從李斯〈諫逐客書〉的建議，保持吸收和使用外來客卿的傳統，使秦王嬴政身邊形成一個智囊團，在統一中國的過程中發揮了重要作用。而秦王嬴政個人堅韌不拔、百折不撓的意志，也是他成功的重要因素。

從秦王嬴政十七年，即西元前 230 年滅韓開始，秦王嬴政開始了他正式的統一中國的戰爭。

西元前 236 年，秦王政乘趙攻燕、國內空虛之際，分兵兩路大舉攻趙，拉開了統一戰爭的帷幕。秦國經過數年連續攻趙，極大地削弱了趙國實力，但一時無力滅亡趙國，於是秦國轉攻韓國。

秦王政十七年（西元前 230 年），秦內史滕率軍北上，攻占韓國都城陽翟（今河南禹州市），俘虜韓王安，在韓地設置潁川郡，韓國滅亡。韓國雖已滅亡，但韓國貴族的反抗並沒有停止。韓王安被遷於岐山，前 226 年曾發動叛亂，不久被鎮壓下去，這才徹底解決了韓的問題。

第二個被滅亡的是趙國。在當時的六國中，趙國是最為強勁的一個。先是有廉頗，後有李牧、龐煖，都是擅長用兵的大將，秦國幾次興兵伐趙，都未曾討得多少便宜。西元前 229 年，秦大舉攻趙，名將王翦率軍由上黨（今山西長治市）出井陘（今河北井陘縣），端和由河內進攻趙都邯鄲。

趙大將李牧、司馬尚堅持抵抗達一年之久。後來趙王寵臣郭開接受秦人賄賂，向趙王誣告李牧、司馬尚。李牧在大敵當前的形勢下拒絕交出兵權，趙王便派人暗地逮捕李牧並處死，同時殺掉司馬尚。李牧一死，秦軍如入無人之境，西元前228年，王翦向趙國發起總攻，秦軍很快攻占了邯鄲，俘虜趙王遷，趙國滅亡。趙亡後，公子嘉逃往代郡，自封為王，繼續抗秦，直至秦王政二十五年（西元前222年）兵敗被滅。

滅趙以後，秦兵臨易水，威脅燕國。燕國太子丹曾為質於秦，一直想復仇，但因國小勢衰，力不敵秦，未能實現。當秦兵壓境之際，燕國君臣皆惶惶不可終日，於是燕太子丹決意刺殺秦王政。西元前227年，燕太子丹派勇士荊軻攜帶燕國督亢的地圖和秦國逃將樊於期的人頭，作為覲見禮，去刺殺秦王，以挽救燕國。荊軻臨行前，太子丹及賓客送其至易水之上。荊軻慷慨悲歌「風蕭蕭兮易水寒，壯士一去兮不復返」，表達了為國犧牲義無反顧。至秦後，秦王在朝堂接見荊軻，荊軻上朝覲見，獻圖。圖窮匕首現，荊軻抓起匕首刺向秦王。嬴政環柱逃避，後在臣下的提醒下，才拔出佩劍，將荊軻砍倒，肢解其身。秦王大怒，增兵向燕國大舉進攻，秦王政二十一年（西元前226年）攻下燕都薊，燕王喜與太子丹逃往遼東郡。至秦王政二十五年（西元前222年），秦軍攻打遼東，俘燕王喜，燕亡。

地處中原的魏國在秦的打擊下，早已奄奄一息，孤立無援。秦王政二十二年（西元前225年），秦國大將王賁率兵包圍魏國都大梁，掘開黃河堤，水淹大梁。三月後城壞，魏王假請降，魏亡。魏國被滅後，秦國把下一個目標指向楚國，但因楚國地域廣闊，實力不弱，故費了一番周折。

秦王政二十一年（西元前226年）楚國內部發生叛亂，楚將項燕將秦叛將昌文君擁立為荊王，秦以鎮壓荊王為名，舉兵攻楚。楚國當時雖敗，但實力尚在。當秦破三晉之後，就全力攻楚。秦將李信自恃年少壯勇，在秦王面前誇下海口：以20萬兵力即可橫掃楚國。秦王又問老將王翦，王翦答非60萬不可。秦王以王翦怯弱而李信勇，於秦王政二十二年（西元前225

年）派李信率 20 萬兵眾攻打楚國。李信輕敵慘敗，秦軍退出楚境。

贏政遭此挫折，即親赴王翦家中，向王翦賠禮，並請其率兵出征，傾全國兵力 60 萬人，於秦王政二十四年（西元前 223 年）大舉伐楚。楚國以全部兵力拒秦，大將項燕戰死，楚軍大敗，秦軍俘虜楚王負芻，攻占楚都郢（今湖北荊州市），楚國滅亡。爾後，秦軍又向江南廣大楚地及降服於楚的越地進攻。不久越君降秦，至此，楚國全部覆滅。

五國相繼被滅，只剩下一個孤零零的齊國。齊相國後勝，長期受賄於秦，既不備戰，更不援助其他五國抗秦。齊王建昏庸，聽信於相國。西元前 222 年，秦將王賁率軍直逼齊國。齊王建慌忙在西線集結軍隊，準備抵抗。秦王政二十六年（西元前 221 年），秦軍避開西線齊軍主力，從北面直入齊國都城臨淄（今山東淄博市）。在秦國大兵壓境的形勢下，齊王建不戰而降，齊國滅亡。

短短十年，秦王贏政便消滅六國，結束了春秋戰國以來的分裂局面，建立了中國歷史上第一個統一的封建國家。

秦朝以前，統治者最高的稱號是王。商、周時君主都稱為王。後來周王室衰微，群雄並起，各諸侯國君也相繼稱王。但是，經過十年左右的兼併，其他六國的國王都成了階下囚。秦王面對自己取得的成就，深感「王」的稱號不足以顯示自己的地位。於是，秦王下令說：「寡人以眇眇之身，興兵誅暴亂，賴宗廟之靈，六王咸伏其辜，天下大定。今名號不更，無以稱成功，傳後世。其議帝號。」

於是王綰、馮劫、李斯等人與博古通今的博士們商議後，對秦王贏政說：「以前五帝時，不過統治方圓千里之地，而且周邊的少數部落只是時向時離，但是天子也沒有辦法。現在，陛下興義兵，平定天下，這是自古以來沒有的功業，三皇五帝也沒辦法與陛下相比，所以請陛下尊稱秦皇，自稱為朕，命令稱為詔。」但贏政認為應採用上古帝為號，稱「皇帝」，並立即制命天下。在制命中，贏政決定自稱始皇帝，後世繼承皇位者以數計，

為二世、三世，直至萬世，傳之無窮。這樣，秦始皇就成為秦王嬴政的稱號，皇帝也就成為中國封建社會最高統治者的專稱。為了神化皇權，秦始皇在議定帝號後，還規定了玉璽制度。自秦始皇下詔，李斯書寫，後由工匠製成玉璽，上面勾交五條龍，方四寸，其文為「受命於天，既壽永昌」，成為皇權的象徵。

在確定皇帝的稱號後，秦始皇為了加強集權，對原來的中央和地方管理體制進行了變革，在中央設立三公九卿，在地方實行郡縣制，官吏都由皇帝任命。

在統一之初，秦朝曾經發生過分封制與郡縣制的爭論，眾臣贊同以分封制度實行統治，只有李斯持異議，他指出：「周文武所封弟子同姓甚眾，然後屬疏遠，相攻擊如仇讎，諸侯更相誅伐，周天子弗能禁止。今海內賴陛下神靈一統，皆為郡縣，諸子功臣以公賦稅重賞之，甚是易制。天下無異意，則安寧之術也。置諸侯不便。」根據李斯的建議，秦始皇決定實行郡縣制，全國分為上郡、巴郡、漢中、蜀郡、河山、隴西等三十六郡，又隨著邊疆的開拓，增設了南海、桂林、象郡等，至秦滅亡，秦共設置過四十八郡。

漢字產生後，經過長期的發展演變，至春秋戰國時期，隨著社會的動盪和急劇變化，各地文字的形體和讀音都有所不同，出現了「言語異聲，文字異形」的現象。當時，同樣的字，不同的國家往往寫法不同、唸法不同。這不但不利於文化的發展和各地人民間的交流，而且給秦朝的各種文書、檔案的書寫、閱覽和傳播造成巨大困難。

面對這種情況，秦始皇接受李斯的建議，於西元前 221 年發布「書同文」的詔令，規定以秦國小篆為統一書體，與小篆不同者全都廢掉。

春秋戰國時期是商品經濟迅速發展的時期，不同的國家，鑄幣也往往不同。但是，銅幣已成為當時流通領域裡的主要貨幣，各國的銅幣在形狀、大小、輕重以及計算單位上卻有很大差異。

　　幣制的不統一，嚴重阻礙著各地商品的流通及統一國家的財政收支。所以，秦統一後，秦始皇下令統一全國貨幣，採取的措施主要有三項：首先將鑄幣權收歸國家，禁止地方和私人鑄幣，對於私自鑄幣者，不僅沒收其所鑄錢幣，還要拘捕和嚴懲私自鑄幣者；其次，明確規定貨幣種類。秦朝的法定貨幣為黃金和銅錢，黃金屬於上幣，銅錢屬於下幣。

　　秦始皇統一貨幣，消除了各地區間的幣制上的不統一狀態，秦王朝制定的圓形方孔錢，成為中國封建社會貨幣的基本形式，沿用了二千多年。

　　度量衡是商品交換中所必不可少的，而且是國家收取賦稅的重要標準。秦統一後，秦始皇下令，以秦國的度量衡為標準，統一其他六國的度量衡器，具體措施是將統一度量衡的詔書全文刻在新製作的度量衡標準器上。這樣既可以提供更多的標準器，又可以宣傳秦始皇的功績。

　　文字、貨幣、度量衡的統一，在中國歷史上占有重要地位，成為維護中國封建國家統一的重要基礎。

　　匈奴是古代一個強大的游牧民族，勇猛善戰。他們主要游牧於蒙古高原和南至陰山、北抵貝加爾湖的廣大地區。戰國時期，隨著匈奴的逐漸強大，再加上中原地區七雄紛爭，所以匈奴貴族常率兵南下侵擾、掠奪財物。至秦朝建立時，匈奴已占領了自陰山至「河南地」的廣大地區，並繼續南下侵擾。這對秦王朝是一個嚴重的威脅。

　　西元前 215 年，經過五、六年的準備，秦始皇命蒙恬率三十萬大軍北擊匈奴，奪回了河套南北地區。「卻匈奴七百餘里，胡人不敢南下而牧馬，士不敢彎弓而抱怨。」（賈誼〈過秦論〉）減輕了北方人民常年遭受匈奴鐵騎的苦難。

　　秦始皇抗擊匈奴後，為了進一步有效地防禦「兒能騎羊，引弓射鳥鼠；少長則射狐兔：用為食。士力能毋弓，盡為甲騎。」（《史記・匈奴列傳》）的匈奴人，便派蒙恬率 30 萬民眾修建長城。把從前秦、趙、燕 3 國的長城連起來，長達 1 萬多里，西起隴西的臨洮，東至遼東。長城的修建，對於

善騎射的匈奴馬隊發揮很好的防禦作用，進一步加強了秦王朝的統治，穩定了邊防。長城作為古代軍事建築工程的傑作，是古代人民智慧和血汗的結晶。

秦始皇又遷內地罪人到北方邊境和新開拓的嶺南地區，這種大規模的移民使漢民族先進的生產技術和文化傳播到南方和北方，推動了全國經濟的發展。

為了抵抗關中地區的旱災，灌溉農田，秦始皇於前 246 年讓水工鄭國開闢了鄭國渠。為了改善水陸交通，實行「車同軌」，秦始皇於前 220 年和前 212 年，下令修建馳道和九原直道，隨後又修通了西南棧道、楊越新道等等；前 219 年又命令史祿開鑿了「三楚兩粵之咽喉」的靈渠，溝通了湘江和灕江。秦朝這種四通八達的交通，加強和發展了南北政治經濟文化的聯繫，鞏固了王朝的統一。

作為一個封建統治者，秦始皇又是一個十分殘暴的帝王。為了保持秦王朝的基業，他也做了許多倒行逆施的事。他功大過亦大，歷代以來受到人民的唾罵。秦始皇極其殘暴，燒毀詩書圖籍，嚴重破壞文化；他又活埋議政的方士及儒生四百六十多人，鉗制思想；嚴刑苛法，租役繁重；他大興土木，建宮室，修墳墓；以及連年用兵，經常役使民力二百萬左右，為當時全國總人口的百分之十。為秦朝二世而亡埋下了伏筆。

西元前 212 年，有一隕石落在東郡，有人在上面刻上了「始皇帝死而地分」。秦始皇聽說後，便派人到東郡調查此事，但沒有結果，於是秦始皇便下令把隕石落地附近的居民全部殺掉。此後，秦始皇一直不高興。到秋天，朝廷使者在一天夜裡路過華陰平舒時，突然有人持著一塊玉璧，攔住使者，說：「今年祖龍死！」使者正待查問，那人則放下璧，轉身逃走。秦始皇聞聽此事，召使者詢問，並不解其意，退朝後，方想到祖龍就是指人的祖先。於是命人仔細查看玉璧，這玉璧竟是秦始皇幾年前不慎掉入江中的那塊。秦始皇更加覺得不可思議，於是命人占卜，依據占卜的結果，秦

始皇遷徙北河榆中三萬家，並決定於西元前 210 年再次出巡。

秦始皇這次出遊，本是打算隨行官員只帶左丞李斯。但是其子胡亥也要隨從，秦始皇也應允了。十月，秦始皇一行從咸陽出發巡行江南，一路上，秦始皇遊雲夢，登廬山，過會稽，然後他們渡江北上，至瑯琊，至海濱尋仙求藥，在海上捕殺大魚。秦始皇非但沒有求得長生不死之藥，反而被海風侵襲，身患重病。

前 210 年七月，病死在沙丘平臺（今河北巨鹿縣境內），年 50 歲。九月，埋葬於驪山。

秦始皇所完成的統一和建立的中央集權制度，對中國歷史的發展做出了很大的貢獻，有著深遠的影響。是他結束了春秋戰國以來近五百年諸侯割據混戰的局面，為社會帶來了一個相對安定的環境，當時天下黎民莫不虛心而仰上。是他建立的中央集權制度，完成了大統一，加強了各地區政治、經濟、文化聯繫，為長期統一奠定了基礎。儘管秦政暴虐，立國短暫，但他所創立的制度，在中國推行達二千一百年之久。

後世主父偃讚揚道：「昔秦始皇任戰勝之威，蠶食天下，併吞戰國，海內為一，功齊三代。」李贄也說：「祖龍千古英雄，掙得一個天下。」譚嗣同道：「兩千年之政，秦政也。」

嬴政統一全國後，實行「焚書坑儒」暴政，是對中國文化的一種壓制和摧殘，這是嬴政的一大過失。

中國第一位偉大的詩人

屈原，名平，字原，又名正則，字靈均，楚國丹陽（今湖北秭歸縣）人。出身貴族，曾做左徒、三閭大夫，懷王時，主張聯齊抗秦，選用賢能，但受貴族排擠不見用，遭靳尚等人毀謗，被放逐於漢北，於是作〈離騷〉表明忠貞之心；頃襄王時被召回，又遭上官大夫譖言而流放至江南，終因不忍見國家淪亡，懷石自沉汨羅江而死。其忌日成為後人紀念他的傳統節日「端午節」。重要著作有〈離騷〉、〈九章〉、〈天問〉等著名詩篇，聲貫古今，名揚中外，對後代文學影響極大。屈原是一位具有遠見卓越的政治家，是中國文學史上第一位偉大的詩人。

楚宣王三十年（西元前 340 年）正月初七日，屈原誕生於楚國丹陽（今湖北秭歸縣）樂平里。屈原自幼嗜書成癖，勤奮好學，胸懷大志。屈原雖出身貴族，但因自幼生活在民眾之中，加以家庭的良好影響，故而十分同情貧窮的百姓，從這時起，小小年紀便做了許多體恤民眾的好事，博得了眾口一詞的讚譽。十七歲時，屈原出七里峽，遊香溪與長江，讀書於昭府，與昭碧霞相愛。十八歲回故鄉樂平里，與昭碧霞成親。

楚懷王八年（西元前 321 年），秦軍犯境，屈原組織樂平里的青年奮力抗擊，他一方面居高臨下地對青年們進行思想教育，一方面巧用各種戰術，機智果敢地給敵人以沉重打擊，一展其非凡才華。

楚懷王九年（西元前 320 年）仲春三月，屈原應懷王之召出山進京，這一年他在鄂渚為縣丞。時年二十歲。

楚懷王十二年（西元前 317 年），屈原被任命為左徒兼三閭大夫，他主張授賢任能，彰明法度，聯齊抗秦，開始變法改革，制訂並頒布各種法令。變法改革，民心沸騰，楚之形勢大變，舊貴族面臨著覆滅的命運。

　　屈原一生經歷了楚懷王、頃襄王兩個時期，而主要活動於楚懷王時期。這個時期正是中國即將實現大一統的前夕，「橫則秦帝，縱則楚王。」屈原因出身貴族，又明於治亂，嫻於辭令，故而早年深受楚懷王的寵信，位為左徒、三閭大夫。屈原為實現楚國的統一大業，對內積極輔佐懷王變法圖強，對外堅決主張聯齊抗秦，使楚國一度出現了一個國富兵強、威震諸侯的局面。但是由於在內政外交上屈原與楚國腐朽貴族集團發生了尖銳的矛盾，由於上官大夫等人的嫉妒，屈原後來遭到群小的誣陷和楚懷王的疏遠。

　　懷王十五年（西元前 304 年），張儀由秦至楚，以重金收買靳尚、子蘭、鄭袖等人充當內奸，同時以「獻商於之地六百里」誘騙懷王，致使齊楚斷交。懷王受騙後惱羞成怒，兩度向秦出兵，均遭慘敗。於是屈原奉命出使齊國重修齊楚舊好。此間張儀又一次由秦至楚，瓦解齊楚聯盟。懷王二十四年，秦楚黃棘之盟，楚國徹底投入了秦的懷抱。屈原亦被逐出郢都，到了漢北。

　　懷王三十年（西元前 299 年），屈原回到郢都。同年，秦約懷王武關相會，屈原勸懷王毋行，說道：「秦，虎狼之國，不可信。」懷王不聽，入秦後被扣留，最終客死秦國。楚立太子橫，是為頃襄王。頃襄王即位後繼續實施投降政策，屈原再次被逐出郢都，流放江南，輾轉流離於沅、湘二水之間。

　　頃襄王二十一年（西元前 278 年），秦將白起攻破郢都，屈原悲憤難捱，遂於五月五日自沉汩羅江，以身殉亡自己的政治理想。五月五日原來是楚地的傳統節日，後來人們就把這一天作為紀念屈原的日子。

　　屈原的作品有〈離騷〉、〈天問〉、〈九歌〉（11 篇）、〈九章〉（9 篇）、〈招魂〉，凡 23 篇。此外，〈卜居〉、〈漁父〉等篇是否為屈原所作，學術界尚有爭議。其中，〈離騷〉是屈原的代表作，也是中國古代文學史上最長的浪漫主義政治抒情詩。〈天問〉是古今罕見的奇特詩篇，它以問語一連向蒼天提

出了 172 個問題，涉及了天文、地理、文學、哲學等許多領域，表現了詩人對傳統觀念的大膽懷疑和追求真理的科學精神。〈九歌〉是在民間祭歌的基礎上加工而成的一組祭神樂歌，詩中創造了大量神的形象，表達了人類對神明的依戀。這些作品，不僅是不朽的詩篇，也同時飽含著屈原豐富的哲學、政治思想。

屈原的生活年代，正處於戰國中後期激烈的爭奪時期，故其思想與莊子一樣，亦鑄上了深刻的時代烙印。其一，屈原生活的楚懷、頃襄王兩代，正逢楚國由盛而衰的時期，國內矛盾重重，國外問題尖銳複雜，而國際形勢總的趨勢，則由大國紛爭的局面逐步走向統一，這一特定的環境，對一個有深邃目光和有遠大政治抱負的思想家來說，必須做出回答。其二，戰國時期逐漸形成的「百家爭鳴」局面，經過長期的相互辯難和相互吸收的過程，在文化思想上亦漸呈融合與總結之勢，故屈原的思想紛呈異彩，各家思想都有不同程度的反映，表現了其兼收並蓄、博大寬闊的胸懷。

屈原的哲學思想，基本承襲老莊，又兼採北宗稷下道家學說。我們知道，老子創道家學派之後，至戰國後期已逐漸演化成南宗和北宗。南宗，即莊子哲學；北宗，即稷下道家，其思想主要表現在《管子》中〈心術上〉、〈心術下〉、〈白心〉和〈內業〉等四篇。屈原的本體論就是兼採南、北宗的精氣說。這種精氣又是精神，是人的本質，包括道德和智慧一類的內在美，即所謂「神」或「道」。屈原是一位詩人，並無專述精氣說，卻以文學的手段委婉地表達了這一觀點，顯得更加細膩貼切。作為一個詩人，屈原運用其精氣說理論，開闢了浪漫主義創作的新途徑，在文學史上產生了深遠的影響，具有積極意義的。屈原在宇宙生成和天道觀方面，也以「問天」（王逸《楚辭章句》認為屈原〈天問〉就是「問天」之意，因「天尊不可問，故曰天問」。）的形式，問而不答，以不答為答，對遠古的神話傳說做出了理性的反思。他一口氣提出了 170 多個問題，涉及到天地萬物、人事代謝，無所不包，思想極其豐富。他大膽地懷疑和否認天命，公開質疑：「天命反側，

何罰何佑？齊桓九會，卒然身殺？」、「皇天集命，惟何戒之？受禮天下，又使至代之？」頗有唯物主義之論調。

從唯物的天道觀出發，屈原的歷史觀也充滿著唯物主義的精神。他譴責夏啟荒淫無道，「啟九辯與九歌兮，夏康娛以自縱。不顧難以圖後兮，五子用失乎家巷。」（《楚辭‧離騷》。）他指責周昭、穆王貪婪無度，不顧國事，「昭後成游，南土爰底。厥利惟何？逢彼白雉？穆王巧梅，夫何為周流？環理天下，夫何索求？」他對楚國的歷史也做出了理性的反思，指出「厥嚴不奉，帝何求！伏匿穴處，爰何雲！荊勳作師，夫何長？悟過改更，我又何言！吳光爭國，久餘是勝。」（《楚辭‧天問》。）在一定程度上觸及到了楚國衰亡的要害。

作為一位思想家，屈原在社會政治等領域方面，更立足於現實，探索真理，散發出特異的光彩。他所處的是各國爭相兼併、人民長期蒙受戰爭禍害而渴望和平的時代，故屈原和其他一些思想家一樣，也熱烈希望結束戰爭、迎來大一統的局面。他受儒家思想的影響，要求楚國的君主能像堯舜禹湯文武那樣，來完成一統寰宇的大業，「忽奔走以先後兮，及前王之踵武」（《楚辭‧離騷》。）這正如司馬遷所評論的那樣：「上稱帝嚳，下道齊桓，中述湯武，以刺世事。」（《史記‧屈原列傳》。）這種「世事」，就是以古喻今，希望由自己的國家來統一各國。屈原的這一思想與願望，是符合歷史發展趨勢的，表現了儒家思想所具有高度的歷史使命感。

為了達到這一目的，屈原積極主張修明法度，舉賢授能，實現富國強兵。他在〈離騷〉中大量援引歷史典故，希望楚國君主能像堯舜禹文武那樣，任用賢能，公正無私，實行德政，以「苟得用此下土」，享有土地，治理天下。他以伊尹、彭咸等人自許，決心為實現這種「美政」而奮鬥終生，即使不能實現，亦「將從彭咸之所居」，死而無悔。對外積極宣導聯齊抗秦，合縱以求自立圖強。他不避辛勞，風塵僕僕，往來於齊、楚間，為合縱抗秦做出了重大的貢獻。

屈原生活在「諸侯並爭，厚招遊學」的時代，各國國君和權貴爭相招攬士人為自己效勞，故禮賢下士蔚然成風。白孔子起，及至後來的墨子、孟子、荀子、韓非子等都「待賈而沽」，奔走他國，為實現自己的政治理想而奮鬥。屈原則不同，他執著地眷戀楚國，至死也不願離開國家一步。他在〈離騷〉、〈哀郢〉、〈抽思〉等篇中，熱烈地表達了念祖忠君愛國戀鄉之情，至今催人淚下。更可貴的是，屈原的念祖忠君愛國戀鄉與恤民思想是密切相聯的，如「皇天之不純命兮，何百姓之震愆。民離散而相失兮，方仲春而東遷。」（〈哀郢〉）「長太息以掩涕兮，哀民生之多艱。」（〈離騷〉）應該指出，屈原的這種念祖忠君愛國戀鄉恤民之情，構成了古代愛國主義的基本內容，對傳統愛國主義產生了深遠的影響。

　　屈原在處世態度上，也充滿了積極向上精神，表現出了勇敢抗爭的高貴品質。他的諸如「路漫漫其修遠兮，吾將上下而求索」、「亦余心之所善兮，雖九死其猶未悔」等名句，至今仍感人心懷，激勵人們不畏邪惡，以國家、民族利益為重，為真理而奮鬥不息。

　　屈原與楚國最高統治集團的衝突，出於多方面的原因。在外交方針上，屈原主張與強秦對抗，具有遠大眼光。而懷王貪利受騙，頃襄王畏怯妥協，都不能接受屈原的正確主張，反而因為他堅持己見而加以懲罰。在內政方面，屈原主張「修明法度」、「舉賢授能」，實行使國家富強的「美政」。他向慕儒家傳說中的聖君賢臣，對政治抱有某種理想主義的態度。同時他又蔑視那些貪鄙的貴族，主張改革內政，這當然也會使許多人與他為敵。此外，屈原的性格，也是造成他的悲劇的重要原因。從屈原的作品中，可以清楚地看出，他是一個感情激烈、正直袒露而又非常自信的人，這種性格加上少年得志，使他缺乏在高層權力圈中巧妙周旋的能力，因而也就難以在這個圈子裡長久立足。還在屈原受到重用的時候，上官大夫就輕而易舉地使懷王疏遠了他，這不能說完全是由於懷王的昏庸，應該說屈原的性格，以及他在政治上的理想主義態度，同實際的政治環境本來是難

以協調的，何況當時楚國又正呈現衰亂的狀態。在歷史上，像這種詩人氣質與環境的矛盾，不斷地造成人生悲劇，同時也造就優秀的文學。屈原的作品是他堅持「美政」理想，與腐朽的楚國貴族集團進行抗爭的實錄。他的「美政」理想表現在作品中，就是「舉賢而授能兮，循繩墨而不頗」（〈離騷〉）。所謂「舉賢授能」，就是不分貴賤，把真正有才能的人選拔上來治理國家，反對世卿世祿，限制舊貴族對權位的壟斷。他還以奴隸傅說、屠夫呂望、商販寧戚的歷史事蹟為例，說明了不拘身分選拔人才的合理性。所謂「循繩墨而不頗」，就是修明法度，即法不阿貴，限制舊貴族的種種特權。屈原的「美政」理想反映了他與楚國腐朽貴族集團的尖銳對立，表達了他革除弊政的進步要求，而其最終目的就是要挽救國家危亡，使楚國走上富強的道路與此相關，屈原的作品還深刻揭露了楚國政治的黑暗、楚國貴族集團的腐朽和楚王的昏庸，表現了他堅持「美政」理想、堅持節操，「雖九死而猶未悔」的抗爭精神；同時表現了他憂國憂民、愛國愛民、矢志獻身國家的決心。屈原雖遭讒被疏，甚至被流放，但他始終以國家的興亡、人民的疾苦為念，希望楚王幡然悔悟，奮發圖強，做個中興之主。他明知忠貞耿直會招致禍患，但卻始終「忍而不能舍也」；他明知自己面臨著許多的危險，在「楚材晉用」的時代完全可以去別國尋求出路，但他卻始終不肯離開楚國一步。表現了他對國家的無限忠誠及其「可與日月爭光」的人格與意志。

屈原是中國文學史上第一位偉大的愛國詩人，是浪漫主義詩人的傑出代表。作為一位傑出的政治家和愛國志士，屈原愛國家、愛人民，堅持真理、寧死不屈的精神和他「可與日月爭光」的巍巍人格，千百年來感召和哺育著無數中華兒女，尤其是當國家民族處於危難之際，這種精神的感召就更加明顯。作為一個偉大的詩人，屈原的出現，不僅代表著中國詩歌進入了一個由集體歌唱到個人獨創的新時代，而且他所開創的新詩體——楚辭，突破了《詩經》的表現形式，極大地豐富了詩歌的表現力，為中國古

代的詩歌創作開闢了一片新天地。後人也因此將〈離騷〉與《詩經》並稱為「風、騷」。「風、騷」是中國詩歌史上現實主義和浪漫主義兩大傳統的源頭。同時，以屈原為代表的楚辭還影響到漢賦的形成。

　　在中國歷史上，屈原是一位最受人民景仰和熱愛的詩人。據《續齊諧記》和《隋書‧地理志》載，屈原於農曆五月五投江自盡。中國民間五月五端午節包粽子、賽龍舟的習俗就源於人們對屈原的紀念。

法家思想的代表

韓非（約西元前 280 —西元前 233 年）

> 韓非，韓國人，貴族。他是戰國末年法家集大成者，是一個有深遠影響的政治家。《韓非子》是一部政治論文集，反映了韓非的歷史觀點，是法家思想的代表作。

大約在西元前 280 年，韓非出生於韓國的貴族家庭。韓非雖為韓國貴族，但並未掌權。韓非在二十歲左右時，與李斯共同拜在荀子門下學習，此時，韓非對法術之學已有很深的修養，因此李斯自以為不及韓非。

當時，韓國在「戰國七雄」中勢力最弱，經常受到幾個大國如楚、秦、魏等的欺凌。韓非極思振作，便向韓王安上書，倡議變法強兵。這韓王本就是個昏庸無能之輩，哪裡聽得進去。外患嚴重，而國內當政的大臣卻各懷私心，以致國事日非。

韓非不善辭令，常常因不能在口頭上把道理說清而急躁紅面。但他才學淵博，文思神俊。他見韓王不採用他的主張，便發憤著書立說，闡明變法圖強的道理。

他縱觀天下「爭於氣力」的利害形勢，針對韓國法不徹底的弊端，又全面總結了戰國時期變法改革的經驗和教訓，提出了「以法為主」，「法」、「術」、「勢」相結合的政治理論。他認為當今世界已處於動盪時期，禮崩樂壞，想用昔日寬厚的政治來治理民眾，就像不用繩索、馬鞭去制服野馬一樣，是不切實際的妄想。指出只有嚴峻的刑罰才符合歷史發展的趨勢。

韓非寫了許多卓有見識的文章，俱收集在《韓非子》一書中，具有代表性的作品是〈五蠹〉、〈說難〉、〈孤憤〉、〈顯學〉、〈定法〉、〈有度〉、〈用人〉、〈內外儲〉等，這些文章大多數是講治國治世的道理，思想深刻，文辭犀利。其中〈五蠹〉篇中把儒家、墨家、縱橫家、逃避兵役者及工商之民，

指為社會上的五種蠹蟲，即五種有害之民。說「儒家學者稱頌先王的政治主張，借助仁義進行政治說教，講究儀容禮服，修飾遊說言辭，以亂當今法度，動搖君主實行法治的決心。那些高談闊論的縱橫家，假託舊說，妄舉古事，借助外國的力量來謀求個人的利益，而拋棄國家利益。那些遊俠刺客，聚集黨徒，標榜氣節來沽用錢財行賄，請託權貴，欲避汗馬之勞。那些商工之民，製造粗劣器物，囤積居奇，等待時機，從農民身上牟取暴利。這五種人，都是國家的蛀蟲。」他認為，只有農民和兵士才是國家有用之民。此種言論，有極深的時代烙印。

韓非很擅長運用簡明寓言說明複雜的道理，如「守株待兔」就是對用老法治世者的一種嘲笑。韓非的其他寓言，如「自相矛盾」、「濫竽充數」、「唇亡齒寒」等，都是膾炙人口的警世良寓。

這些著作傳到秦國，秦王嬴政讀後大為讚嘆，對作者很是佩服，恨不能一見，曾對人說：「寡人得見此人與之遊，死不恨矣！」當時已當上秦國廷尉的李斯告訴秦王：這書是韓國的一位貴族叫韓非的人寫的。秦王急欲見到韓非，便在前234年發兵攻打韓國，索取韓非。韓王不得已，派韓非出使秦國。秦王見到韓非十分高興，談話甚是投機，就想把他留在秦國輔佐自己。

但韓非到秦國後，寫了一篇上書給秦王，說明秦韓為近鄰，不能攻韓國。書中又揭發了秦王的特使姚賈是個「梁父大盜」，說他「以王之權，國之寶，外自交於諸侯。」這使姚賈與廷尉李斯十分害怕，他們自知才華不及韓非，心中十分嫉妒，便趁機向秦王誹謗韓非，說「韓非是韓國的貴族之子，是為韓國謀利益的。今大王要併吞諸侯統一全國，韓非是韓國派來的奸細，萬不可重用他。時間久了，再放他回韓，無疑是自留後患，不如藉此殺掉他。」李斯是秦王的得力寵臣，秦王對李斯等人的誣陷自然是信賴無疑，儘管韓非與秦王相見如故，接待如賓，但秦王還是把他投入監獄，以觀動靜。

法家思想的代表

李斯、姚賈唯恐秦王改變主意，將韓非重新起用，西元前 233 年偷偷地派人用毒藥把韓非毒死了。

先秦諸子中，孔子主張以德治國，以禮輔助；墨子主張兼愛、非攻；荀子主張以禮治國，兼用刑罰。韓非把他老師荀子的觀點發揮到極致，從「性惡論」出發，認為道德禮儀的教化全無用處，只有加強法治嚴刑峻法才能解決問題。他舉例說：鄉間的某些壞青年，父母管教他不聽，師長教化他無禮，但只要官差來抓，他就立即改邪歸正了，可見只有馬鞭子才能制服野馬。

韓非研究了社會發展的歷史變化，指出一時有一時之問題，一時有一時之辦法，不可因襲舊法，墨守陳規。主張革除舊制，加強中央集權，這在當時是有進步意義的。

但韓非的學說很難有那些與他相先後的儒家、墨家、農家那樣具有顯而易見的平民色彩，其服務的唯一對象只能是君王，所思所想也不外是維護君王地位的鞏固和權勢的獨尊。

由於同樣的原因，特別是戰國末期那個特殊歷史時期權力抗爭的殘酷和激烈，宮廷之中充滿了爾虞我詐、勾心鬥角，韓非長期浸淫在權力抗爭的中心，熟諳官場抗爭，對官場特別是宮廷的醜惡看得入木三分，目光所及盡是邀功取寵、弒君篡位之徒，許多人把所有的聰明和機巧全用在了權力抗爭之上，官吏們為保護自己，打倒對手，躲過風頭，積蓄力量，捲土重來，這個顯貴的地位和接近權力中心的生活環境對他思想和學說的形成是十分重要的，因為他生長於深宮之中，不可能與廣大的民眾甚至中下層官吏聲氣相通，這就決定了手段之惡劣無所不用其極，壓迫人性的負面無限膨脹。這種人性的負面在韓非面前的充分展開，使他整日整月整年生活在恐怖之中。在他的作品中，我們看不到人生的歡樂和舒暢，有的只是算計人的刻薄和怕被人算計的恐怖。囿於生活經驗，在韓非的心目中，誤以為這就是全部生活，這就是整個世界，在這個世界中的人性自然是惡的，

而人性惡正是韓非全部學說的邏輯起點。對人性惡的極端恐懼成了韓非轉嫁恐懼的強大內在動因，又由於真切而深刻地體會到了恐怖在人心深處所造成的巨大震懾力量，韓非清醒地認識到製造恐怖和增加恐怖在公共生活特別是政治遊戲中的作用，於是「刻薄寡恩」成了韓非學說的一個主要特徵，這一點又外化為《韓非子》五十五篇峻刻、犀利的文風。

同時，整個春秋戰國時期強凌弱、眾暴寡、大魚吃小魚或者一群小魚聚集起來吃大魚的特定歷史事實又成了韓非最深厚最現實的知識底蘊，在《韓非子》全書中到處充滿著這樣的故事。

既然人和人類在本性上是惡的，自然就無所謂道德、倫理、信用、親情、寬容、個人尊嚴、社會公正等等諸如善良、崇高、莊嚴、美好的內容 —— 實際上，上述諸種被古今常識大加肯定的名詞在韓非筆下幾乎一概遭到駁斥。而沒有了這樣的內容，人這種動物就變得非常簡單蒼白，他們 —— 包括妻子和兒女，如《八奸》把「同床」、「在旁」、「父兄」都目為「奸」，又如〈外儲說右上·說二〉：「昭侯必獨臥，惟恐夢言洩於妻妾。」如此，就不難理解先秦法家從商鞅起就不遺餘力地批判詩書禮樂了。

賞要信、要明，但在先秦法家的天平上，「賞罰」二字並不是同等重要的，譬如商鞅說：「王者刑九賞一，強國刑七賞三，削國刑五賞五。」（《商君書·去強篇》）韓非就說得更為具體也更為形象：「凡所治者，刑罰也。」（〈詭使〉）「刑勝而民靜，賞繁而姦生，故治民者，刑勝、治之首也，賞繁，亂之本也。」（〈心度〉）還告誡人君，臣子即使陳言有功，要是「功不當其事，事不當其言，則罰」（〈二柄〉）；提出「禁誅擅愛之臣」（〈外儲說右上〉）；僅僅因為擔心「使民有功與無功俱賞也」，反對在秦國大飢之時「發五苑之蔬草」賑災；吳起僅僅因為其妻子把絲織品織得超過了規定的要求就把她休棄，韓非卻大加稱讚。可見他更突出一個罰字：以製造恐怖和增加恐怖來強化權力的威懾力量。

韓非認為，本性惡的人不可能有自律，於是必要依賴他律，韓非根據

自己的人生經驗並結合李悝、吳起、商鞅等前輩法家的學說，在「慎賞」的同時，比商鞅更具有系統性地提出「以刑去刑」，以重刑止輕罪的學說。在這個大政方針下，把嚴刑峻法具體化為連坐、告奸，使臣民互相監視揭發，創造並利用社會機制，將人性中的負面毫無顧忌和變本加厲地釋放出來，借用權力之手使它們得以暢通無阻；「以天下為之羅」，也就是說要使全國成為一張大網、一個大陷阱，這樣就可以做到「奸不容細」（〈制分〉）。這就是韓非豐富發展了的法治學說。但是，「去刑」似乎從來只是一種理論上的理想境界，為了這種理想，儘管以國家恐怖為手段，以廣大臣民放棄自由權乃至生存權為代價，事實是政權的敵人越來越多，結果只好採取更大規模更高層次的恐怖，而政權本身也永遠擺脫不了如影隨形的恐怖。

誰來操這個賞罰之柄呢？在韓非的世界中，自然只能是君王一人而已。因為在法家看來，本性惡的臣民通常無信義可言，對這本性惡的一群，人君自然無妨用權謀用詐偽去對付，「術」的學說就這樣應運而生了。韓非的「術」治學說，秉承了前輩法家申不害的「術」的思想。

在「百家務為治」的時風下，韓非的這十幾萬字當然不可能是遊戲文章，從〈初見秦〉、〈存韓〉、〈難言〉、〈飾邪〉、〈外儲說左上〉、〈定法〉、〈顯學〉等篇有「臣非」、「今者韓國」、「大王」等字樣看來，分明是直接進呈給君王的奏章或以君王為讀者對象的，更重要的是文中所表達的觀點時時處處以君王為中心。所謂「勢」，直白地說就是君王擁有的權勢和地位，所以他反覆申述君王的威德不能分享，權勢不能外借，要時刻防止臣重擅主，處處保持人主的獨尊地位。所謂「術」，就是君王玩弄於股掌之間又不外現的權術或曰謀略，因而在〈外儲說右上〉篇將「術」最後歸結為「獨斷」。

在〈五蠹〉篇中，韓非反覆申述他的變法主張：「聖人不期修古，不法常可，論世之事，因為之備」；「事因於世，而備適於事」；「世異則事異」；「古今異俗，新故異備」。這種變通的思想一直為人們所欣賞，相對於那些守株待兔式的迂腐和無奈，人們的欣賞不是沒有理由的。但回到這些主張

的出發點，我們不難發現，他所倡變並非求通，而是為了求穩，為了使專制君王牢牢地把持權力，維護最高統治者的既得利益。圍繞這個目的，他之談變在很大程度上變成了為反傳統、弄權術、飾非拒諫尋找托詞。更為重要的是，從商鞅到韓非，談變總是與君王的統治術（陰術）緊密聯繫在一起，商鞅說：「兵行敵所不敢行，強；事興敵所羞為，利。主貴多變，國貴少變。」（《商君書‧去強篇》）韓非說：「明主之行制也天，其用人也鬼。」（〈八經〉）人主喜怒無常，變化莫測，不見端倪，才有神聖感，「陰陽不測之謂神。」（《易‧繫辭傳下》）神聖化才可畏，可畏才有威，「威者，畏也。」先秦的這些思想資源到了韓非手上都用來為恐怖政治服務，重刑的目的不也是讓人害怕嗎？害怕，或曰恐怖，畏懼正是專制統治的心理基礎。

韓非把「國富兵強」的功勞完全歸於「聖君賢臣」，他在〈難二〉篇裡就認為春秋時期齊桓公、晉文公、秦穆公的稱霸「君臣俱有力焉」。他不僅把人民完全排斥在外，而且對百姓十分蔑視，認為人民不過是愚昧無知的群氓。這種反民眾的思想在〈顯學〉篇裡有著集中的反映。

韓非首先批判「得民心」是「知知治者」，並且認為這樣就是「伊尹、管仲無所用」了。這是韓非對儒家思想的批判。儒家特別是孟子提出要統治者「得民心」、尊重民間輿論及其「民貴君輕」的思想，是儒家思想中民主性的精華。伊尹、管仲等歷史人物，如果不在一定程度上「得民心」，也不會取得事業上的成就。韓非對「得民心」的否定，反映了他的學派偏見，更重要的是反映了他輕視民眾和把英雄人物的努力與百姓人民力量切割開的片面思想。

大漢帝國一代雄主

漢武帝劉徹（西元前 156 —西元前 87 年）

> 漢武帝劉徹，是漢朝開國皇帝漢高祖劉邦的曾孫，景帝第三子，西漢第五代皇帝。是歷史上的一位傑出政治家。西元前 141 年即位，西元前 87 年逝世，在位五十四年。漢武帝是一個雄才大略的封建君主，他鞏固了全國的統一，促進了各地經濟和文化的發展，加強了國防，溝通了漢朝和西域各國的聯繫，使強大的漢帝國達到了全盛時期，在政治、經濟、文化等各方面當時都居於世界首位。漢武帝劉徹以及他所實行的許多政策和措施，對於以後歷史的發展也產生了很大的影響。

劉徹，出生於西元前 156 年，漢景帝第三子，排行老九。武帝的母親是王美人，美人是嬪妃的一種等級。後來傳說在武帝母親懷孕時夢見了太陽鑽入懷中，漢景帝聽說了，很高興，認為是個吉利的夢，預示著小孩子將來會有大作為。劉徹的母親因為不是皇后，所以她生的兒子按照封建時期的規定不能繼承皇位，不過，後來他終於如願地當上了太子，最終登上了皇位。

在武帝四歲時，景帝封他為膠東王，做太子的是他的哥哥劉榮。後來，武帝的命運轉折靠了景帝的姐姐長公主的幫助。長公主有個女兒叫陳阿嬌，開始長公主是想把自己的女兒許給太子劉榮，將來太子即位，女兒就是皇后了。但是太子的母親栗姬卻不領情，這使長公主非常生氣，從此與栗姬作對。這使武帝成了獲利的「漁翁」。

長公主將目光轉向了平時也很喜歡的武帝，但武帝的父親景帝不太支持。長公主便想辦法促成了此事：有一次，她在景帝的面前故意問武帝願不願意要阿嬌做他的妻子，武帝也很喜歡阿嬌，見姑姑問，便很大方地說：「以後如果能娶阿嬌做妻子，我就要親自建造一棟金屋子送給她。」景帝見

劉徹和阿嬌也很般配，便同意了這門親事。

長公主並不是一般的公主，他在景帝時也算得上是個很有地位的人物，她對景帝的影響不容忽視。由於她的極力策劃和幫助，加上武帝自己的表現，景帝最終選擇了這個才華出眾的兒子，武帝 7 歲時被立為太子。同時，武帝的母親王美人也被升為皇后。景帝於西元前 141 年正月病死，後武帝繼位。第二年，首創年號，為建元。從此，中國歷史開始正式用年號紀年。

西元前 140 年，十六歲的漢武帝正式繼承了皇位，他雄心勃勃地想將文景之治的盛世繼續下去，但在初期卻遇到了阻力。這主要是當時的太皇太后竇氏，即武帝的爺爺漢文帝的皇后。從她做皇后到這時，已經有了四十年，其家族在朝廷的勢力很是龐大。按照規定，分封的一些王與侯都要到各地自己的封地去，但竇氏的親屬們都不願意到那些邊遠的地方去，都留在京城，並且互相勾結，違法亂紀的事經常發生。對於竇氏來說，她和武帝的治國思想也有很大的區別。

竇氏喜歡的還是在漢朝初年很盛行的黃老思想，即遠古的黃帝和近世老子的思想，主要是「無為而治」，這是漢初與民休息政策的基本治國思想，這使國家的經濟得到了恢復和發展，促成了「文景之治」盛世景象的出現。但到了武帝時期，因為分封的諸侯王們對抗中央，所以迫切要求加強中央的權利來壓制地方勢力。這是武帝和竇氏太皇太后的分歧。

武帝即位後便開始實行自己的政治方略：安排自己信任的人掌管朝中大權，如讓舅舅田蚡做太尉，掌握軍權。同時，許多儒生也被他重用。為了更多地選拔人才，武帝還下詔命令全國官吏向中央推薦人才，當時叫做「賢良方正」。有名的董仲舒就是在這次推薦考試中得了第一名。武帝召見他，探詢治國的良策。董仲舒便將自己的一整套經過發展的儒家治國思想說給武帝聽，武帝非常讚賞。

但武帝此時還沒有力量和自己的奶奶竇氏較量，在他任命的重臣趙綰

提出竇氏不應再干涉朝政時，惹惱了竇氏。竇氏逼迫武帝廢除了剛剛實行的一系列的改革措施，自己任命的丞相和太尉也被迫罷免，有的大臣被逼死獄中。然後，竇氏寵信的人接替了這些重要職位，聽從竇氏的命令。這對武帝是一個打擊，但武帝沒有從此消沉，而是養精蓄銳，等待著時機。

西元前 135 年，竇氏去世，時機終於來了，武帝馬上將竇氏的人一律罷免。漢武帝立田蚡為相。田蚡是漢武帝母親王太后的同母弟。他雖也傾向儒家學說，但他因為得到王太后的支援，有些專權，朝廷中的百官也都依附他。當時的丞相負責管理文武百官，實權很大，所以皇帝有時就不如丞相的權力大，這是武帝所不能忍受的，所以，武帝又在加強中央集權方面開始行動。

武帝削弱丞相的權力還有一個很有利的條件，這就是原來做丞相的都是開國的功臣，而現在他們基本上都已經年老，或者去世。武帝便利用這個有利的時機來讓眾多的儒生代替元老們，掌握國家政權，同時透過打擊丞相來加強自己的權力。在西元前 124 年，武帝便讓平民出身的儒生公孫弘來做丞相，這樣就改變了以前總是由貴族來做丞相的慣例。

在高祖劉邦時期，曾經封了很多劉姓的王，又稱同姓王，但後來這些同姓王的後裔卻橫行鄉里，對抗中央，不肯聽從中央的命令。為了徹底削弱諸侯王的勢力，武帝就採取主父偃的建議，頒布了《推恩令》，這項命令的主要內容是：諸侯王的王位除了由嫡長子繼承以外，還可以用」推恩」（也就是廣布恩惠，讓更多的人來享受特權）的形式把其他的兒子在本侯國內分封。新的侯國就脫離原來王國的限制，地域獨立，而且政治權力也基本被剝奪，並受當地郡縣官吏的管轄。這樣，就使原來獨立的地方王國自動地將權力上交給了國家。此後，地方的王與侯僅僅享受物質上的特權，即沒有了以前的政治特權，僅僅享用自己封地的租稅。

為了進一步加強君主權力，武帝實行派御史的方式對地方的豪強、官吏進行監督。西元前 106 年，武帝將全國分成了十三個監察區，每個區叫

做部，每部派出一名刺史，中央的刺史叫做司隸校尉，其他十二個州都叫刺史。刺史在六個方面對地方進行監督，即「以六條問事」：一是豪強占田超過了限制數量，而且恃強凌弱；二是郡守不遵守詔書、法令，欺壓百姓，橫行地方，貪汙腐敗；三是郡守審判案件不體恤百姓，草菅人命，隨意賞罰，被百姓所嫉恨；四是選拔任命官吏不公平，排斥賢能之人，任用小人做官；五是郡守的子弟們仗勢欺人，郡守也為子弟向下屬求情，使下屬枉法辦事；六是郡守不忠於皇帝，而是和地方的豪強們勾結，進行權錢交易，損害國家利益。

刺史的作用主要是為了防止郡守和地方的豪強們相互勾結、對抗中央，重蹈原來同姓王犯上作亂的局面出現。同時，刺史也要負責向中央推薦認為較好的官吏，對於政績不好的還可以罷免。

武帝在加強中央集權的同時，又開始官僚制度改革。當時還沒有隋唐時期的科舉制度，主要是推薦制，即察舉制。但效果並不理想，推薦的人親屬占了絕大部分，賢才卻不多。這對於急需人才治理國家的武帝來說發揮不了應有的作用。所以，武帝在繼續推行漢初的察舉制的同時，擴大了察舉的範圍。在漢朝初期只有賢良和孝廉兩科，武帝增加了儒學、明法（即明習、通曉法令）以及德行、學術等科。

武帝命令郡守向中央推薦賢才，否則就以不舉孝廉罪處罰。同時允許官史和百姓上書評議政事。武帝透過這種方式最大限度地選拔出了有德有才的人。

武帝又聽從了董仲舒的建議，「罷黜百家，獨尊儒術」。又在京城設立了「太學」，成為封建政府培養文官的學校。它以儒家的經典為主要講課內容，學生是國家選拔的傑出青年和各地郡國推薦的青年。在「太學」學習一年之後，再通過考試的，依照成績分等級來任命做官。從此，儒士們開始大量地進入政權體系，並且形成了中國文化思想上的大一統。

在加強中央集權的同時，武帝又開始經濟上的改革。

　　鹽鐵的專營起因於戰爭。當時，由於對外戰爭較多，國家財政比較困難，但是那些富有的商人們並不想對國家做些貢獻，而且其富有的程度使他們有了和國家對抗的力量。最後，武帝聽從了經濟學家桑弘羊的建議，首先將有巨大利益的鹽、鐵、酒這些有關百姓生活和國家穩定的商品的專賣權收歸中央，從煮製、冶煉、釀造直到銷售，都由國家來負責經營，並制定了法令來嚴格限制私人的經營。這些措施不僅打擊了商人勢力，同時國家的收入也會大幅度地增加。

　　第二，推行均輸令和平準令。這是武帝時期封建國家運用行政的手段來干預市場、調劑物價的重要措施。平準就是由中央大司農的屬官平準令來負責京城和其他大城市的物價平抑工作。在豐收的季節，因為糧食價格比較低，為了保護農民的利益，由國家以高價來收購，等到第二年糧食貴時，再由國家平價賣出，達到平抑物價的目的。這使大商人們失去了囤積居奇、牟取暴利的機會，同時也穩定了國家的政局。

　　第三，推行告緡令。西元前 119 年，武帝推行「算緡」，這是向商人徵收的一種財產稅，規定商人們都要向官府申報自己的財產數，然後根據財產徵稅，每二千錢徵收一算，即一百二十錢。但商人們為了少交或者不交，就隱瞞不報或者少報。所以，在西元前 114 年，武帝又下令實行「告緡令」，即鼓勵人們告發不遵守「算緡」的人。告發的人可以得到被告發商人財產的一半作為獎勵。命令一下，全國的商人遭到了沉重打擊，中等以上的商人基本上都破產了。

　　武帝的這些政策雖然增加了國家的收入，但嚴重打擊了商人的經商積極性，使當時的商業發展受到了嚴重阻礙。

　　在武帝時期，對外關係以及和邊疆少數民族的關係也有了新的變化。最有名的就是對匈奴的戰爭。

　　秦漢時期，北方的匈奴一直對中原王朝構成巨大的威脅。在秦代，匈奴曾一度為蒙恬所擊敗，逃往漠北，數十年不敢南下。秦朝覆滅後，匈奴

趁楚漢相爭、無暇顧此之機再度崛起。在其驍勇善戰的領袖冒頓單于統率下，四面出擊，重新控制了中國西北部、北部和東北部的廣大地區。西漢王朝建立時，匈奴依然時時帶兵南下，給西漢北方地區民眾帶來沉重的災難，嚴重危害著北部邊境的安寧。而漢朝方面，自高祖劉邦平城被圍事件發生後，由於實力不逮，加上有諸多內政事務亟待處理，只能對匈奴採取和親政策，出嫁公主，贈送絲綢、糧食等物品，與其約為兄弟，以緩解匈奴的襲擾，一直蒙受很大的恥辱。

漢文帝之時，繼續和親政策。匈奴右賢王常率兵侵掠邊塞，俘奪人民，漢文帝曾親自帶兵到太原征討，恰巧國內濟北王造反，不得已收兵。當時冒頓單于剛剛大破月氏國，對屬下右賢王略奪漢境之事假裝不知道，又遣使來請和親，漢朝懾於其勢強，不得不答應，依常例送大批珍寶禮物過去。

漢景帝繼位後，情形還是如此。七國之亂時，匈奴還想與反叛諸侯王裡應外合攻擊漢朝。漢景帝平定七國之亂後，延續政策，匈奴繼續和親，通關市，厚賜單于。

漢武帝繼位後，繼續開通關市，厚待匈奴。但劉徹為人堅毅勇猛，又承「文景之治」遺留的強大國力，他積極從事於反擊匈奴的戰爭準備。在軍事建制上，加強騎兵部隊的建設，選拔適應指揮騎兵作戰的年輕將領，修築軍事要道。在政治上加強中央集權，實行「推恩令」以削弱地方勢力，任用酷吏以保證專制措施暢行全國等等。在經濟上徵收商人車船稅，實行鹽鐵官營政策，以增加戰爭物資儲備等等。經過苦心經營，全面造就了戰略反擊匈奴的軍事、經濟、政治條件。於是漢武帝以其巨人的手臂，揭開了大規模戰爭的帷幕。

漢武帝反擊匈奴之戰，始於武帝元光六年（西元前 129 年），共歷時三、四十年之久，其中又以漠北決戰勝利為代表，劃分為前後兩個階段，而以第一個階段為主體。在這一時期內，漢軍曾對匈奴展開三次重大反擊

作戰（也有人稱之為五大戰役），並取得決定性的勝利，這就從根本上解決了匈奴的南下騷擾問題。自此，形成了「匈奴遠遁，而漠南無王庭」的局面。

漢武帝反擊匈奴之戰，從根本上摧毀了匈奴賴以發動騷擾戰爭的軍事實力，使匈奴再也無力對漢王朝構成巨大的軍事威脅。戰爭中，匈奴被殲人數累計高達 15 萬之多，無力再與漢室相抗衡。匈奴失去水草豐盛、氣候溫和的河南、陰山和河西兩大基地，遠徙漠北苦寒之地，人畜銳減，開始走向衰落了。

漢武帝反擊匈奴之戰的勝利，也為漢王朝加強和鞏固邊防建設，促進中國與中亞、西亞各國人民的友好往來開闢了道路。漢武帝在反擊匈奴的同時，移民墾邊，加強了北部的邊防。在對匈奴作戰過程中，漢朝為了爭取盟國，曾派遣張騫等人通西域，擴大了中外交流。而對匈奴戰爭的勝利，則幫助解除了東北、西北各少數民族所受匈奴的威脅，送去了漢族的農業、手工業技術和文化成就，促進了各族人民的通商和友好往來，推動了邊疆少數民族的發展和民族間的融合，也使中國與中亞、西亞各國的經濟文化交流通暢起來。

武帝還使現在的新疆和甘肅地區納入了中國的版圖範圍。當時東北方向的版圖則擴展到了現在遼東半島和鴨綠江、渾江一帶。

漢武帝雖然政績突出，但他也很奢侈腐化，在他在位期間經常大興土木建造宮殿、苑囿建築等，對外國的使者和來漢貿易的商人也擺大國的架子，經常任意賞賜。此外，武帝和秦始皇一樣也喜歡巡遊，見諸史記載的就有二十多次。而且每次巡遊，隨從的官員、軍隊少則幾萬，多則十餘萬人，沿途百姓供應糧蔬果品，修築道路、宮苑、官館，負責接送等，給人民帶來了沉重的負擔。西元前 110 年那次巡遊里程達到了一萬八千里：從長安出發，先到北面閱兵，再南下到了中嶽嵩山，然後向東巡遊海邊，接著到泰山封禪，又沿海岸往北到了碣石（今河北昌黎），此後向西經過九原

（今內蒙古包頭）再回到長安。

武帝老年以後，迷信鬼神，迷信仙藥。這使他在晚年的時候犯了很多錯誤，特別是方士「欒大」之禍和江充的「巫蠱」之禍。

西元前112年，一個叫欒大的方士到了長安，說自己經常在海上來往，見到過仙人，也找到了長生不老藥。一直想長生不老的漢武帝就輕易地就上了當，封他做將軍，甚至還將自己的女兒嫁他。但在西元前110年，欒大騙局被揭露後，武帝便怒斬了欒大。不過，武帝並沒有吸取教訓，而是接著派人到海上尋找神仙，求取仙藥，想著長生不老。

至於江充的「巫蠱」之禍，給武帝的打擊就更大了。晚年的武帝因為經常有病，所以疑心很重。有次他夢見有幾千個木頭人打他，醒來後就又病了。他不是吃藥調養，而是說大臣和百姓詛咒了他，他才得病的。於是，他命江充到各地去調查此事，江充趁機打擊異己，先後使幾萬人死於非命，這些人中有丞相和武帝的兩個女兒。

此後，江充又派人揭發太子的宮中有詛咒武帝的木偶人，逼得太子假造聖旨捕殺江充，同時派兵搶占長安的許多官署，想處死江充。武帝聽說後不由大怒，命令丞相劉屈氂領兵抓捕太子。雙方的軍隊在長安激戰幾日，太子最後自殺，衛皇后也自殺了。

第二年，武帝查清太子是被誣陷的，於是為太子平反。後來，武帝終於查清楚所謂的「巫蠱」之禍都是江充一手製造的，武帝盛怒之下誅殺了江充的全家。

武帝在受到諸多欺騙後，逐漸有所醒悟。

西元前89年，他在一次巡遊時，在山東的海邊等了十幾天也沒有見到神仙的影子，武帝開始清醒。在經過鉅定縣（今山東廣饒縣北）時，看到在地裡忙春耕的農民，甚是感動，竟親自到地裡去和農民一塊耕作。在路過泰山時，他在泰山的明堂向天神和大臣們檢討自己的過錯。不久，他又應大臣的請求，將所有的方士都趕走了。後來，武帝又下了罪己詔。此後，

武帝採取了一系列正面政策，如與民休息，任用有為的大臣，兩年之後，政治和經濟都有了較大的改善，漢朝又恢復了活力，這為武帝的兒子昭帝和曾孫宣帝時期的「昭宣中興」奠定了基礎。

後元二年（西元前87年）二月，武帝外出巡遊，到達扶風（今陝西省興平縣）時，得病，臥於五柞宮，無法返回長安，立幼子劉弗陵為太子，任霍光（霍去病的異母弟）為大司馬、大將軍，金日磾為車騎將軍，上官桀為左將軍，要他們與丞相田千秋、御史大夫桑弘羊一起輔助太子。為防年輕的太后（劉弗陵的生母）專權亂政，下詔斬殺。二月十四日，武帝劉徹駕崩，終年七十一歲，葬於陝西茂陵。

漢武帝雄才大略，一生建樹頗多。他在位期間重用大將軍衛青、霍去病，三次反擊匈奴的侵擾，取得了決定性的勝利，致使漢民族傲然屹立於世界民族之林。

在經濟上，漢武帝採取統一貨幣，實行鹽鐵專賣等措施，同時又興修水利，減少水害。他重視發展生產，支持改良農具，改進耕作方法，結果，不僅提高了農作物的產量，而且增加了國庫收入，促進了經濟繁榮。

漢武帝還在北方邊塞地區大規模移民屯田，加強城寨，鞏固邊防，鼓勵通商，加強了西北各族人民的聯繫。

漢武帝多次派人出使西域各地，把中國的絲綢和土產運往西方，西方的特產和工藝品也運到中國，連通了古代中國和西方各國最長的陸上商路，後人稱為「絲綢之路」。

他還派人出使西南，繼秦始皇之後，在南粵設置了九個郡，在現在的雲南、貴州等地設置了九個郡，使這些地方的各族人民和漢族人民一道，共同為開發中國做出了貢獻。

在思想文化上，漢武帝推行「罷黜百家，獨尊儒術」，孔子及其弟子們的儒家思想從此被確立起來，對中國傳統文化產生很大影響。

漢武帝是中國傑出的帝王之一，他當政時期是中國歷史上最強盛的時代之一，也是中國歷史上最燦爛的時代之一。

中國史學第一人

司馬遷（約西元前 145—？）

司馬遷，字子長，漢代夏陽（今陝西韓城縣）人，中國史學家、文學家。幼時曾受業儒學大師董仲舒、孔安國，成年後繼其父職任太史令。後因為降將李陵申辯獲罪，慘遭宮刑憤而著述，撰成千古不朽的巨著《史記》。《史記》共130篇，52萬字，包括「本紀」、「世家」、「列傳」、「書」、「表」五個部分，記事上起軒轅黃帝，中經唐、虞、夏、商、周、秦，下迄漢武帝太初年間。《史記》它不僅寫了遠古、近古，也寫了現代、當代；不僅寫了中原、華夏，也寫了邊疆、外國；不僅寫了政治、軍事，也寫了經濟、文化；不僅寫了帝王將相、英雄豪傑，也寫了下層社會各色人物。這種囊括古今各類知識、各家各派文化於一體而加以融會貫通的氣魄，是前無古人的；司馬遷自述其寫作此書的目的是「究天人之際，通古今之變，成一家之言」，這種打通一切領域，自立學術章程，總結一切規律以求為現實服務的宏偉目標，也是前無古人的。《史記》開創了中國第一部通史體例，對後世的史學和文學的發展具有深遠的影響，被魯迅先生盛讚為「史家之絕唱，無韻之離騷」。是歷史學上一個劃時代的里程碑，是一部「前無古人，後無來者」的偉大著作，對文化特別是歷史學產生了巨大的影響。

司馬遷，字子長，漢景帝中元五年（西元前145年）出生於龍門山下（今陝西省韓城縣），左馮瑚夏陽（今陝西韓城縣）人。父親司馬談是漢武帝時的太史令，學問淵博，曾寫過〈論六家要旨〉，對先秦以來的儒、墨、名、法、陰陽、道德各家進行了分析和評論，這些都極大地影響了司馬遷。司馬遷的先祖並不十分顯要，其家族世代掌管太史的官職。但是司馬遷和他的父親都以此為榮，在他們的心目中，修史是一項崇高的事業。他們為此奉獻了自己一生的精力。

　　司馬談一直準備寫一部貫通古今的史書。在父親的直接教導下，司馬遷十歲時便開始學習當時的古文。後來，他又跟著董仲舒學習《春秋》，跟孔安國學習《尚書》。司馬遷學習刻苦，進步非常快，極有鑽研精神。同時利用家世職務之便，他可以查閱「石室金匱」，即皇家圖書館所藏的各種典籍文書和檔案材料，這無疑為他創作《史記》準備了不可或缺的物質條件，為他創作《史記》打下了扎實的基礎。

　　司馬遷 20 歲時就開始了漫遊生活，探尋古蹟與文化的流傳。他曾任職郎中，奉使西征巴、蜀以南，到達今雲、貴地區，了解西南夷的情況。因職務的便利，他曾跟隨皇帝多次出巡，他的足跡幾乎遍及全國。這不僅使他飽覽了國家壯美的名山大川，了解了下層群眾的生活，開闊了眼界、增長了見識，還使他考察了各地遺跡，掌握了許多重要歷史人物的遺聞軼事，搜集了大量珍貴的歷史文物資料，為他日後寫作《史記》奠定了政治、思想、史料基礎。

　　西漢元封元年（西元前 110 年），漢武帝第一次封禪泰山，司馬遷的父親作為史官，本應到泰山參加封禪，但是他卻因故留在洛陽。他對參加封禪視為他政治生命中的一件大事，不能東行參加封禪大典，令他異常遺憾和失望，終於憂慮成疾，臥床不起。這時，恰好司馬遷外遊歸來與父親相見，於是他握著司馬遷的手流著淚說：「我們的祖先是周朝的官吏，遠祖還有大功於夏，是百官之長，後世逐漸衰弱，難道天將滅絕於我嗎？你如果能繼任太史官職，那就能繼承祖業了。現在漢朝的天子繼承了數千年來封禪泰山的大統，封禪於泰山，而我卻不能隨行，這是命中注定的呀！我死之後，你一定會繼任太史官職的，做了太史不要忘了我所渴望的著書立說的意願，千萬不要忘記我一生希望寫出一部通史的願望。你一定要繼承我的事業，不要忘記啊！」

　　這一番諄諄囑託極大地震撼了司馬遷，他看到了父親作為一名史學家難得的使命感和責任感，他也知道父親將自己畢生未竟的事業寄託在自己

的身上。司馬遷低著頭，流著淚，悲痛而堅定地應允道：「兒子我雖然沒有什麼才能，但我一定完成您的志願。」

元封三年（西元前 108 年），司馬遷繼承父親司馬談的遺志，當上了太史令，開始從皇家藏書館中整理選錄歷史典籍。

太初元年（西元前 104 年），司馬遷倡議並主持了改革曆法的工作，組織曆法專家制定了有名的《太初曆》。這不僅表現了他在天文曆法方面的造詣，更說明了他確實智力超人，加之刻苦攻讀、長期遊歷，他成為一個上通天文、下達地理、思想深刻、見解獨特、學識淵博的全才。

《太初曆》完成後，司馬遷開始著述《史記》，但意想不到的一場橫禍突然飛臨，這就是李陵事件。

天漢二年（西元前 99 年），漢朝的騎都尉李陵，奉命率領 5,000 步兵，從居延向北進擊匈奴，貳師將軍李廣利帶主力後援。交戰開始，李陵率兵在峻稽山與匈奴騎兵相遇，殺敵數千人。匈奴單于大驚，急調 8 萬騎兵將李陵部包圍。李陵孤軍拚死抵抗，激戰幾晝夜，殺傷敵兵近萬。這時，李廣利的主力部隊始終沒有上來。最後，終因箭盡糧絕，寡不敵眾，李陵戰敗被俘，投降匈奴。

消息傳到京城，漢武帝非常憤怒。朝中一些大臣，也隨聲指責李陵。恰巧，司馬遷在旁侍候，漢武帝便問他對這事的看法。司馬遷是個性情耿直、敢說話的人，當即回稟說：「此番交戰敵我兵力懸殊，李陵帶少數將士轉戰千里，且後無援兵，仍然殺傷近萬敵軍，依臣所見，古代的名將也不過如此！至於他力竭投降，臣以為是不得已而為之，還可能找機會主動報答國家的……」司馬遷的話，既有為李陵辯護的意思，也流露了對後援主將李廣利的不滿，而李是漢武帝愛妃的長兄，無論從哪方面說，都是皇帝不能接受的。果然，沒等司馬遷說完，漢武帝便勃然大怒，斥責他竟敢為降將開脫，於是下令將司馬遷打入大牢。

司馬遷被關進監獄以後，案子落到了當時名聲很臭的酷吏杜周手中，

杜周嚴刑審訊司馬遷，司馬遷忍受了各種肉體和精神上的殘酷折磨。面對酷吏，他始終不屈服，也不認罪。司馬遷在獄中反覆不停地問自己「這是我的罪嗎？這是我的罪嗎？我一個做臣子的，就不能說出自己的意見嗎？」不久，有傳聞說李陵曾帶匈奴兵攻打漢朝。漢武帝信以為真，便草率地處死了李陵的母親、妻子和兒子。司馬遷也因此事被判了死刑。

這對司馬遷來說，真是飛來之禍。按照漢朝刑法的規定，被判處死刑的人若想不死，有兩種減免的辦法，或是用 50 萬錢贖罪，或是實行宮刑，破壞其生殖器官。司馬遷是個微賤的史官，家境貧寒，拿不出那麼多的錢贖罪。平日裡的朋友見他落到如此地步，一個個都躲得遠遠的，怕要他們出錢資助。這樣，唯一的生路就是接受宮刑了。幾個凶惡的兵士把司馬遷推進一間不見天日的「蠶室」，殘酷地割去了他的睪丸。

司馬遷從昏迷中蘇醒過來，只覺得下身火辣辣地疼，身旁的地上凝集著大灘的血汙。宮刑作為中國古代的五刑之一，雖然不至於危及生命，但卻是刑罰中最卑賤的一種，宮身是比死還要可怕的奇恥大辱。此時，司馬遷精神上的巨大痛苦，遠遠超過肉體。屈辱和悲憤深深地折磨著他，他不願再活下去了。

一想到死，司馬遷反倒平靜下來，覺得有什麼東西在撞擊著心靈，使他有難以割捨之感。是什麼呢？是他心中的大書《史記》。他曾為這一部書進行了怎樣的準備啊！剛剛 20 歲的時候，司馬遷就開始遊歷名山大川，廣泛搜集史料。他先渡過泗水，到淮陰訪問了韓信早年的軼事和遺跡，接著，南行到會稽，實地考察「禹穴」；在汨羅江畔，他憑弔過愛國詩人屈原；在山東曲阜和江蘇沛縣，他還親自看了孔子講學的遺址和劉邦起兵的地點……縱橫四方的大遊歷，使他對許多歷史事件的發生及其過程有了深刻的了解，而對全國的地理環境也了然在胸，把它們與從古代到秦漢之際的大小數千次戰役聯繫起來，形成一幅立體的全景畫面。司馬遷感到《史記》已醞釀成熟，正躁動於心中，為了這一部亙古未有的宏偉之作，他不能死！

司馬遷又想到了父親臨終前的殷切囑託。老人平生的夙願，是寫出一部敘述古今興衰成敗的史書。老人病倒彌留之際，奄奄一息的老人泣不成聲，還要司馬遷完成自己的願望。現在，正當他埋頭著述的時候，卻遇到了難以抗禦的災難。怎麼辦呢？死倒容易，死了也清靜，可父親的囑託誰來完成？這是萬萬不能半途而廢的事啊！

司馬遷從生死的徘徊中漸漸地解脫出來，在他的面前出現了一幅幅令人壯懷激烈的畫面：「蓋西伯拘而演周易；仲尼厄而作春秋；屈原放逐，乃賦離騷；左丘失明，厥有國語；孫子臏腳，兵法修列；不韋遷蜀，世傳呂覽；韓非囚秦，說難、孤憤。詩三百篇，大氐賢聖發憤之所為作也。此人皆意有所鬱結，不得通其道，故述往事，思來者。」司馬遷從先輩在逆境中不斷進取得到了啟發和激勵，他毅然拋開了自殺的念頭，決心「隱忍苟活」，完成已經開始的著書大業。這一奇恥大辱確實曾使司馬遷幾乎陷於精神崩潰：「腸一日而九回，居則忽忽若有所亡，出則不知所如往。每念斯恥，汗未嘗不發背霑衣也。」但這一奇恥大辱也為他的創作帶來更大的力量，並使他對現實、對統治者的認識更加準確，使他反映在著述中的思想更加進步。

李陵事件的風波逐漸平息了，漢武帝的怒氣也消了下去。司馬遷 50 歲時被釋放出獄，擔任中書令，俸祿也由原來的 1,000 石增加到 2,000 石。司馬遷出獄後做了名義上比太史令地位還高的中書令，實際上與宦者無異，他的仕宦興趣已蕩然無存，他全身心投入到《史記》的創作上。

太始四年（西元前 93 年），司馬遷 55 歲時，他終於完成了《史記》。這是他用一生的精力、艱苦的勞動，並忍受了肉體上和精神上的巨大痛苦，拿整個生命寫成的一部永遠閃耀著光輝的偉大著作。

司馬遷的卒年無從確定，大概在武帝末年。

《史記》中最激動人心的思想在今天看來主要有四點：其一是它所表現的進步的民族觀。司馬遷吸收了戰國以來有關中國境內各民族以及周邊國家發展來源的說法，在《史記》中把春秋、戰國時代的中原、荊楚、吳越、

秦隴、兩廣、雲貴、塞北、東北各地區的國家與民族都當作黃帝的子孫，這對於兩千年來這個多民族的友好大家庭的形成與穩定，具有難以估量的作用。

其二是它所表現的進步的經濟思想。這包括強調發展經濟，認為經濟是國家強大的基礎；反對單打一的「重本抑末」，而提倡「工」、「農」、「商」、「虞」四者並重；反對從政治上對工商業者的歧視，而歌頌他們的本領、才能，並專門為他們樹碑立傳等等。

其三是它所表現的強烈的民主性與批判性。《史記》是先秦文化的集大成，司馬遷是先秦士大夫優秀思想人格的繼承者與發揚者。他之所以寫《史記》不是單純地為了記載歷史陳跡，而是明確地為了「成一家之言」，因而《史記》中就突出地顯示了一種作者所追求的理想政治、理想社會的光芒和對現實政治、現實社會的種種批判，其中有些相當深刻、相當準確，甚至有些是兩千年來常讀常新的。

其四是貫徹全書，豪邁的人生觀、生死觀、價值觀。司馬遷在《史記》中所歌頌的幾乎都是一些勇於進取、勇於建功立業的英雄。他們有理想、有抱負、有追求；他們為了某種信念、某種原則可以不惜犧牲自己的生命；他們都有百折不撓、不達目的誓不甘休的精神。司馬遷曾在〈報任安書〉中寫道：「人固有一死，死有重於泰山，或輕於鴻毛，用之所趨異也。」他遭受宮刑，痛不欲生，為了完成《史記》他頑強地活了下來。司馬遷的個人奮鬥經歷與《史記》中所歌頌的這些艱苦奮鬥的思想，是司馬遷留給後人的一份寶貴財富，它永遠給我們激勵，給我們啟迪，當我們灰心喪氣、瀕臨絕望的時候，給我們無比的力量、信心與勇氣。

《史記》是第一部以人物為中心的偉大的歷史著作，同時也是第一部以人物為中心的偉大的文學著作。從歷史的角度講，《史記》開創了古代兩千多年紀傳體的歷朝「正史」的先河；從文學的角度講，《史記》第一次運用豐富多彩的藝術手法，給人們展現了豐富多彩而又各具個性的歷史人物。有

震鑠古今的帝王如秦始皇、項羽、劉邦、漢武帝；有家喻戶曉的朝臣如管仲、晏嬰、蕭何、張良；有百戰百勝的名將如白起、韓信、衛青、霍去病；有改革家如吳起、商鞅、趙武靈王；其他節烈型的有屈原；口辯型的有張儀、蘇秦；俠義型的有魯仲連、荊軻；滑稽型的有淳于髡等等。

司馬遷撰寫《史記》，態度嚴謹認真，實錄精神是其最大的特色。他寫的每一個歷史人物或歷史事件，都經過了大量的調查研究，並對史實反覆核對。司馬遷早在二十歲時，便離開首都長安遍踏名山大川，實地考察歷史遺跡，了解到許多歷史人物的遺聞佚事以及許多地方的民情風俗和經濟生活，開擴了眼界，擴大了胸襟。漢朝的歷史學家班固說，司馬遷「其文直，其事核，不虛美，不隱惡，故謂之實錄」。也就是說，他的文章公正，史實可靠，不空講好話，不隱瞞壞事。這便高度評價了司馬遷的科學態度和《史記》的記事詳實。

司馬遷要堅持實錄精神，就必須面對現實、記錄現實，這就不可避免地會發生「忌諱」的問題。可是他在為人物作傳記時，並不為傳統歷史記載的成規所拘束，而是按照自己對歷史事實的思想感情記錄。從最高的皇帝到王侯貴族，到將相大臣，再到地方長官等等，司馬遷當然不會抹殺他們神奇、光彩的一面，但突出的是揭露他們的腐朽、醜惡以及對人民的剝削和壓迫。尤其揭露了漢代統治階級的罪惡。他雖是漢武帝的臣子，但對於他的過失，司馬遷絲毫沒有加以隱瞞，他批判了當時盛行的封禪祭祖、祈求神仙活動的虛妄。在〈封禪書〉中，他把漢武帝迷信神仙，千方百計祈求不死之藥的荒謬無聊行為淋漓盡致地描繪了出來。此種不畏權貴的實錄精神，令後代史學家們汗顏。

本著實錄的精神，司馬遷在選取人物時，並不是根據其官職或社會地位，而是以其實際行為表現為標準。比如，他寫了許多諸如遊俠、商人、醫生、娼優等下層人物的傳記。在司馬遷心目中，這些人都有可取之處。他在《史記‧太史公自序》中，將陳涉和古代有名的帝王——商湯和周武

王相提並論，同時明確地指出，只要封建帝王暴虐無道，人民就有權利起來推翻他。陳涉領導的這支反抗勢力雖然沒有取得成功，但卻掀起了波瀾壯闊的秦末戰爭，最後終於推翻了秦朝的無道統治。對陳涉首先起義、推翻秦朝的歷史功績，司馬遷是完全持肯定態度的。

在《史記》中，司馬遷還歌頌了那些為了反抗強權暴行，置自身性命於不顧的刺客以及救人急難、見義勇為的遊俠。比如「風蕭蕭兮易水寒，壯士一去不復返」的荊軻，為報燕太子丹的知遇之恩不惜隻身刺秦王，最終血濺秦廷。司馬遷對這些人物進行大膽的歌頌，實際上便是對下層階級與普羅大眾的同情，讚賞人民反抗強暴的願望。司馬遷對名醫扁鵲等有益於人民的人，用很長的篇幅記錄了他們的生動事蹟和醫學理論。這些人在當時都沒有社會地位，但在司馬遷的心目中，他們遠比某些王侯將相高貴。

對封建統治者的醜惡面貌，司馬遷也有深刻的認識，並無情地揭露了統治階級的罪惡。比如〈酷吏列傳〉中一共為十個殘暴冷酷的官吏作傳，其中漢武帝的臣子就有九人。漢武帝當時重用的張湯，不僅擅長巧立法令名目，而且還會迎合漢武帝的心意去處置「犯人」。在他的主持下，往往一個案件會使無數人家受到牽連，殺人如麻，視人命如草芥。這些人的罪惡活動都被司馬遷記錄了下來，他便是透過這些對漢武帝時期專制統治的殘酷和黑暗加以控訴的。

司馬遷的進步歷史觀和勇敢揭露帝王過失的大膽作風值得肯定。對於歷史的演進過程，他的觀點也比較完整。他在給予歷史正確的評價後，又充分肯定了歷史是不斷發展進化的這一結論。

《史記》的出現，確定了古代傳記的基本格局，諸如思想方面的以史為鑑，富有教化作用；形式方面的篇幅短小，強調表現人物性格，而不在堆砌材料的多與全，以及語言的精美、抒情等等。而《史記》寫人物、寫故事的方法則又給後世小說、戲劇以深刻影響，《史記》中的諸多主題，《史記》人

物的諸多典範，以及《史記》故事的許多情節場面，都為後世的小說、戲劇開出了無數法門。

《史記》的另一個顯著特點是它的抒情性。《史記》中有些作品篇幅不長，而通篇像一首詩，如〈伯夷列傳〉、〈屈原列傳〉、〈遊俠列傳〉就是這樣的。但《史記》中大量篇章的抒情性是在於作品的夾敘夾議，以及融濃厚的愛憎感情於敘事、描寫之中。如〈項羽本紀〉、〈魏公子列傳〉、〈李將軍列傳〉等就是這樣的。整部《史記》是一曲愛的頌歌、恨的詛曲，是一部飽含作者滿腔血淚的悲憤詩。

《史記》不但是一部偉大的史學名著，也是一部傑出的文學名著，在中國文學史上占有很高的地位。司馬遷具有很高超的語言藝術，採用當時口語，生動形象地刻劃人物性格。〈蘇秦列傳〉中有一段蘇秦與嫂嫂的對話：

蘇秦笑謂其嫂曰：「何前倨而後恭也？」嫂委蛇蒲服，以面掩地而謝曰：「見季子位高金多也。」

短短的對話就把嫂嫂趨炎附勢的形象勾畫了出來，揭示了封建社會的世態炎涼。〈李將軍列傳〉用「桃李不言，下自成蹊」表達了大眾對善良人物的喜愛心情。司馬遷擅長用各種手段塑造人物形象。他筆下的人物大多個性鮮明，性格突出，具有典範意義，能給讀者留下深刻印象。人們不僅把《史記》當做歷史作品研讀，還把它當作文學作品欣賞。《史記》不僅開創了紀傳體史學體裁，也開創了歷史傳記文學體裁。可以說，《史記》是一部歷史與文學完美統一的典範作品，所以魯迅先生讚美它：「固不失為史家之絕唱，無韻之〈離騷〉。」

《史記》作為第一部傳記文學的確立，是具有世界意義的。過去歐洲人以歐洲為中心，他們稱古希臘的普魯塔克（Plutarch）為「世界傳記之王」。普魯塔克大約生於西元 46 年，死於西元 120 年，著有《列傳》（今本譯作《希臘羅馬名人傳》）50 篇，是歐洲傳記文學的開端。如果我們把普魯塔克

放到中國古代史的長河裡來比較一下，可以發現，普魯塔克比班固（西元
32 — 92 年）還要晚生 14 年，若和司馬遷相比，則要晚生 191 年。司馬遷
的《史記》要比普魯塔克的《列傳》早產生幾乎兩個世紀。

中國最偉大的科學家

蔡倫（西元 63 — 121 年）

蔡倫，字敬仲，桂陽（今湖南耒陽市）人，東漢宦官，中國造紙術發明人。蔡倫造紙術的發明與傳播，及其為人類社會文化發展所做出的貢獻，在諸多科學家或發明家中首屈一指，為世人所認同。

西元 63 年，蔡倫出生於桂陽（今湖南耒陽市）一個農家，從小家境貧困，為了生計，父母決定將蔡倫送入宮中當差。

明帝永平十八年（西元 75 年），十二歲的蔡倫到皇宮當太監，擔任職位較低的職務 —— 小黃門。

西元 89 年，漢和帝繼位後蔡倫得到信任，被提升為中常侍，參與國家的機密大事。他還做過管理宮廷用品的官 —— 尚方令，監督工匠為皇室製造寶劍和其他各種器械，因而經常和工匠們接觸。工匠的精湛技術和創造精神，給了他很大的影響。

自從人類發明了文字之後，書寫文字的載體就成為人類亟待解決的一個問題。在古代文明社會裡，古埃及是寫在一種一碰就碎、壓成片的草紙上，古巴比倫是寫在泥磚上，古印度是寫在絲織品、羊皮上，後來又寫在一種名叫「貝多羅」的棕櫚樹葉上，所以在稱佛經為「貝葉經」。早在商周時代，寫字要刻在龜甲獸骨上，稱為甲骨文及青銅器上的銘文 —— 金文。春秋戰國時，間或有寫在帛上的。到了西漢時，則是竹簡與帛兼用，所以有「功著竹帛」之說。但是，用帛寫字，雖然較為便利，價格卻非常昂貴；用竹簡寫字，價值雖不及帛貴，卻十分笨重。

當時，蔡倫看到大家寫字很不方便，竹簡和木簡太笨重，絲帛太貴，絲綿紙不可能大量生產，都有缺點。於是，他就研究造紙的方法。

蔡倫統整了先人造紙的經驗，帶領工匠們用樹皮麻頭、破布和破魚網

等原料來造紙。他們先把樹皮、麻頭、破布和破魚網等東西剪碎或切斷，放在水裡浸漬相當時間，再搗爛成漿狀物，還可能經過蒸煮，然後在席子上攤成薄片，放在太陽底下晒乾，這樣就變成紙了。

用這種方法造出來的紙，體輕質薄，很適合寫字，受到了人們的歡迎。

元興元年（西元 105 年），蔡倫把這個重大的成就報告了漢和帝，漢和帝批准全國各地都用這樣的方法造紙。

元初元年（西元 114 年），鄧太后以蔡倫供職宮廷，年久有功，授封龍亭侯，其封地即為現在陝西洋縣的龍亭鋪，邑三百戶。後為長樂太僕，掌管長樂宮。

元初四年（西元 117 年），安帝選用劉珍、良史等儒者去東觀，校正經傳文字，令蔡倫監管其事。

蔡倫起初曾受竇后旨意，誣陷安帝的祖母宋貴人，致使她自殺。竇太后死後，安帝親自掌權，便命蔡倫去廷尉受審。蔡倫知道不妙，怕受恥辱，乃飲藥而死。

蔡倫從一個平民子弟到封侯鼎食，應該說是平步青雲。但後來陷入政治漩渦，結局可悲。

《後漢書》記有：「倫初受竇后諷旨，誣陷安帝祖母宋貴人。及太后崩，安帝始親萬機，敕使自致廷尉。倫恥受辱，乃沐浴整衣冠，飲藥而死。國除。」蔡倫死後葬於封地洋縣。

造紙術是中國古代四大發明之一。漢和帝元興元年（西元 105 年），蔡倫利用廉價易得的樹皮、廢麻、舊布、破魚網作原料，造出了質輕、價廉、適於書寫的植物纖維紙，朝廷批准推廣。從此，天下都用他的方法造紙，史稱「蔡侯紙」，取代了笨重的簡牘和昂貴的縑帛，對人類文化的傳播和世界文明的進步做出傑出的貢獻。

蔡倫改進造紙方法成功，這是人類文化史上一件大事。從此，紙才有可能大量生產，給以後書籍的印刷創造了物質條件。蔡倫使用的原料來源

廣泛，價錢便宜，有的還是廢物利用，因此可以大量生產。至於用樹皮做原料，更是一個新的發現。後代人用木漿造紙，就是蔡倫造紙術的啟發。由於蔡倫對造紙術的貢獻使在西元二世紀初的東漢時期，已經完成了具有重大意義的造紙技術改革。

首先，採用了多種植物原料，解決了造紙原料資源不足的問題。破布（當時是麻布）、麻頭和破魚網等廢棄物資的利用，既增加了原料來源，又降低了紙的成本。尤其是用樹皮做原料，更是重大的創造，他開創了近代木漿紙的先聲，為造紙業的發展開闢了廣闊的途徑。

其次，工藝上有比較大的進步。多種原料的利用，對工藝提出了新的要求，推動了造紙技術的改革。由於史書缺乏具體的記載，對當時的實際操作難於詳細了解。今天，手工造紙已經基本上被機器造紙所代替，但是造紙的原理和基本的生產工序並沒有什麼根本的變化。

第三，造紙從此成為獨立的行業。以前，紙只是紡織業的副產品，產量很低，技術上的改進也很受限。新原料的開闢和新技術的採用，使造紙從紡織業中獨立出來，這是造紙發展史上意義重大的轉捩點。從此，紙的生產得到了迅速的發展。

自西元二世紀蔡倫改進造紙技術，製出優良的紙張，深受人們的歡迎和喜愛，造紙術很快推廣到全國各地，簡牘和縑帛逐漸被歷史所淘汰。西元三到四世紀，紙成了唯一的書寫材料，同時造紙術也不斷得到改進，日趨完善。

後來，發明的造紙術傳遍了五大洲，大大促進了世界科學文化的傳播和交流，深刻地影響著世界歷史的歷程。正如英國科學家法蘭西斯・培根（Francis Bacon）在評價包括造紙術在內的「四大發明」的時候所說：「它們改變了世界上事物的全部面貌和狀態，又從而產生了無數的變化；看來沒有一個帝國，沒有一個宗教，沒有一個顯赫人物，對人類事業曾經比這些機械的發現施展過更大的威力和影響。」

的紙和造紙術的西傳是西元五世紀初，已經沿絲綢古道西傳到新疆。到了六世紀中葉，新疆已經有在當地自造的紙。大約在七世紀，造紙術已從新疆外傳到中亞地區的撒馬爾罕。同樣在怛羅斯之戰以後，中國戰俘中的造紙工匠在撒馬爾罕建立了穆斯林世界的第一家造紙作坊。隨著阿拉伯帝國經濟的繁榮和政治的昌盛，文化事業也發展起來，因此在阿拔斯王朝時期，紙的使用與製作大大傳播開來。西元 794 年，按照撒馬爾罕的模式在帝國首都巴格達開辦了第一座造紙工廠。此後，在大馬士革、葉門等許多地方都辦起了紙坊。大馬士革在此後好幾百年的時間裡都是向歐洲供應紙張的主要產地。造紙術大約在九世紀末傳入埃及。到了十世紀末，埃及本地造紙場生產的紙張已經取代了埃及人數千年來傳統使用的莎草紙。一封寫於九世紀末埃及的信，在結尾處特別注明：「用莎草紙言寫，請原諒。」其實，這封信是寫在一張質地最好的莎草紙上的，而寫信的人仍然在為自己沒有用紙而特地致歉。這說明當時紙張已經成為時興的書寫材料。到了1040 年，一位波斯旅行家十分驚異地記載了他在埃及見到的情況，在開羅，「賣菜的小販，都隨備紙張，把任何賣出的東西，都用紙包裹」。可見，因為大量的生產，紙張不僅已經成為埃及人民普遍的書寫材料，而且已經變成具有多種使用價值，在人們生活中不可或缺的物品。西元十二世紀時，造紙術由埃及西傳摩洛哥，並從那裡傳入西班牙、義大利等歐洲國家。

紙乃人類文明之載體，又稱人類文明之母。蔡倫造紙術的發明及後來傳布全球，功勳卓著，舉世稱頌。例如：國外諸多著名學者（如英國李約瑟，日本山下寅次）、文豪（如蕭伯納（George Bernard Shaw））稱：「造紙一事，尤為重要，即謂歐洲文藝復興之得力於此，亦不為過也」；國外媒體，如《芝加哥論壇報》（Chicago Tribune）稱：「中國為發明造紙所作的探索，可以同美國把人送上月球的目標相提並論」；國外還設有蔡倫紀念館（如在法國等），安貝爾市蔡倫館在展出文字說明中讚頌說：蔡倫的傑出貢獻和中國古代造紙術的發明，為人類文明揭開了新的篇章；國外人士與海外華裔

專程前往蔡倫故鄉湖南耒陽緬懷或尋根，如日本迫田勝敏、吉田孝在 1988 年 5 月參謁蔡侯祠、蔡子池、蔡倫墓等處後寫道：「蔡倫發明造紙是對全世界的巨大貢獻，理應受到尊重」，「沒有紙的發明，就不可能有現代文明」。

中國書法第一人

王羲之（西元 303 － 361 年）

王羲之，字逸少，號澹齋，琅琊人（今山東臨沂），後遷居山陰（今浙江紹興）。官至右軍將軍，會稽內史，是東晉偉大的書法家。王羲之在書法上是個革新家，建立了劃時代的功績而流芳百世。他的主要成就還是表現在行書和草書上。他的正體楷書被世人稱為「書聖」，他的行草書又被世人尊為「草聖」。

西元 303 年，王羲之出生於琅琊郡（今山東臨沂市）一個貴族家庭。他的家族是晉代屈指可數的豪門大士族。他的祖父王正為尚書郎，他的父親王曠為淮南太守，曾倡議晉室渡江，於江左稱制，建立東晉王朝。王羲之的伯父王導更是名聞於世，是東晉的丞相。而他的另一位伯父王敦是東晉的軍事統帥。琅琊王氏在東晉可謂權傾一時，熾盛隆貴。

王羲之因為這樣的出身，一出仕便為祕書郎，後為庾亮的參軍，再遷寧遠將軍、江州刺史，最後做到右軍將軍、會稽內史。所以人們義稱他為「王右軍」。

王羲之七歲那年，拜女書法家衛鑠（衛夫人）為師學習書法。王羲之臨摹衛書一直到十二歲，雖已不錯，但自己卻總是覺得不滿意。因常聽老師講歷代書法家勤學苦練的故事，使他對東漢「草聖」張芝的書法產生了欽羨之情，並決心以張芝的「臨池」故事來激勵自己。

為了練好書法，他每到一個地方，總是跋山涉水四下拓歷代碑刻，累積了大量的書法資料。他在書房內、院子裡、大門邊甚至廁所的外面，都擺著凳子，安放好筆、墨、紙、硯，每想到一個結構好的字，就馬上寫到紙上。他在練字時，又凝眉苦思，以至廢寢忘食。

在童年時代，王羲之就對書法有濃厚的興趣。為了寫好字，他在練字

的時候，往往廢寢忘食。他經常到屋外的小池塘洗毛筆，結果池裡的水都變黑了。現在會稽山下有王羲之的墨池，溫州和江西臨川也有他的墨池。即使在走路和休息的時候，王羲之心裡也想著寫字，手指隨著在自己身上一橫一豎地畫著，日子長了，衣服都劃破了。

　　有一次，王羲之在書房裡專心練字，書僮送去他平時最喜歡吃的蒜泥和饅頭，幾次催他吃飯，但王羲之連頭也不抬。書僮沒辦法，只好去請王羲之的母親親自來勸他吃飯，不料當王夫人到書房時，卻見王羲之手裡正拿著一個蘸著墨汁的饅頭往嘴裡送。看到王羲之學書如此刻苦，書藝長進神速，作為啟蒙老師的衛夫人自然十分高興，甚至不無妒忌地說，這孩子將來必定有很高的成就，自己在書法上的名望恐怕也要為他所掩了。

　　又有一次，王羲之到一個村子去。有個老婆婆拎了一籃子六角形的竹扇在集上叫賣。那種竹扇很簡陋，沒有什麼裝飾，引不起過路人的興趣，看樣子賣不出去了，老婆婆十分著急。王羲之看到這情形，很同情那老婆婆，就上前跟她說：「妳這竹扇上沒畫沒字，當然賣不出去。我幫你題上字，怎麼樣？」老婆婆不認識王羲之，見他這樣熱心，也就把竹扇交給他寫了。王羲之提起筆來，在每把扇面上龍飛鳳舞地寫了五個字，就還給老婆婆。老婆婆不識字，覺得他寫得很潦草，很不高興。王羲之安慰她說：「別急。你只告訴買扇的人，說上面是王羲之寫的字。」王羲之一離開，老婆婆就照他的話做了。集上的人一看扇上的書法，都搶著買，一籃竹扇馬上就賣完了。王羲之12歲時，看到父親的床頭有一篇書法理論著作《筆論》，便認真地閱讀起來。父親認為他讀書法理論著作太早，但他卻認為長大再讀就太晚了，執意要讀。於是父親就講給他聽。王羲之領略了寫字的一些道理後，學書大有長進。

　　王羲之為人坦率，不拘禮節，從小就不慕榮利。《世說新語》裡載有王羲之「坦腹東床」的美談。

　　二十歲時，有個太尉郗鑑派人到王導家去選女婿。當時，人們講究門

第等級，門當戶對。王導的兒子和姪兒聽說太尉家將要來提親，紛紛喬裝打扮，希望被選中。只有王羲之，好像什麼也沒聽到似的，露著肚子躺在東邊的竹榻上。來人回去後，把看到的情況稟報給郗太尉。當他知道東榻上還靠著一個不動聲色的王羲之時，不禁拍手讚嘆道：這正是我所要的女婿啊！於是郗鑑便把女兒郗璿嫁給了王羲之。

從這則逸事上看，王羲之從小就具有曠達的性格，很少為一些小事戚於心。也許這就是他的書法雄渾開闊，具有自由氣象、瀟灑神態的原因之一罷。也因為這個典故，後來人們就把「東床坦腹」、「東床」作為女婿的美稱，或稱呼他人的女婿叫「令坦」。

王羲之因為少有美名，朝廷公卿都喜愛他的才能，屢次徵召為侍中、史部尚書等職，他都堅辭不受。他不喜當官，更喜歡清靜。

王羲之從小愛好書法。幼年時他曾跟隨姨母，著名的的女書法家衛夫人學過書法。渡江後，他又學習了前輩書法大師李斯、曹喜、張芝、張昶、蔡邕、鍾繇、梁鵠等人的書法。這使他的書法融合各家所長，自成一家。再加上他的家族中擅長書法的人濟濟一堂，父輩王曠、王導、王廙等都是高手，這對他的書法學習的幫助也是極為顯著的。

王羲之後來曾自述其學書的經歷：「余少學衛夫人書，將謂大能，及渡江北遊名山，比見李斯、曹喜等書，又之許下見鍾繇、梁鵠書，又之洛下見蔡邕《石經》三體書，又於從兄洽處見張昶《華嶽碑》，始知學衛夫人書，徒費年月耳。遂改本師，仍於眾碑學習焉。」從這段話中，可以看出王羲之學習書法從不滿足的精神。雖有家學，雖有老師的指點，但不是師法一家，而是博採歷代書家之長，多方面繼承傳統。這是他在書法方面取得傑出成就的原因之一。

童年時期的王羲之，口訥而不善言辭，到了青年時期，顯出才華，受到了家族長輩的注意，他們希望他長大後能有一番作為。

王羲之初入仕途，作祕書郎，與筆墨打交道，在筆情墨意中「遊目騁

懷」。到了而立之年，征西將軍庾亮請他作參軍，累遷長史，很受信任。庾亮臨死前，還上疏朝廷，稱羲之「清貧有貴裁」，建議重用。於是，王羲之便升遷寧遠將軍，並任江州刺史。王羲之以才名世，為政清廉，「朝廷公卿皆愛其才器，頻召為侍中、吏部尚書」。可他是一個內心很矛盾的人，既想在政治上有所作為，又對政界的爾虞我詐非常厭惡，所以一次次推辭不就。儒家講入世，道家講出世，王羲之是個既有儒家傳統、又有道家思想的人，所以入仕而不沉迷仕途，最後官至右軍將軍、會稽內史，人稱「王右軍」。他曾數次寫信給揚州刺史殷浩說「國家之安在於內外和」，內外和國家就安定，國家安定人民才安居樂業。他還關心人民疾苦，「開倉賑貸」，「除其煩苛，省其賦役」，在政治上表現出了一定的才能。但他並不熱衷於官場，而是對崇山峻嶺，茂林修竹，以及與若干志投意合者一起暢敘表現了明顯的興趣。據《晉書》記載，年過半百的王羲之，經歷了社會的動亂與為官的種種辛酸，有了擺脫世俗的強烈願望。他「雅好服食，養性不樂」。從京師初渡浙江，便有終焉之志。會稽山青水秀，名士多居之，謝安未仕時也居住在那裡。當時，孫綽、李充、許詢、支遁等知名的文人學士都在會稽建有別墅，他們與王羲之志同道合，經常宴集於會稽的蘭亭。

王羲之在蘭亭「修禊」之前來到天臺山，被神奇秀麗的天臺山風景吸引住了，便在華頂住了下來。他盡情欣賞日出奇觀和雲濤霧海，這些山光勝景使他的書法也得到潤色。他不停地練字，不停地洗筆洗硯，竟把一個澄澈清碧的水池都染黑了，又造了一個墨池。有一天夜裡，王羲之在燈下練字，練呀練呀，白紙寫了一張又一張，鋪得滿地都是。夜深了他還逐個字逐個字細看著，思考著。對自己所寫的字，他還不滿足，又看又練，實在練得太疲倦了，握著筆伏在案上。忽然，一陣清風過處，一朵白雲飄然而至，雲朵上有位鶴髮銀鬚的老人，笑呵呵地看著他說：「你的字寫得不錯呀！」

「哪裡，哪裡！」王羲之一邊讓坐，一邊謙虛地回答。他見這位老人仔

仔細細地觀看自己寫得字,便請教說:「老丈啊,請您多多指正。」

老人見王羲之一片誠心,說道:「你伸過手來。」

王羲之心裡納悶,老人要做什麼呢?他見老人一本正經,不像開玩笑,便慢慢地伸了過去。老人接過筆,笑容可掬地說:「我看你誠心誠意學寫字,讓你領悟一個筆訣,日後自有作用。」老人說完,在王羲之的手心上寫了一個字,然後點點頭說:「你會更快進步起來的。」說罷去了。王羲之急忙喊道:「先生家居何處?」只聽空中隱隱約約地傳來一聲:「天臺白雲……」

王羲之一看手心是個「永」字,他比呀劃呀,寫呀練呀,終於領悟了:橫豎勾,點撇捺,方塊字的筆劃和架子結構的訣竅,都表現在這「永」字上。白雲先生授的真是好筆訣!此後,王羲之練得更勤奮了,他的書法也更加灑脫了,奇妙了。

以後,王羲之回到紹興,與文友在蘭亭歡聚時,揮筆寫下了千古流傳的書法珍寶《蘭亭集序》。王羲之念念不忘天臺山白雲先生的「永」字筆訣,誠心誠意地寫了一部《黃庭經》,放在山頂一個突兀峭險的岩洞裡,後人就叫它「黃經洞」。

東晉永和九年(西元353年)三月三日,王羲之和居住在山陰的一些文人來到蘭亭舉行「修禊」之典,大家即興寫下了許多詩篇。《蘭亭序》就是王羲之為這個詩集寫的序文手稿。序文受當時南方士族階層倍奉的老莊思想影響頗深,在文學史上占有一定的地位。全文共二十八行,三百二十四字,章法、結構、筆法都很完美。王羲之的行書在當時獨樹一幟,後人評道「右軍字體,古法一變。其雄秀之氣,出於天然,故古今以為師法」。歷代書家都推《蘭亭序》為「天下第一行書」。

永和十一年(西元355年),拋棄官宦仕途,帶妻攜子,遍遊東南山水後,安居於嵊州金庭(今浙江嵊縣)。

西元361年,王羲之去世,享年五十八歲。

王羲之的書法成主要就是行書和草書。其主要作品有：

樂毅論：小楷字體。筆勢流麗，神采煥發，肥瘦相稱，極合楷書的法則。隋智永稱它為「正書第一」，唐代褚遂良也極為稱讚。

黃庭經：小楷。關於黃庭經，有一段傳說：山陰有一道士，欲得王羲之書法，因知其愛鵝成癖，所以特地準備了一籠又肥又大的白鵝作為寫經的報酬。王羲之見鵝欣然為道士寫了半天的經文，高興地「籠鵝而歸」。原文載於南朝〈論書表〉，文中敘說王羲之所書為《道》、《德》之經，後因傳之再三，就變成了《黃庭經》了。因此，《黃庭經》又俗稱《換鵝帖》，無款，末署「永和十二年（西元 356 年）五月」。

蘭皇莊：宋趙構《翰墨志》載：晉穆帝永和九年（西元 353 年）三月三日，王羲之與當時名士謝安、孫綽以及本家子姪凝之、獻之等四十一人在山陰蘭亭（今浙江紹興）修禊（一種祭祀活動）時，為大家的詩集寫的序，用蠶繭紙，鼠須筆，遒媚勁健，其中「之」字二十字，各不雷同，酒醒後，又寫了上百遍，都不及當時所作。《蘭亭序》真跡已佚，今傳世的均為摹本，以馮承素「神龍本」最為知名。

快雪時晴帖：行書四行，字體流利秀美。元趙孟兆頁曾稱此帖為「天下第一法書」。乾隆皇帝極珍愛此跡，譽之為「天下無雙，古今鮮對。」乾隆十一年，他將此跡與王獻之的《中秋帖》，王珣的《伯遠帖》合稱「三希」，寶藏在「三希堂」中。

孔侍中帖：《孔侍中帖》和《頻有哀禍》二帖連為一紙。紙本現藏日本前田育德會，與《喪亂‧二謝‧得示帖》同為唐代流入日本的王羲之名跡摹本。《頻有哀禍‧孔侍中帖》在活潑的行書筆意中帶有凝重之感，在章法結體上又顯示出欹側取妍的藝術效果。

喪亂帖：《喪亂‧二謝‧得示帖》均為唐摹王羲之尺牘，行書，紙本，現藏日本帝室。帖上還引有朱文「延曆敕定」三印，延曆相當於唐德宗建中三年至唐順宗永貞元年，可見此帖是唐代傳入日本的。《喪亂‧二謝‧得示

帖》筆法精妙，有奇宕瀟灑之致，是王羲之所創造的最新體勢的典型作品。

十七帖：《十七帖》是王羲之草書代表作，內容是他所寫的尺牘，因卷有「十七」字故名。《十七帖》真跡已佚，僅有摹刻本傳世。《十七帖》草書，前人評為「筆法古質渾然，有篆籀遺意」，也有人認為帖中字帶有波挑的筆勢，字字獨立不相連屬，獨具風範。

書聖王羲之以其傑出的書法藝術成就在歷史上留下了盛名。

王羲之對楷書、草、行諸體書法造詣都很深。他的楷書勢形巧密，開闢了一種新的境界；他的草書濃纖折衷；他的行書遒媚勁健。人們稱他的字「飄若浮雲，矯若驚龍」；「龍跳天門，虎臥鳳閣」。

王羲之的書法刻本很像《樂毅論》、《黃庭經》、《東方朔畫贊》等楷書作品，在中國古代書法史上都占有重要位置。他的行草書傳世墨寶有《寒切帖》、《姨母帖》、《初月帖》等十餘種。這些墨寶雖然是唐人雙勾廓填摹本，但也都不失為難得的珍品。他的行書《快雪時晴帖》只有二十四個字，被清乾隆皇帝列為《三希帖》之首。

《蘭亭序》是王羲之最著名的代表作。從文學的角度，它文字優美，情感曠達閒逸，是千古絕妙的好文章。從書法的角度，它被譽為法帖之冠，被各代名家悉心鑽研。

最卓越的藝術品，往往在極小的空間裡蘊含著極豐裕的藝術美。《蘭亭序》就是一座袖珍式的屹立於尺幅之中的輝煌的書藝殿堂。唐太宗讚嘆它「點曳之工，裁成之妙」。黃庭堅稱揚說：「《蘭亭序》草，王右軍平生得意書也。反覆觀之，略無一字一筆，不可人意。」《蘭亭序》遒媚勁健的用筆美，流貫於每一細部。略剖其橫畫，則有露鋒橫、帶鋒橫、垂頭橫、下挑橫、上挑橫、並列橫等，隨手應變。無論橫、豎、點、撇、鉤、折、捺，皆極盡用筆使鋒之妙。《蘭亭序》凡三百二十四字，每一字都被王羲之創造出一個生命的形象，有筋骨血肉完足的豐軀，且賦予各自的秉性、精神、風儀：或坐、或臥、或行、或走、或舞、或歌，雖尺幅之內，群賢畢至，眾相車

現。王羲之智慧之富足，不僅表現在異字異構，而且更突出地表現在重字的別構上。序中有二十多個「之」字，無一雷同，各具獨特的風韻。重字尚有「事」、「為」、「以」、「所」、「欣」、「仰」、「其」、「暢」、「不」、「今」、「攬」、「懷」、「興」、「後」等，都別出心裁，自成妙構。

董其昌在《畫禪室隨筆》中寫道：「右軍《蘭亭集序》，章法為古今第一，其字皆映帶而生，或小或大，隨手所如，皆入法則，所以為神品也。」後世珍視其布白之美，臨摹者雖難免滲入各自的筆性，但無人稍變其章法布白。正如解縉在《春雨雜述》中所說的那樣：「右軍之敘蘭亭，字既盡美，尤善布置，所謂增一分太長，虧一分太短。」《蘭亭序》的章法，彷彿如天生麗質，翩翩起舞，其舞姿之美是無與倫比的。

王羲之所以被後人稱為書聖，主要是因為他在書法演變過程中做出了卓越的貢獻。王羲之生活在一個由隸書轉變到楷書的過渡時期，這時雖然楷書已經形成，但用筆和結構都比較粗疏，行、草書的行氣還不夠連貫。歷史需要書法家對楷、行、草體進行完善和提高。王羲之不辜負歷史重任，對前人的楷、行、草書進行了認真的研究，融會古今的筆法，加以發展變化，開創了時代的新風格，形成了新的體貌。由於年代久遠，王羲之的真跡今天一幅也沒有保存下來，但從後人摹刻的作品仍可看到王羲之所創造的書法風貌。

王羲之還擅長繪畫，是歷史上比較早的兼精繪畫的書法家之一。他的夫人郗氏和他的七個兒子都擅長書法，是一個聞名於世的書法世家，這在中國古代歷史上也是不多見的。尤其是他的小兒子王獻之，繼承父學，且進一步獨創天地，字畫秀媚，妙絕時倫，以至與父齊名，人稱「二王」。

中華盛世千古明君

> 唐太宗，高祖李淵之次子，唐朝的締造者之一，唐朝第二位皇帝。他在位期間，積極推行均田制等一系列改革，發展西域交通，促進了經濟的繁榮，政治清明，社會穩定，開創了「貞觀之治」。

隋文帝開皇十八年（西元 599 年）十二月，唐太宗出生於京兆武功（今陝西武功西北）舊宅中。父親李淵為他起名世民，希望他將來能濟世安民。

李氏家族是關隴貴族集團之一，李世民的曾祖父李虎在西魏時官至太尉，這是最高武官。後來因輔佐北周代替西魏有功，被封為八柱國之一，死後追封為唐國公。祖父也任北周的柱國大將軍，父親李淵還是隋文帝獨孤皇后的姨姪。

李世民生長在這樣的貴族世家，接觸的是世族豪門，結交的是貴族子弟，從小習藝練武，擅長騎馬，好弄弓矢，鍛鍊了驍勇超人的武藝，也養成了強悍、臨機果斷、意志堅強的豪放性格。

母親竇氏，聰明賢慧而且擅長書法，模仿父親李淵的筆跡，達到以假亂真的地步。

李世民兄弟四人，哥哥建成，弟弟玄霸、元吉和智雲，玄霸幼年早亡，智雲在太原起兵後被隋朝官吏殺死，年僅十四歲。

李世民十六歲時和十三歲的長孫氏結婚，這就是後來賢明的長孫皇后。少年時期的李世民雖然也讀書，但他最喜歡的還是練武。

隋大業十一年（西元 615 年），隋煬帝巡查北方要塞時，突遭突厥始畢可汗幾十萬騎兵襲擊，雁門一帶四十一座城失陷三十九座，隋煬帝困守雁門城內，將求救的詔書捆在木板上放進南流的汾水中，命令各地募兵救

援。李世民就在這時應募入伍,隸屬屯衛將軍雲定興部下。李世民向雲定興獻出疑兵之計:「始畢膽敢領兵圍困天子,一定是估計到我們倉促應戰無法增援解圍,我們應當在白天遍設旌旗幾十里,在夜裡則擂鼓相應,敵人必定會以為大量救兵已到,便會望風而逃。如若不然,現在敵眾我寡,萬一敵軍傾巢出擊,我們就難以支撐了。」雲定興立即依計行事,突厥人果然中計,匆忙引兵退去。

大業十三年(617 年)春,李淵被任為太原留守,李世民隨從來到晉陽(今山西太原)。這時隋政已衰,天下大亂,李世民便廣交英雄豪傑,積極招兵買馬,準備舉兵反隋,奪取天下。

大業十三年(617 年)初夏,李淵父子在晉陽發動了兵變,公開舉起了反隋的旗幟。李淵起兵後,李世民和李建成領兵首戰西河郡,西河郡在太原的西南面,是以後進兵長安的必經之路。兄弟二人治軍嚴明,長驅直入,攻下西河並生俘郡丞高德儒,李世民怒斥道:「吾興義兵,正為誅佞人耳!」然後將其斬首。西河首戰大捷,李世民兄弟往返只用了九天,李淵迎接凱旋而來的兩個兒子時興奮地說:「以此行兵,雖橫行天下可也。」

此後,在南下攻霍邑時,李世民又哭勸父親放棄回撤太原的打算,下決心攻占霍邑,取得騎兵戰勝步兵的勝利。當時,李淵留李元吉守太原,自己率李建成和李世民等將士三萬人南進到賈胡堡,離霍邑五十里。霍邑有隋兵兩萬固守,這時李淵糧草將盡,又逢陰雨連綿,肯後則傳來突厥將要趁虛襲擊太原的消息,李淵決定先回太原從長計議。李世民則分析形勢,說守軍並不可怕,應攻下後直搗咸陽號令天下,才能爭取戰略上的主動與優勢。

李淵聽不進李世民的意見,下令班師。李世民急切之下放聲大哭,帳中的李淵聽到了,出來問他,李世民說:「現在我們起兵是正義之師,前進則戰無不勝,後退必將潰散。潰散在前,敵人乘虛攻擊於後,兵敗身亡再所難免,所以如此悲痛而哭泣。」

　　李淵終於醒悟，下令追回已經回撤的軍隊。不久，糧草也運到了，李淵父子領兵直搗霍邑。李世民和李建成各領幾千精騎兵去挑戰。守將貿然出城迎戰，先被騎兵挫敗，後又被騎兵截斷退路，受到夾擊的守軍很快潰散，霍邑終於落入李淵父子之手。

　　在圍攻關中門戶河東時久攻不克，李世民主張先入關直取長安，長安一下則河東不戰自降。李淵採納了他的意見，兵分兩路，一路取長安，一路繼續圍困河東。

　　大業十三年（617年）十一月攻克長安。河東守將見大勢已去，開城投降。唐朝建立後，李世民以功被拜為尚書令、右武候大將軍，進封秦王。

　　武德元年（618年）三月，盤踞金城（今甘肅蘭州）薛舉、薛仁杲父子率部進犯關中，李世民奉命率兵征討，將其擊敗，薛仁杲投降後被處死。

　　武德二年（619）十月，馬邑（今山西朔縣東北）人劉武周叛亂，率眾南下，相繼打敗了李元吉、裴寂等唐將，幾乎占領河東全境，關中震動。唐高祖準備放棄河東，謹守潼關以西。李世民主動請纓，並率兵三萬，東渡黃河，一舉擊敗了劉武周的精銳部隊宋金剛部，並收降了驍將尉遲敬德和尋相等。接著，李世民又揮軍北進，終於在武德三年（西元620）四月殲滅了劉武周，收復了河東全境。

　　同年七月，李世民率兵挺進中原，勢如破竹，相繼收復了河南的多數郡縣，將隋朝的殘餘勢力王世充圍困在洛陽孤城之中。接著，又果斷地採取圍城打援的作戰策略，生擒了竇建德，迫降了王世充，相繼平定了隋末以來兩個勢力最強的領袖。唐初的統一戰爭取得了決定性的勝利。接著又平了劉黑闥，打贏了統一戰爭的最後一戰。

　　李世民在晉陽起兵中的首義之功及在統一戰爭中的接連勝利，表現了他的傑出的政治才能與軍事才能，為他以後的統治奠定了基礎。同時，也使高祖就帝位繼承人的問題大傷腦筋。在戰爭的過程中，李世民得到了一班能征善戰、謀略過人的部下，如敬遲敬德、李靖、房玄齡等，這樣大大

加強了秦王與太子李建成爭奪帝位的能力，終使兩人的帝位之爭進入白熱化階段。

武德九年（626 年），雙方已成劍拔弩張之勢。有一次，太子李建成晚上找李世民去喝酒，在酒裡下了鴆毒，李世民心痛劇烈，吐了幾升血，幸虧淮安王李神通將李世民送回秦王府才得救。這次謀害可能使李世民下了決心除掉對方，屬臣長孫無忌和房玄齡杜如晦也表示支持。

六月四日清晨，李世民命屬將伏兵於長安宮城北門口（即玄武門）。李建成沒有收買成李世民的將領，李世民卻成功地收買了李建成的將領。李建成和李元吉走到臨湖殿時，發覺守門的士卒不是自己的屬下，便想回頭。但此時李世民騎馬趕來，雙方發生了激戰，李元吉射了三箭沒有射中李世民，李世民一箭就將李建成射死，尉遲敬德領騎兵將李元吉射死。然後，尉遲敬德向李淵報告說李建成和李元吉要造反，已經被秦王殺死，李淵只好下詔平息了兩派的激戰。

六月六日，李世民被立為太子。八月，正式登基，是為唐太宗。第二年年初，唐太宗改元貞觀。執政以後，他很快地調整了中央集團和政府機構的用人制度，組成了以自己為首的最高決策集團。

「玄武門之變」後，李世民雖然誅殺了太子李建成、齊王李元吉及其年幼無知的姪子，但東宮與齊王府的餘黨紛紛逃亡，在各地隱匿，企圖捲土重來，成了社會不安定的主要因素和混亂的根源。李世民曾兩次下詔赦天下：「凶逆之罪，止於建成、元吉，自餘黨與，一無所問。」非常策略地處理了「血洗玄武門」之後留下的問題。唐太宗還對東宮府的人才大膽地加以信任與提拔。如建成的驍將薛萬徹，曾帶兵攻打過玄武門與秦王府，失敗後又逃亡終南山。唐太宗派人請他回來，「以其忠於所事，不之罪也」，不以仇敵遇之（《舊唐書·薛萬徹傳》）。東宮府的能臣、原太子洗馬魏徵，唐太宗封為「詹事主簿」，後又改任諫議大夫，步步高升，表現了傑出的政治家的風度和氣魄。

　　就在玄武門之變後，突厥頡利可汗乘唐朝內亂，大舉入侵。太宗遣尉遲敬德出戰，大敗突厥。不久，頡利再次入侵，到達渭水便橋，並遣使臣到長安示威。太宗於是親率六騎到渭水，與頡利隔河相會，頡利背棄盟約，這時唐朝大軍亦陸續到達。頡利見唐軍軍容鼎盛，以為無隙可乘，於是與太宗議和，隨即北歸，此即為「便橋會盟」。

　　貞觀元年（627年），唐太宗在論功行賞時，將謀士房玄齡、杜如晦的功勞列為第一，並任為宰相，執掌朝政，引起了他的叔父淮安王李神通和驍將尉遲敬德的不滿。他們自恃戰功顯赫，資深位高，口出怨言，擾亂慶功秩序，甚至還揮拳打傷前來勸解的任城王李道宗的眼睛。於是，諸將爭功，大吵大鬧。對此，唐太宗聲色俱厲地對李神通說：「叔父雖在義旗初起之時，有首倡之功，但後來卻在同竇建德和劉黑闥的兩次作戰中，一次全軍覆沒，一次望風逃竄。玄齡、如晦運籌帷幄，安定社稷，論功行賞，理當第一。你雖是我的叔父，國家貴戚，但卻絕不能以私恩濫與功勳之臣同賞！」接著，他又對尉遲敬德說：「我以前在讀《漢書》時，看到漢高祖時的有功將領很少有保全性命的，常對高祖心懷不滿，因而想引以為鑑，有意保護功臣，不使其子孫斷絕。但你卻經常居功自傲，觸犯法律。我今天才明白漢初大將韓信和彭越等人的受戮被殺，家破人亡，並非是漢高祖的過失。國家大事，只有賞罰兩種。非分之恩，不可兼行，你要自珍自愛，免得將來後悔。」李神通和敬德聽了這番警告以後，當即表示悔過自新，這場爭功風波很快便得到平息。

　　不久，宰相封德彝鑑於有些折衝府的兵源不足，便向唐太宗建議將不到參軍年齡的中男（唐初十六歲為中）體格健壯者簡點入軍，唐太宗當即表示同意，並令中書省起草詔令，送門下省審議後，交尚書省執行。但當這一詔令送至門下省時，專門負責簽名蓋章的門下省官員給事中魏徵卻拒不簽字，中間雖經多次交涉，均未成功。最後，封德彝只得向唐太宗作了如實稟報。太宗聽罷大怒，立即派人召來魏徵，聲色俱厲地說：「簡點健壯中

男入軍一事，是我已經同意的。這件事究竟與你有何干係，竟這樣固執地不肯同意，我真地不明白你這是什麼意思？」魏徵鄭重地回答道：「我聽說竭澤而漁，並不是打不到魚，但明年無魚；焚林而獵，並不是捕不到獸，但明年無獸。如果將中男簡點入軍，那麼這些人原來承擔的租賦雜徭，將何取給？並且兵不在多，關鍵在於如何訓練。如果訓練得法，人百其勇，何必湊數？」接著，還一連列舉了唐太宗即位以來失信於民的幾件事。最後，還嚴厲指出，如果常此以往，怎能取信於人！唐太宗聽後，沉吟半晌，終於誠懇地說：「我沒有深思熟慮，竟犯了這麼大的過失。如果長此以往，還能求得天下大治嗎？」遂立即下令停止簡點中男，並給魏徵賞賜了金甕一口。

　　貞觀四年（630 年）三月，唐將李靖、李績大敗突厥，俘其頡利可汗，東突厥滅亡，唐朝的版圖擴大到了今天的貝加爾湖以北，原屬突厥的部落有的北附薛延陀，有的西奔西域，其餘投降唐朝的尚有十多萬人。如何處理這十多萬突厥降眾，唐太宗召集朝臣商議。大多數朝臣認為：北方的游牧民族自古以來就是中原地區的嚴重邊患，今天有幸將其滅亡，應該將他們全部遷到黃河以南的內地居住，打亂他們原來的部落組織和結構，分散雜居在各個州縣，引導他們耕種紡織。這樣，就可以使原來桀驁不馴的游牧民族變成易於制服的內地居民，使塞北之地永遠空虛。亦有人提出，少數民族弱則請服，強則叛亂，向來如此。應該將他們驅趕到莽莽草原之上，不可留居內地，以絕心腹之患。只有中書令溫彥博力捧眾議，主張將突厥降眾遷居到水草豐美的河套地區居住，保全他們的原有部落，順從他們的生活習俗，這樣既可以充實空虛之地，又可以加強北邊的邊防力量。最後，還針鋒相對地指出：「天子對萬事萬物，應該像天覆地載一樣，無有遺漏。今天突厥在窮困潦倒之時歸降於我，能將他們拒之於外而不予接受嗎？」唐太宗很贊成溫彥博的建議。於是，他便在河套地區設立了定襄和雲中兩個都督府，統領突厥降眾。對於願意歸附的各級酋長，都拜為將軍、

中郎將，布列朝廷，五品以上的少數民族官員就有一百多人，幾乎占到了全部朝臣的一半左右，相繼遷入長安居住的有將近萬家。

貞觀四年（630年）八月，西北各族領袖共同請求為唐太宗上尊號「天可汗」，唐太宗同意了，後來就用「天可汗」的印璽向西北各族下詔書。到西元633年（貞觀七年）十二月，太上皇李淵和唐太宗宴請群臣，李淵讓頡利可汗起舞助興，又讓南方的蠻族領袖馮智戴詠詩，氣氛異常熱烈，李淵高興地說：「胡越一家，自古未有也！」

平定突厥之後，太宗繼續經營西域，先後多次用兵。貞觀八年（634年），吐谷渾寇邊，太宗派李靖、侯君集、王道宗等出擊，次年吐谷渾伏允可汗逃入沙漠，後為人所殺，太宗另立吐谷渾國王。貞觀十三年（639年），太宗以高昌王曲文泰西域朝貢，遂命侯君集、薛萬徹等率兵伐高昌。次年，高昌王病死，其子智盛繼位，投降唐朝。太宗便在高昌首府交河城置安西都護府，西域各國皆到長安朝貢。

貞觀十五年（641年）正月，唐太宗在吐蕃（西藏藏族的祖先）贊普（即君長）松贊干布的多次請求下，答應將宗女文成公主嫁給他，並派禮部尚書、江夏王李道宗護送公主入藏。松贊干布聞訊大喜，親自從首都邏些（今西藏拉薩）來到河源（今青海鄂陵湖西），以子婿之禮接見李道宗。他看到中國華麗的服裝和壯觀的儀仗，十分羨慕。從此，吐蕃和唐朝結為甥舅關係，相互學習，友好相處。

貞觀十七年（643年）四月，太子李承乾以謀反之罪被廢，唐太宗遂將其第九子晉王李治立為太子，並對太子嚴加教管。在其吃飯之時，他便指著飯食對李治說：「耕種田地，春種秋穫，都要經過辛勤勞動。只有愛惜民力，不奪農時，才能常有飯吃」；見其乘馬，便說：「馬能代人步行，節省體力，如果使用得當，不盡其力，才可以常有馬騎」；見其乘舟，便說：「舟所以比人君，水所以比百姓，水能載舟，也能覆舟。你將來就會成為君主，想想水與舟的關係，能不畏懼嗎？」；見其在樹蔭下乘涼休息，便說：「這棵

樹的軀幹雖然彎曲，但經木匠的繩子量過以後，就可以鋸成筆直的木板。作君主的雖然無道，但只要多多接受諫言，就可以成為聖明天子。」他並且還教訓其他幾個兒子說：「父親疼愛兒子，這是人之常情，不用教導，人人自知。作兒子的能夠忠孝兩全，這是最好不過的。如果不聽教誨，不遵禮法，必然招致殺身之禍，父親雖然疼愛，也是無可奈何的。以前漢武帝死後，漢昭帝繼位，燕王劉旦驕橫跋扈，狂妄不服，霍光只下了一道詔書，就身死國除。作臣子的要從這件事中吸取教訓，小心謹慎，千萬不要學劉旦的樣子。」據說，從此以後，這些龍子龍孫們都奉公守法，很少有人胡作非為。

貞觀十九年（645 年）二月，唐太宗以高麗執政泉蓋蘇文弒主虐民為由，親率六軍，從洛陽北進，率兵攻打高麗。但東渡遼水以後，由於遭到高麗的頑強抵抗，唐軍在安市城（今遼寧海城南營城子）久攻不克，加之氣候轉冷，草枯水凍，糧草不繼，兵馬難以久留，只得下詔班師。

貞觀二十一年（647 年），唐太宗於翠微殿召見群臣時，問了大家一個問題：「自古以來，有很多帝王能平定漢族地區，但卻無法制服四周的少數民族，我的才能並沒有超過古人，但做到了他們做不到的事，這是為什麼呢？」

大臣的答案都不能讓他滿意，最後還是他自己整理出五條經驗，最後一條是：「先前的帝王們只知道重視漢族，卻總輕視少數民族，只有我能像愛護漢族一樣愛護他們，因此他們才像父母一樣對待我。」唐太宗說的確實是實情，只有以誠相待，才能從根本上解決民族關係。

在民族關係融洽的同時，唐朝的疆域也異常廣闊，東西有九千五百里，南北有一萬六千九百一十八里。

經過君臣們的共同努力，從貞觀三年，開始出現了「遠夷率服，百谷豐稔，盜賊不作，內外安靜」的大治景象。

貞觀時代，由於政治上的清明，導致了經濟、軍事、文化上的日益繁榮，故貞觀年代的治績，被史家們稱讚為「貞觀之治」。

貞觀後期，唐太宗犯了一些錯誤，一是征伐高麗，前後兩次，不聽大臣們的勸告，雖然取得了一些勝利，但得不償失。不但唐太宗得了病，因為要大量造船，結果引起起義，激化了國內矛盾。

二是奢侈驕淫日益嚴重。在貞觀十六年的時候，唐太宗下詔說，太子所用之物其他機關不得限制，結果造成太子的嚴重浪費現象。唐太宗自己也開始修造宮殿，貞觀十一年在東都洛陽修飛山宮，二十一年四月修翠微宮，七月又造玉華宮，這些建築耗費了大量的人力物力。

還有一個大的錯誤就是看史官所寫的起居注，這是專門寫皇帝日常生活和言論的，皇帝無權干涉過問，這是歷來的傳統，歷來的皇帝都沒有看，尊重史官的職權和地位。而史官也是公正直書，從不掩飾什麼，從不害怕皇帝打擊報復。但唐太宗這個明君卻犯了一個大的歷史錯誤，他看起居注為唐朝後來的皇帝開了個壞先例，破壞了這個制度。

不過，唐太宗畢竟是千古一代明君，在晚年他還能反省自己的錯誤，很難能可貴。他對太子李治教誨時反省了自己的一生：「你應該從歷史中找古代的賢明帝王作為學習的典範，像我這樣的不足以效法。我做了許多錯事，比如錦繡珠玉不絕於前，宮室臺榭常有興造，犬馬鷹隼沒有不去的地方，行遊四方又勞民傷財，這都是大錯，你不要以為這都是好事，總想學著去做。」

貞觀二十一年（647 年），唐太宗又得了「風疾」，煩躁怕熱，便讓人在驪山頂峰修翠微宮。第二年，派人從天竺求得方士那羅邇娑婆寐，開始服用金石丹藥，以求長生。先前唐太宗還曾經嘲笑秦始皇和漢武帝用丹藥，現在自己也不由自主地陷進去了。

貞觀二十三年（649 年）五月，唐太宗服用丹藥的毒性發作，終於不治身亡，享年僅五十歲。同年八月，葬於昭陵（在今陝西禮泉東北）。

唐太宗登位以後，從統治階級的根本利益出發，以隋亡為鑑，密切地注視著民心、民情和民意，緊緊地團結周圍的文武大臣，先後實行了一系列開明的政策：減少苛捐雜稅，不過分奴役和壓迫人民；嚴懲貪官汙吏，獎勵功臣良將；重視科舉取士，選拔統治人才；革除弊政，勵精圖治；擅長傾聽不同意見，不斷改進統治方法等等。在短短的數年時間內，取得了顯著的成績，經濟和文化也隨之得到較好的恢復和發展，出現了所謂「路不拾遺，夜不閉戶」的良好社會風氣。史學家們把這一段歷史時期譽之為「貞觀之治」。

　　在經濟方面，由於實行「讓步政策」，力行均田、勸課農桑、減輕賦稅和徭役，為當時的社會生產的恢復和發展奠定了基礎。

　　在軍事方面，唐太宗為最後打敗突厥，曾每日「引數百人於殿前校射」，親自考試諸將武藝。又整頓了府兵制度，改天下軍府為折衝府，建立了一支龐大的軍隊作為封建政權的重要支柱。貞觀三年至九年（西元629 — 635 年），唐太宗便向西開始了一連串的進擊，先後平定了東突厥、吐谷渾，統一了高昌，打擊了西突厥，開拓了和西方來往的商路。這對加強東西方的文化交流，具有深遠的歷史意義。

　　唐太宗對被統一的北部和西部邊疆，設置羈縻州，實行「羈縻」政策，這與歷代封建統治者的「非我族類，其心必異」的民族壓迫政策相較，是極其開明和進步的。他曾總結自己的經驗，其中之一是：「自古皆貴中華，賤夷狄。朕獨愛之如一，故其種落皆依朕如父母。」這裡雖有溢美之處，但也與事實相去不甚太遠。

　　在文化方面，貞觀時代提倡儒學，獎掖文士；興辦學校，制禮作樂；廣收天下圖籍編纂成書。這些文治措施，反過來又對鞏固唐初的中央集權國家發揮重要作用。唐朝的重要制度，都在貞觀時制定。如長孫無忌、房玄齡和一批「學士法官」制定的《唐律》，魏徵等編成的《群書治要》，孔穎達編成的《五經正義》等，開創了封建文化的鼎盛時期，也孕育了虞世南、姚

思廉、歐陽詢等中國文學史上的一代名流。

　　貞觀時期，由於經濟的發達和邊境穩定，為中外交流提供了良好的條件，唐朝和世界的交往和政治經濟一樣是中國封建社會的頂峰時期。包括亞洲、非洲許多國家的使臣、留學生和藝人、僧侶都來到唐朝，來到長安，使長安成了當時世界性的都城。為管理對外交往，唐朝政府還專門設鴻臚寺，負責接待工作。當時和唐朝交往密切的國家有七十多個。大批外國人的到來，給唐朝注入了許多新鮮的文化內容，如佛教、伊斯蘭教。還有許多的植物也傳進來，如菠菜、胡椒、鬱金香等。

　　同時，唐朝的先進文化也向外傳播，特別是對亞洲的影響尤其巨大。中國的瓷器、紙張、茶葉和絲綢運往波斯，再傳到歐洲。四大發明之一的造紙術便是在這個時期傳到阿拉伯和印度，又透過阿拉伯傳到了歐洲和非洲，對世界文明的發展做出了卓越貢獻。在亞洲，唐朝文化對朝鮮和日本的影響最深。在 631 年（貞觀五年）日本向唐朝派出了第一批遣唐使。到了 645 年（貞觀十九年），日本開始了著名的大化革新，幾乎是全面地學習唐朝文化，甚至是照搬過去直接來用。如唐朝的政治制度、法律制度、均田制和租庸調制，使日本很快建立了封建的國家制度。這些制度一直延續到了十九世紀的明治維新。

　　由於唐朝當時在世界上的地位，加上中國的使者和商人也出現在亞洲各國，所以外國人便將中國人統稱為「唐家子」，現在的西方人有的仍然稱呼中國人為「唐人」，美國著名的「唐人街」就是很好的例子。

中華女皇第一人

武則天（西元 624 — 705 年）

> 武則天，名曌，並州文水（今山西文水東）人，性巧慧，多權術。
> 她是唐高宗的皇后。高宗死，先以太后臨朝，後自己稱帝當政，
> 改國號為周，是中國歷史上唯一的封建女皇帝。

　　唐高祖武德七年（西元 624 年），武則天生於長安。武則天出身於一個非士族門閥的官僚家庭裡。她的父親武士彠雖是寒門地主，但因經營木材致富，得與當時的太原留守李淵相結交。武士彠助唐起兵反隋，成了唐王朝的開國元勳，躋身於唐王朝統治階級集團，官至工部尚書、利州都督。武則天的母親楊氏出身於關隴名門、軍事貴族之家，外祖父楊士達隋朝為納言，是一個宗室宰相。武士彠與楊氏聯姻是高祖李淵做的媒人。武則天在這樣的環境薰陶下，從小精通文史，聰敏機智，性格倔強，擅長應變，膽略過人。

　　傳說，武則天降生到人世以後，他的父親發現她不像一個女孩子，就把她當男孩子看待，叫她穿男孩子的衣服，在朋友面前也說她是男孩子。一天，有個很有名氣的看相人袁天罡，被武士彠請來為武則天相面。奶媽把武則天抱出，袁天罡相了好一陣，才嘆息地說：「可惜他是個男的，如果是個女的，將來貴不可言。」武士彠緊接著問：「如果是女的，將來能做皇后嗎？」袁天罡回答說：「豈止是皇后。」武士彠有些疑惑，又反問：「難道她還能當女皇帝不成？」袁天罡未答，匆匆而去。

　　貞觀十一年（637 年），唐太宗聞其美貌，召入宮，立為才人，賜號武媚，時年 14 歲。

　　貞觀二十三年（649 年）五月，唐太宗去世。按照朝廷的規定，武則天和其他嬪妃們一起，被送到長安感業寺出家當尼姑，時二十六歲。就在她

感到前途無望的時候，一個偶然的機會又使她返回了宮廷。

永徽五年（654年）唐太宗五週年忌辰日，唐高宗李治到感業寺追悼他的亡父，武則天認為不能放過這個千載難逢的機會，就在拜見高宗時，輕輕地向高宗追述往事，傾訴了情懷。原來，高宗當太子時，一次太宗生病，高宗進宮侍候，恰巧和武則天相遇。武則天那美麗的容貌，頓時吸引了李治。當時武則天為迴避太子而躲到魚缸旁的時候，李治也不由自主地跟到了魚缸旁。望著水中映出的兩個人影，太子李治心蕩神馳。情不自禁地彈起魚缸中的水，水花濺到了武則天的身上。此後，魚缸旁和武則天在一起的情景，長時間縈繞在高宗李治的腦海中，武則天嫵媚的面容，也使李治久久難忘。正因為如此，當武則天在感業寺向高宗傾訴衷腸時，高宗那記憶的閘門一下子打開了，對往日的回憶就像流水一樣潺潺而來。回到宮中，高宗李治把在感業寺遇到武則天的情況告訴了皇后王氏。時王皇后正與蕭淑妃爭寵，決定利用武媚的美貌，轉移高宗對蕭氏的厚寵。遂令武氏暗中蓄髮，獻給高宗，封為宸妃。翌年生長子李弘，晉為昭儀。

武則天不僅貌美，而且工於心計，她第二次入宮後，首先把王皇后服侍得非常周到，很快得到了王皇后的好感和稱讚。王皇后常在高宗面前誇獎武則天美麗、聰明和賢慧。這樣，高宗對武則天更加寵愛，而對王皇后和蕭妃的感情則越來越淡薄。這使王皇后和蕭妃都很不安，於是，她們開始聯合起來在高宗面前說武則天的壞話。但是為時已晚，高宗對王皇后和蕭妃的話再也聽不進去了。武則天為了鞏固自己的地位，便開始想方設法打擊和陷害王皇后。

656年，武則天產下一女，深得高宗喜愛。不久，她策劃了一個惡毒的陰謀。王皇后因為自己沒有孩子，就常來武則天宮中逗這個公主玩。一天，王皇后又來到武則天宮中，她抱起公主，又是親臉，又是搖晃，孩子的小臉上露出了微笑。王皇后走了以後，武則天就狠心地把女兒掐死，然後照樣蓋好被子，彷彿睡著似的。沒多久，高宗回來了，武則天裝做若無

其事。高宗揭開被子，發現女兒已死，忙問武則天是怎麼回事。武則天先是一副吃驚的神態，然後就大聲地哭了起來。高宗見她不說話，就向宮女們詢問有沒有人來過，是誰害死了小公主？宮人們回答剛才王皇后來過。高宗不知道是武則天搞的詭計，便氣憤地說：「皇后殺死了我的女兒，我一定要廢掉她。」武則天又乘機在旁說了王皇后許多壞話。

王皇后出自名門士族，是唐高祖同母姐妹的姪孫女，又是唐太宗親自為高宗選的正妻，在朝廷大臣中很有威望。在廢立皇后問題上，宮廷大臣們的意見是有嚴重分歧的，如握有大權的國舅、太尉長孫無忌和顧命大臣褚遂良、侍中韓瑗、中書令來濟等都堅決反對立武則天為皇后。於是，武則天就拉攏了一批受長孫無忌黨羽排斥的人，形成一股新的政治勢力。中書舍人李義府，因為長孫無忌的排斥，貶為壁州司馬，詔書未到，李義府已密知，問計於同僚王德儉。王德儉告訴他。武昭儀甚承恩寵，上欲立為皇后，猶豫未決者，直恐大臣異議耳。公能建策立之，則轉禍為福，坐取富貴。這樣，李義府便上表奏請高宗廢皇后，立武昭儀為皇后。高宗賜其明珠一斗，表示讚許。武則天又派人暗中慰問，祕密結納。李義府恩寵有加，很快升任中書侍郎，其他大臣如禮部尚書許敬宗、御史大夫崔義玄、中丞袁公瑜等都成了武則天的心腹。武則天有了這樣一批大臣的擁戴和支持，便加緊了爭奪后位的步伐。

永徽六年（655 年）九月，高宗召長孫無忌、李責力、褚遂良等大臣入內殿，正式提出欲廢王皇后、立武則天為后的意向。長孫無忌、褚遂良當即表示堅決反對，理由是「王皇后出身名門望族，又是先帝為陛下所娶，未聞有所過失，怎能輕易廢掉」。次日又議，褚遂良提出「陛下必欲易皇后，伏請妙擇天下令族，何必武氏！武氏經事先帝，眾所俱知，天下耳目，安可蔽也。萬代之後，謂陛下為如何！願留三思！」這是公然揭短，怪不得武則天隔簾大聲說：「何不撲殺此獠！」只是因為褚遂良是顧命大臣，才得以倖免。許敬宗又宣言於朝日：「田舍翁多收十斛麥，尚欲易婦；況天子欲立

后,何與諸人事而妄生異議乎!」為武則天立后大造輿論。高宗又徵求開國功臣李貴力的意見。李貴力回答得很圓滑:「此陛下家事,何必要問外人?」高宗遂下定決心,廢去王皇后,立武則天為皇后,從而使武氏執掌了宮中大權。武則天先是藉故杖王皇后及蕭妃各一百,斷去手足,投入酒甕中,而後又斬之。繼而又把韓青貶降為振州(今廣東崖縣)刺史,來濟降為臺州(浙江臨海縣)刺史,把褚遂良貶降為愛州刺史。

顯慶四年(659年),武則天對長孫無忌以「圖謀不軌」的罪名,流放到黔州(今四川彭水),隔不多時,在同年七月以謀反罪,逼長孫無忌投環自縊,其姻親大多皆謫徙,無忌黨羽或殺或流放,關隴貴族集團遭到了沉重打擊。武則天對於支持她的人則委以重任,提拔許敬宗、李義府等當了宰相。

顯慶年間(西元656—660年)以後,由於高宗過度地迷戀武則天,再加上感染了風溼病和眼病,身體日益衰弱。所以,文武百官呈給他的奏本,只能讓武則天代批。在高宗病好後上朝問政時,武則天也坐在垂簾的後面進行指揮,發表意見。於是,朝中的大權漸漸落入武則天手中,不管什麼事,只要武則天一開口,就沒有任何人敢說個「不」字。此後,武則天在朝中執掌大權,「政事大小,皆預聞之,內外稱為二聖」。

麟德元年(664年),官僚集團中的宰相上官儀利用高宗對武則天的某些不滿,密謀草詔廢掉武后,被武則天及時挫敗,大批官員被貶斥。結果「天下大權,悉歸中宮」,統治權完全控制在武則天手裡。

永隆元年(680年),貴族集團又勾結太子李賢,潛謀發動宮廷政變,事洩失敗,李賢被流放到巴州(今四川巴中)。

弘道元年(683年),高宗病逝,中宗李顯繼位,尊武則天為皇太后,高宗遺詔軍國大務皆聽武后裁決,武則天就以太后名義臨朝稱制。次年,廢中宗為廬陵王,另立幼子李旦為傀儡皇帝。武則天家族諸人掌握大權,「唐宗室人人自危,眾心憤惋」。

武則天光宅元年（684年），被武則天貶黜的英公徐敬業，以擁戴廬陵王為名，在揚州聚眾十餘萬發動叛亂，要脅武則天讓位。中書令裴炎聲稱：「若太后返政，則不討自平矣」。武則天臨危不亂，果斷將裴炎下獄處死，又派李孝逸為揚州道大總管，率領三十萬大軍，迅即討平了叛亂。

武則天垂拱四年（688年），唐宗室越王李貞、瑯琊王李沖父子，分別起兵，以「匡復」李唐為名，偽造皇帝璽書祕密串連絳州刺史韓王李元嘉、青州刺史霍王李元軌、邢州刺史李靈夔等宗室諸王子弟，企圖奪取政權。武則天派遣左金吾將軍丘神勣為清平道行軍大總管率軍討伐李沖。李沖攻武水，不克，還走博州（今山東聊城），為守門者殺。丘神勣未至，叛亂已平。武則天命左豹韜大將軍麴崇裕為中軍大總管，岑長倩為後軍大總管，率十萬大軍到豫州（今河南汝南縣）討伐李貞，「城中聞官軍至，逾城出降者四面成蹊」。李貞兵敗，全家自殺，不到二十天，這次叛亂也失敗了。

武則天多權謀，對臣僚恩威並重，軟硬兼施，她曾召集群臣說：「我跟隨高宗二十餘年，你們的官爵富貴都是我給的。天下安樂，朕之養之。及先這棄群臣，以天下託顧於朕，不愛身而愛百姓。今為戎首，皆出於將相群臣，何負朕之深也！且卿輩有受遺老臣，倔強雖過裴炎者乎？有將門貴種，能糾合亡命過徐敬業者乎！有握兵宿將，攻戰必勝過程務挺者乎？此三人得人望也，不利於朕，朕能戮之。卿等有能過此三者，當即為之；不然須革心事朕，無為天下笑！」這篇講話半是恫嚇，半是誘導，群臣頓首，不敢仰視，曰：「唯太后所使！」

武則天有駕馭臣僚的能力。當她還是唐太宗的才人時，唐太宗有一匹不馴的寶馬叫獅子驄，非常暴烈，沒有人敢騎。武則天說，只要給她三件東西，一鐵鞭，二鐵撾，三匕首，就可以制服這匹馬，「鐵鞭擊之不服，則以撾撾其首，又不服，則以匕首斷其喉。」這個故事充分表現了武則天的性格和剛毅氣質，她又是用制烈馬的方法來駕馭群臣的，維持了她歷時半個世紀有力的專制統治。

武則天為了給自己當皇帝掃清道路，先後重用了武三思、武承嗣、周興、來俊臣等一批酷吏，以嚴刑峻法，實行恐怖統治。她在朝堂上設置銅匭（類似意見箱），接受告密文書。有告密者，「使至行在，雖農夫樵人皆得召見」，任何官員不得詢問，而且要用驛馬送到京城，沿途還要按五品官的伙食標準供應飯食。告密核實，封官賜祿；告密失實，並不反坐。於是告密之風大興，大批朝廷官員被索然無辜株連，朝野上下，人人自危。這正是武則天反對異己勢力的一種措施。後來武則天看到，任威刑以禁異議的目的已經達到，為了平息一些臣屬對特務政治的不滿，便轉手殺掉來俊臣、周興等酷吏作替罪羊，「以雪蒼生之憤。」

天授元年（690年），武則天在逐步完成了對李唐宗室大臣政治清洗的基礎上，正式改唐為周，自稱大周皇帝，又改洛陽為神都，史稱「武周」政權。

武則天做了皇帝以後，勵精圖治，為唐代社會經濟的進一步繁榮昌盛，採取了一系列重要措施：

第一、廣泛搜羅人才，不拘資歷，不問門第，任何人可以推薦人才，也可以毛遂自薦，經過考試，量才錄取，使科舉制得到進一步發展。武則天擅長選拔人才，又能委以重行，使臣屬感恩戴德樂以聽命。他前後任用的主要宰相，如李昭德、魏元忠、杜景儉、狄仁傑、姚崇、張柬之等，邊將如唐休璟、婁師德、郭元振等，都是一時之選。武則天廣開仕途，放手給人官做，同時又嚴密控制，發現不稱職者革免或殺戮，雖進退沉浮難料，但這正是武則天能維持半個世紀統治的原因之一。

第二、重視農桑，發展生產，維護均田制，抑制兼併，保護百姓財產。武則天明令規定州縣官境內「田疇墾辟，家有餘糧」，則予以提升和獎勵；如「為政苛暴，戶口流移」，年終就要解除職務，予以懲罰。

第三、重視文化，親自宣導編撰重要文集。武則天在文化上做過不少工作，如她召集周思茂、範履冰、衛敬業等諸儒於內禁殿撰《玄覽》、《古今

內範》各百卷,《青宮紀要》、《少陽正範》各三十卷,《維城典訓》、《鳳樓新誡》、《孝子傳》、《列女傳》各二十卷。武則天自己的《垂拱集》百卷和《金輪集》十卷,可惜已經失傳了。武則天還自製《大樂》,用舞工九百人演奏,

第四、鞏固了唐帝國的邊防,排除了游牧民族對中原的侵擾。武則天統治時期一度與吐蕃、突厥、契丹等少數民族的關係比較緊張,武則天採取募兵、發奴、就地組織團結兵等辦法,解決兵源,同時又大興屯田,解決糧源運輸問題。長壽元年(692年),武則天利用吐蕃內亂之機,命武威軍部管王孝傑進攻吐蕃,大獲全勝,恢復和重建了龜茲、于闐、疏勒、碎葉四鎮,鞏固了唐帝國西部邊防,確立了大唐帝國對天山南北的統治,重新打通了一度中斷的通向中亞細亞的商路,促進了中外經濟、文化交流。武則天良好地處理了唐與周邊少數民族的關係,大膽起用少數民族將領,對鞏固統一的多民族的封建中央集權國家產生積極的作用。

神龍元年,武則天已八十二歲,年老多病。她親自選拔的宰相張柬之與司徒少卿桓彥範、中臺右丞敬暉、內史崔玄暐、袁恕已等密謀,以恢復李唐為號召,迫使武則天退居上陽宮(西宮),恢復中宗李顯皇位。這年十一月,武則天病逝於上陽宮,遺制說:「去帝號,稱則天大聖皇后」,與高宗李治合葬於奉天縣乾陵(今陝西乾縣)。至此,武周政權也壽終正寢了。

武則天,是中國歷史上一位傑出的女政治家。在唐高祖永徽三年(652年),即唐太宗死後三年,全國人口380萬戶,到神龍元年(西元705年),全國人口已增至615萬戶,比唐初人口增加了近一倍。武則天統治時期,是唐朝極盛時期之一,發展了唐太宗的「貞觀之治」,又為唐玄宗「開元盛世」奠定了良好的基礎。所有這些,在客觀上都順應了歷史發展的潮流,為中國封建社會經濟繁榮和發展開闢了道路。

但是,武則天逼害王后、蕭妃,殺害親子,大封武氏諸王,重用酷吏,嚴刑峻法,冤獄叢生,受到歷史的譴斥。同時,武則天的統治也造成了許多嚴重的社會問題。如武則天大量破格用人,造成職官的氾濫,使國

家開支大量增加，增加人民的負擔。武則天崇信佛教，廣修寺院，「好樂真道，長生神仙」，建天樞，鑄九鼎，僅用鋼鐵就達二百餘萬斤，耗費了大量的人力、財力。庶族地主地位上升後，與士族門閥地主一起破壞均田，土地兼併日益嚴重，出現了人民流亡，階級矛盾日益加深。

武則天死後諡則天皇后，葬於乾陵，並與高宗葬在一起，這座墓也成為了中國歷史上唯一的兩個皇帝的合葬墓。陵墓前立有無字碑，無字碑乃紀念武后之碑。據說武后曾遺言：墓碑不立文字，功過由後人評說。但歷經一千二百多年之後，墓碑已被後人刻滿。歷來對武則天的評價褒貶不一，但無字碑卻又是一大獨創。

武則天是中國歷史上第一個執政女皇，是中國封建社會一位傑出的女政治家，同時又是對唐文化發展極有貢獻、詩文兼長的文學家，堪稱女才子。作為帝王，她為唐代社會經濟文化的繁榮和中國歷史的發展做出的貢獻在歷史上是絕對的。

中國最偉大的浪漫主義詩人

李白（西元 701 — 762 年）

> 李白，字太白，號青蓮居士，祖籍隴西成紀（甘肅秦安西北）人，生於碎葉城（當時屬安西都護府，今吉爾吉斯共和國托克馬克西南方附近）。李白是中國文學史上最偉大的詩人之一，與杜甫並稱「李杜」。李白堪稱中國詩壇最偉大的浪漫主義詩人，對後代的詩歌創作產生過深遠的影響。

武則天大足元年（西元 701 年），李白出生於碎葉城一個商人的家庭裡。李白 5 歲那年，突厥人入侵碎葉，舉家東遷，來到蜀中綿州昌隆縣（今四川江油縣）青蓮鄉定居。他從小聰穎過人，不少書他看一、二遍就印在腦海裡。但他貪玩，讀著讀著就不肯用功了。據說有一天，他看到一個老奶奶把一根手臂般粗的鐵杵在磨石上用勁地磨，說是要把它磨成針。李白大吃一驚：「這麼粗的鐵棍，何年何月才能磨成針呢？」老奶奶滿懷信心地說：「只要不停地磨下去，總有一天能磨成針。」這件事使李白悟出了一個深奧的道理：「只要工夫深，鐵杵磨成針，讀書學習不也是這樣嗎？」從此，他刻苦讀書，學問大有長進。

李白少年時代的學習範圍很廣泛。除儒家經典、古代文史名著外，還瀏覽諸子百家之書，並「好劍術」；相信道教，有超脫塵俗的思想；同時又有建功立業的政治抱負。李白在青少年時期所寫詩歌，留存很少，但已顯示出突出的才華。

開元十三年（725 年），25 歲的李白出蜀東遊。在此後十年內，漫遊了長江、黃河中下游的許多地方，開元十八年（730 年）左右，他曾一度抵長安，爭取政治出路。

李白這次在長安還結識了賀知章。李白有次去紫極宮，遇見了賀知

章。他早就拜讀過賀老的詩，這次相遇，自然立刻上前拜見，並呈上袖中的詩本。賀知章頗為欣賞〈蜀道難〉和〈烏棲曲〉，興奮地解下衣帶上的金龜叫人出去換酒與李白共飲。李白瑰麗的詩歌和瀟灑出塵的風采令賀知章驚異萬分，竟說：「你是不是太白金星下凡到了人間？」

一年快過去了，李白仍然作客長安，沒有機會出任，他的心情有些沮喪。好友誠意相邀，希望他同去嵩山之陽的別業幽居，但李白無意前往。這次去長安，抱著建功立業的思想，卻毫無著落，這使李白感到失望並有點憤懣。往王公大人門前干謁求告，也極不得意，只有發出「行路難，歸去來」的感嘆，離開了長安。

天寶元年（742 年），由於賀之章等人的推薦，唐玄宗詔李白入宮中。

李白是個有政治抱負的人，但他生性高傲，對當時官場上的腐朽風氣很不滿意，希望得到朝廷任用，讓他有機會施展政治上的才能。這一次到長安來，聽到唐玄宗召見他，也很高興。

唐玄宗在宮殿上接見了李白，和他談了一陣，覺得他的確很有才華，高興地說：「你是個普通人士，但你的名字連我都知道了。要不是有真才實學，怎麼可能這樣出名呢？」

接見以後，唐玄宗就把李白留在翰林院，要他專門起草詔書。

李白愛好喝酒，喝起酒來，還非喝到酩酊大醉不可。進了翰林院之後，他改不了這個習慣，一有空閒，還是找一些詩友到長安酒店裡去喝酒。

有一次，唐玄宗叫樂工寫了一支新曲子，還沒填上歌詞，就命令太監去找李白。太監們在翰林院和李白家，都找不到李白。有人告訴太監，李白上街喝酒去了。

太監們在長安街上好不容易在酒店裡找到李白，原來李白喝醉了酒，躺在那裡睡著了。太監把他叫醒，告訴他皇上召見他。李白揉揉眼睛，站起了身，問是怎麼回事，太監們來不及跟他細說，七手八腳把李白拉進轎子，抬到宮裡。

李白進了內宮，抬頭一看是唐玄宗，想行朝拜禮，身子卻不聽使喚。太監們見他醉得厲害，就有人拿了一盆涼水，灑在李白臉上，李白才漸漸醒過來。

唐玄宗愛他的才，也不責怪他，只叫他馬上把歌詞寫出來。

太監們忙著在他面前的幾案上放好筆硯絹帛。李白席地坐了下來，忽然覺得腳上還穿著靴子，很不舒服。他一眼看見身邊有個年老的宦官，就伸長了腿，朝著那宦官說：「請您幫我把靴子脫下來！」

那個老宦官原來是唐玄宗寵信的宦官總管高力士。他平時仗著皇帝的勢，在官員前作威作福，現在一個小小的翰林官居然命令他脫靴，簡直氣昏了。但是唐玄宗在旁邊等著李白寫歌詞，如果得罪了李白，讓唐玄宗掃了興，也擔當不起。他忍住氣，裝出滿不在乎的樣子，笑嘻嘻地說：「唉，真是喝醉了酒，拿他沒辦法。」說著，就跪著給李白脫了靴子。

李白脫了靴子，連正眼也不看高力士，拿起筆來龍飛鳳舞地寫起來，沒有多少時間，就寫好了三首〈清平調〉的歌詞交給唐玄宗。

唐玄宗反覆吟了幾遍，覺得文詞秀麗，節奏鏗鏘，確是好詩，馬上叫樂工演唱起來。

唐玄宗十分讚賞李白，但是那個為李白脫過靴子的高力士卻記恨在心。有一次，高力士陪伴楊貴妃在御花園裡賞玩景色，楊貴妃很高興地唱起李白的詩來。

高力士裝作驚訝地說：「哎呀，李白這小子在這些詩裡侮辱了貴妃，您還不知道嗎？」

楊貴妃奇怪地問怎麼回事，高力士就添枝加葉地造了一些謠言，說李白寫的詩裡有一句話，把楊貴妃比作漢朝一個行為放蕩的皇后趙飛燕，是有心諷刺她。

楊貴妃聽信了高力士的話，真的生了氣，後來在唐玄宗面前一再講李白的不好，唐玄宗漸漸也看不慣李白了。

李白終於看出在唐玄宗周圍，都是一些像李林甫、高力士那樣趨炎附勢的小人；他留在唐玄宗身邊，不過幫他解悶散心，要想政治上有所作為是不可能的。到了第二年春天，就上了一道奏章，請求辭官還家。唐玄宗順水推舟批准了他的要求，為了表示他愛才，還賜給李白一筆錢，送他回家。至此，李白再次漫遊江湖。

　　天寶三年（744 年）的夏天，李白到了東都洛陽。在這裡，他遇到正在懷才不遇的杜甫。中國文學史上最偉大的兩位詩人見面了。此時，李白已名揚全國，而杜甫風華正茂，卻困守洛城。李白比杜甫年長十一歲，但他並沒有以自己的才名在杜甫面前倨傲；而「性豪業嗜酒」、「結交皆老蒼」的杜甫，也沒有在李白面前一味低頭稱頌。兩人以平等的身分，建立了深厚的友情。在洛陽時，他們約好下次在梁宋會面，訪道求仙。

　　這年秋天，兩人如約到了梁宋。兩人在此抒懷遣興，借古評今。他們還在這裡遇到了詩人高適，高適此時也還沒有祿位。然而，三人各有大志，理想相同。三人暢遊甚歡，評文論詩，縱談天下大勢，都為國家的隱患而擔憂。這時的李杜都值壯年，此次兩人在創作上的切磋對他們今後產生了積極影響。

　　天寶十四年（755 年），安史之亂爆發，李白曾應邀入永王李璘幕府，又以為獲得了建功立業的機會，詠出「但用東山謝安石，為君談笑靜胡沙」的豪邁詩句。

　　不久，永王李璘的軍隊為唐肅宗消滅後，李白也受牽連入獄，被流放夜郎（今貴州梓潼）。

　　乾元二年（759 年），李白行至巫山，朝廷因關中大旱，宣布大赦天下，李白獲得自由。直到六十一歲時，李白還請求從軍入幕，希望能有「一割之用」，卻因病在途中折回，未能如願。

　　上元二年（（761 年）），李白返回金陵。由於生活所迫，李白投奔在當塗（今安徽馬鞍山）作縣令的族叔李陽冰。

上元三年（762 年），六十二歲的李白在李陽冰的家中病逝。

李白的詩歌今存 990 多首。有大量的政治抒情詩，充分表現了詩人非凡的抱負，奔放的熱情，豪俠的氣概，也集中代表了盛唐詩歌昂陽奮發的典型音調。

李白的詩歌的題材是多元的。他的七言古詩〈蜀道難〉、〈夢遊天姥吟留別〉、〈將進酒〉、〈梁甫吟〉等；五言古詩〈古風〉59 首，有漢魏六朝樂府民歌風味的〈長干行〉、〈子夜吳歌〉等；七言絕句〈望廬山瀑布〉、〈望天門山〉、〈早發白帝城〉等都成為盛唐的名篇。李白在唐代已經享有盛名，他的詩作集無定卷，家家有之。

唐代詩歌有著獨具魅力的時代風格與時代精神：博大，雄渾，深遠，超逸，充沛的活力，濃郁的熱情，不息的生命力，嶄新的生活體驗，以壯闊為美的審美情趣，積極進取的人生態度 —— 這一切合起來就成為唐代詩歌與其他朝代詩歌相區別的特色。唐代詩人們以王者的姿態開闢出異彩紛呈的塊塊疆土，這樣一個時代培育出來的人物，或者說，出現於這樣一個時代的天才，往往是極其富有魅力的。李白的魅力便是那麼的動人，具有不可思議的魔法。他以一種震撼的力量征服了當時以及後世許多代讀者的心。賀知章在長安初次遇到李白，誦〈蜀道難〉，呼之為「謫仙人」，解下腰佩金龜換酒與之暢飲同歡；杜甫在赴長安應試途中與李白相遇，竟然放棄考試，跟隨李白漫遊了許多地方，別後仍念念不忘，讚之曰「筆落驚風雨，詩成泣鬼神」。還有一個叫魏萬的人，為了一睹李白的風采，從嵩宋出發追尋李白幾千里，終於廣陵相會，言李白詩曰「鬼出神入」。李白的魅力，既是屬於他個人的，又是屬於那個時代的，至於李白被汪倫「千里酒家，百里桃林」的文字遊戲所騙應邀，臨別卻仍以「桃花潭水深千尺，不及汪倫送我情」贈與踏歌相送的汪倫，更可以看出唐人所普遍具有的浪漫氣質。只有輝煌的時代，才能為輝煌的人物提供張揚個性的條件。

李白的詩裡洋溢著一股涵蓋天地的雄渾之氣。「俱懷逸興壯思飛，欲

上青天攬明月」。這種博大壯闊的情懷可以說是唐代詩歌的基調。莊子所言「天地有大美而不言」，以盛大為美似乎已成為唐代詩人創作精神中的支柱。或儒或道或俠或禪，種種表現之下，有一個基點，那就是詩人們內心中無比崇高的對壯美的嚮往。無論是理性冷靜的儒學家，還是超脫凡俗的道學家；無論是豪邁勇武的仗劍俠士，還是玄而又玄的帶髮禪師。一旦出現在唐代這個特殊的歷史舞臺上，就全都不可避免地固執起來，他們可以在自己的詩歌中摒棄某一種風格，如儒家沒有道家的「無為」思想，俠客沒有禪師的「出世」之心，可是卻不能違背這個時代如此統一的審美觀。這樣一種環境所造就的詩人，筆下自會大氣，千載之下仍能令懦者勇，弱者壯。他們並不是沒有愁，李白就經常把愁字掛在嘴邊。「白髮三千丈，離愁似箇長」，「亂我心者，今日之日多煩憂」，「君不見高堂明鏡悲白髮，朝如青絲暮成雪」，「抽刀斷水水更流，舉杯消愁愁更愁」，但只要將李白的愁與柳永的「多情自古傷離別，更哪堪冷落清秋節」，李煜的「問君能有幾多愁，恰似一江春水向東流」比一比，就會覺得李白愁得有力，愁得有氣度。「五花馬，千金裘，呼兒將出換美酒，與爾同消萬古愁」。這是豪情萬丈的愁，愁中自有一股浩然之氣，愁中自有一段唐人風流。

正是這種俯仰天地的慷慨大氣之情懷，形成了唐代詩人共有的昂揚奮發的精神狀態與氣質風貌。「吾將囊括大塊，浩然與溟涬同科。」（〈日出入行〉）「黃河落天走東海，萬里寫入胸懷間。」（〈贈裴十四〉）李白的眼光簡直可以說是凌駕於寰宇之上的，他的心胸能容納整個宇宙，並且以這種氣魄看待社會與人生。正如皮日休所說，李白是「言出天地外，思出鬼神表。」（〈劉棗強碑〉）李白以及他那個時代的詩人們把建功立業，實現理想抱負作為一生追求的目標。英雄主義與浪漫主義是當時社會氛圍中的主旋律。社會政治與詩歌文學融會到了一起。李白抱著宏偉的抱負，欲「濟蒼生」，「安社稷」，「使寰宇大定，海縣清一」，然後悄然隱退。（〈代壽山答孟少府移文書〉）「功成 —— 名遂 —— 身退」成了李白為首的唐代詩人們共

同嚮往的理想人生模式。在他們的詩歌中，這種傾向是毫不隱晦，顯而易見的。最具典型意義的是李白的〈古風其十〉：「齊有倜儻生，魯連特高妙。明月出海底，一朝開光耀。卻秦振英聲，後世仰末照。意輕千金贈，顧向平原笑。吾亦澹蕩人，拂衣可同調。」這簡直就是一份人生理想的宣言書。雖然李白的一生在政治上只有短暫的輝煌，但卻從沒有放棄過他的雄心壯志與理想抱負。以至於六十一歲時還請求參加李光弼的軍隊，去討伐安史叛軍。其實他能不試而舉並名動天下，在旁人看來似乎是「平步青雲」，雖只是個無實權的「供奉翰林」，但足以顯親揚名了。政治上的失意委屈了一個李白，卻成就了一個文學上的李白。作為唐代的靈魂，他已經超越了世俗對文學、政治、經濟的劃分，他的具體的人生道路，或是布衣或是卿相，或是文人或是將軍，已經沒有太多的意義，他留下的是一個獨立的人格形象，足以光耀千秋，澤被後世，這已經夠了。唐代的時代畫卷中有不少同類的形象，他們共同鑄造了唐代精神的靈魂。

唐代詩歌之所以氣象萬千，在於唐代政治的開明與開放。一旦政治對思想的禁錮和束縛減弱，社會環境寬鬆，那麼人的思想就會自由起來。不但是個人的思想沒有拘束，各種流派的思想的交流也更加自由與深入，最後互相地滲透同化，這種情況表現在詩歌創作方面就是豐富多彩，表現在人的個性方面就是博大精深。在李白的身上，就兼備了儒、道、俠、禪各家的特質，「安能摧眉折腰事權貴，使我不得開心顏」，儒家的傲岸堅強；「且放白鹿青崖間，須行即騎訪名山」，道者的避俗離濁；「停杯投箸不能食，拔劍四顧心茫然」，俠者的任性猖狂；「舉杯邀明月，對影成三人」，禪者的玄思獨絕。真是難以想像，在一個人的身上，怎能呈現出如此豐富的景觀，且並不是流於表面，而是從心靈深處透出來的，融合萬物，順應自然的美。也許在我們每個人身上也或多或少地受著各種流派的影響，各種思想在我們的頭腦中交鋒，有的被殺死，更多的是在衝突中走向融合。或者說，根本不存在各種思想流派的分別，他們本來就是構成整個思想的各個

零件，就像萬物組成了世界的自然和諧。人為的硬生生的割裂並不是一種客觀的態度。所以說，李白的思想不勝在多樣而勝在健全，唐代詩歌的精神特質不勝在豐富而勝在完整。

李白詩歌是波瀾壯闊的盛唐詩潮中最引人矚目，動人心弦的。他的詩，最充分、最集中地表現了那個時代的精神風貌。其飽滿的青春熱情，爭取解放的蓬勃精神，積極樂觀的理想展望，強烈的個性色彩，匯成了中國古代詩史上格外富有朝氣的歌唱。而他對英雄主義的禮讚更是令人矚目。

其一：李白詩歌中英雄主義精神是他強烈的任俠作風的表現。

李白生平浪跡天下，慷慨自負，不拘常調。「常欲一鳴驚人，一飛衝天，彼漸陸遷喬，皆不能也。」他尚武重義，不拘小節輕財好施，豪蕩使氣。這就養成了他崇尚英雄的性格。反映在詩歌中，他從無數古代英雄的風度、氣派中吸取力量，把現實的理想投影到歷史中去，從而在詩歌中建立起英雄性格的人物畫廊。他歌頌草澤，際會風雲的英雄，如〈梁甫吟〉，寫太公望：「君不見朝歌屠叟辭棘津，八十西來釣渭濱；寧羞白髮照清水，逢時壯氣思經綸。廣張三千八百釣，風期暗與文王親。大賢虎變愚不測，當年頗似尋常人。」歌頌愛才若渴，禮賢下士的英雄主義，如〈行路難〉中的：「君不見昔時燕家重郭槐，擁彗折節無嫌猜。劇辛樂毅感恩傷，輸肝剖膽效英才。昭王白骨縈蔓草，誰人更掃黃金臺！」讚美傲岸不馴，堅持布衣尊嚴的名臣，如〈梁甫吟〉中的酈食其：「君不見高陽酒徒起草中，長揖山東隆淮公，入門不拜騁雄辨，兩女輟洗來趨風。東下齊城七十二，指揮楚漢如旋蓬。狂客落魄尚如此，何況壯士當群雄！」他筆下的英雄大多是在動盪變亂的非常時期在歷史舞臺上叱吒風雲的人物，而且與抒情主人公打成一片，渾然而不可分。例如他存贈酬友朋的詩中說：「風水如見資，投竿左皇極。」

其二：李白對英雄的崇敬和禮讚是他自身濟世經國、建功立業偉大理想的投射。

李白一生理想遠大，抱負高遠。「濟蒼生」、「安社稷」是他最大的願望，即使在遭讒毀、貶謫之時，他也懷著「苟無濟代心，獨善亦何蓋」政治理想，而不是避世隱居。所以，大量的歌頌古代英雄名臣的詩篇出現在他的筆下。他對諸葛亮君臣如魚得水，無比羨慕，並表示「余亦草間人，頗懷拯物情」。他深情地吟詠著張良、謝安。他一方面又說：「留侯將綺里，出處未云殊。終與安社稷，功成去五湖。」安史之亂起，李白視形勢如楚漢之爭，並以張良、韓信自況；入永王璘幕府後，又以謝安自比，直至六十歲投軍時，還以西漢大俠劇孟自許：「豐道謝病還，無因東南征。五夫未見顧，劇孟阻先行。」生在盛世的李白對亂世英雄致以禮讚，當然不僅僅是發思古之幽情，因為這類人物，是他「心雄夫」的氣慨和熱情的寄託，是他在歷史中建立輝煌功業、積極創造自我價值的人生願望的表現。同時這也成為時代理想的人格化寫照。

中國最偉大的現實主義詩人

杜甫（西元 712 — 770 年）

> 杜甫，字子美，生於鞏縣（今屬河南）。因曾居長安城南少陵，故自稱少陵野老，世稱杜少陵。杜甫是唐代詩壇上又一顆耀眼的巨星，他與李白代表了唐代的最高成就。杜甫是歷史上最偉大的現實主義詩人，他生活在唐朝由盛轉衰的歷史時期，其詩多涉筆社會動盪、政治黑暗、人民疾苦，被譽為「詩史」。其人憂國憂民，人格高尚，詩藝精湛，被人們稱為「詩聖」。

杜甫生於唐玄宗先天元年（西元 712 年），他出身於一個具有悠久傳統的官僚世家，自十三世祖杜預以下，幾乎每一代都有人出任不同的官職，所以杜甫自豪地稱為「奉儒守官，未墜素業」（〈進雕賦表〉）。只是到了杜甫的父親杜閒時，這個家庭已呈衰落之象。

家庭給予杜甫正統的儒家文化教養，和務必要在仕途上有所作為的雄心。所以，終其一生，出世的念頭很少占據他的頭腦。另外，唐代是重視詩歌的時代，而杜甫的祖父杜審言正是武周朝中最著名的詩人，這更加深了杜甫對詩歌的興趣。他曾很驕傲地對兒子說：「詩是吾家事。」（〈宗武生日〉）追求仕途事業和不朽的詩名，共同構成了杜甫的人生軌道。

杜甫早慧，七歲便能寫詩，十四、五歲時便「出遊翰墨場」（〈壯遊〉），與文士們交遊酬唱。二十歲以後十餘年中，杜甫過著漫遊的生活。這既是為了增長閱歷，也是為了交結名流、張揚聲名，為日後的仕途作準備。他先到了吳越一帶，江南景物和文化，給他留下很深刻的印象。

開元二十三年（735 年），杜甫赴洛陽考試，未能及第，又浪遊齊、趙，度過一段狂放的生活，他後來回憶說：「放蕩齊趙間，裘馬頗清狂。」

天寶三年（744 年），杜甫在洛陽與李白相遇，二人一見如故，結下深

厚友誼。他們一起四處訪遊，作詩論文，十分愜意。他們曾遊梁園，尋訪戰國時期信陵君墳址，追蹤西漢梁孝王舞榭歌臺的遺跡，感嘆世事的變遷；他們同到單父（今山東單縣），訪遊了春秋時期單父縣宰宓子賤的琴臺，遙想這位「鳴琴而治」的良吏。

　　天寶四年（745年），杜甫和李白又在東魯相會，他們一起遊覽東魯一帶的風景名勝，「醉眠秋共被，攜手日同行。」又一起拜訪了以文章和書法聞名於世的北海太守李邕。最後杜甫和李白在東魯石門山（今山東曲阜）依依惜別。

　　與李白別後，杜甫獨自一人再入長安，欲謀求一條仕進之路。為此不得不奔走權貴之門，但卻到處受到冷遇，「朝扣富兒門，暮隨肥馬塵，殘杯與冷炙，到處潛悲辛！」在憂鬱憂傷中杜甫又曾謁訪河南尹韋濟，希望他能引薦自己，結果也落了空。

　　天寶五年（746年），三十五歲的杜甫在長安參加科舉考試。開始，他滿懷信心，「自謂頗挺出，立登要路津」，並相信自己能「致君堯舜上，再使風俗淳」（〈奉贈韋左丞丈二十二韻〉），但滯留十年卻一再碰壁。這可能是因為他的家庭背景已不夠，而把持權柄的李林甫等人，又對引進人才採取阻礙的態度。大約在杜甫到長安不久，父親就去世了，他的生活因此變得困頓，為了生存，為了求官做，杜甫不得不奔走於權貴門下，作詩投贈，希望得到他們的引薦。此外，他還多次向玄宗皇帝獻賦，如〈雕賦〉、〈三大禮賦〉等，指望玄宗青睞他的文才，但並沒有結果。

　　天寶十一年（752年），杜甫寫下了他的名篇〈兵車行〉，以嚴肅的態度，真實地記錄下人民被驅往戰場送死的悲慘圖景。這首詩標誌了杜甫詩歌的轉變。此後，他又寫出〈前出塞〉九首，繼續對災難性的開邊戰爭提出質疑；寫出〈麗人行〉，揭露玄宗寵妃楊玉環的親族窮奢極欲的生活。而長詩〈自京赴奉先詠懷五百字〉，更把最高統治集團醉生夢死的情狀與民間飢寒交迫的困境加以尖銳的對照，以「朱門酒肉臭，路有凍死骨」這樣震撼人

心的詩句概括了社會的黑暗和不合理。

天寶十四年（755 年），杜甫才獲得右衛率府冑曹參軍這樣一個卑微的官職，而這已是安史之亂的前夕。

安史之亂爆發後，杜甫一度被困於叛軍占據下的長安。後來隻身逃出，投奔駐在鳳翔的唐肅宗，被任為左拾遺。這是一個從八品的諫官，地位雖不高，卻是杜甫僅有的一次在中央任職的經歷。但不久就因上疏申救房琯的罷相而觸怒肅宗，後於乾元初年（758 年）被貶斥為華州司功參軍。由於戰亂和饑荒，杜甫無法養活他的家庭，加之對仕途的失望，他在乾元二年（759 年）丟棄了官職，進入在當時尚為安定富足的蜀中。從安史之亂爆發到杜甫入川的四年，整個國家處在劇烈的震盪中，王朝傾危，人民大量死亡，杜甫本人的生活也充滿危險和艱難。而他的詩歌創作，卻因血與淚的滋養，達到了顛峰狀態。

〈春望〉、〈月夜〉、〈悲陳陶〉、〈悲青阪〉、〈北征〉、〈羌村〉以及「三吏」、「三別」等大量傳世名篇，從詩人浸滿憂患的筆下不絕湧出。

到成都不久，杜甫依靠朋友的幫助，在城西建了一座草堂。後來，杜甫的故交嚴武出任劍南東西川節度使，與杜甫交往密切，對他的生活也多有照顧。

杜甫是為了避亂謀食來到蜀中的。最初二年多時間，他閒居草堂，生活確實比較安逸，當時所寫吟詠草堂周圍自然景物的詩篇，也顯出一種清新恬淡的韻致。但這種情形並沒有維持很久。從全國來說，安史之亂雖於西元 763 年宣告結束，但唐王朝的瓦解之勢並未因此而停止。外患方面，有吐蕃的嚴重侵擾，甚至攻入長安，迫使代宗倉皇出逃；內亂方面，則出現普遍的軍閥割據或半割據狀態，而政治的腐敗、官吏的橫暴，也是有增無減。從蜀中地區來說，它既是吐蕃進攻的一個重點，也是容易發生軍閥割據的地方。

不久，嚴武應召入朝。但就在這期間，發生了一場嚴重的軍事叛亂，杜甫因此曾一度逃離成都，攜家流浪。一場暴烈的動盪轉化為持續的戰亂，這使得杜甫對國家的前途更覺失望，他後期的詩歌，情緒甚至比安史之亂中更顯得沉重。

廣德二年（764年）春，嚴武第二次鎮蜀時，並推薦杜甫擔任了節度參謀、檢校工部員外郎（後世因此稱他為「杜工部」）。

永泰元年（765年），嚴武去世，蜀中又發生了大亂，杜甫在成都的生活也失去憑依，他又帶著全家老小，登上一條小船，過起流浪逃難的生活。最初的目的大概是要沿長江東下出川，路途中卻因疾病和戰亂等緣故，滯留了很久。先是在雲安居住了一段時間，後又在夔州居住了近兩年。

大曆三年（768年）初，杜甫乘舟出三峽到江陵、公安，年底到岳陽。

大曆五年（770年），五十九歲的杜甫復到耒陽，在耒陽附近客死旅舟。杜甫艱難漂泊的一生，在這裡得到淒涼的結束。

杜詩現存 1,400 多首。它深刻地反映了唐代安史之亂前後 20 多年的社會全貌，生動地記載了杜甫一生的生活經歷；把社會現實與個人生活緊密結合，達到思想內容與藝術形式的完美統一；代表了唐代詩歌的最高成就，被後代稱作「詩史」。但杜甫並非客觀地敘事，以詩寫歷史，而是在深刻、廣泛反映現實的同時，透過獨特的藝術手段表達自己的主觀感情。正如浦起龍所云：「少陵之詩，一人之性情，而三朝之事會寄焉者也。」（《讀杜心解》）

天寶後期以來，杜甫寫了大量時事政治詩。短篇如〈洗兵馬〉、〈有感〉、〈麗人行〉、〈三絕句〉、〈病橘〉、〈茅屋為秋風所破歌〉、〈又呈吳郎〉，長篇如〈夔州書懷〉、〈往在〉、〈草堂〉、〈遣懷〉，雖內容各異，但都是個人情感與事實相結合，抒情色彩較濃。

戰爭題材在杜詩中數量很大。杜甫對不同性質的戰爭態度不同。反對朝廷窮兵黷武，消耗國力的有〈兵車行〉、〈又上後園山腳〉等；支持平息叛

亂，抵禦外侮的有〈觀安西兵過赴關中待命二首〉、〈觀兵〉、〈歲暮〉等。〈前出塞〉、〈後出塞〉兩組詩，既歌頌了戰士的壯烈英勇，又譴責了君王拓疆無厭和主將驕橫奢侈，以一個戰士的自白概括了無數英勇士兵的不幸命運。「三吏」、「三別」中，詩人同情人民的痛苦，憤恨野蠻徵兵，但大敵當前，兵源缺乏，他只能忍痛含淚勸慰被徵者。表現出作者內心尖銳複雜的矛盾衝突。杜甫有不少歌詠自然的詩，歌詠的對象，往往是既聯繫自己，也聯繫時事，是情、景與時事的交融，而不僅僅是情景交融。最具代表性的是〈春望〉、〈劍門〉杜甫還有些歌詠繪畫、音樂、建築、舞蹈、用具和農業生產的詩，同樣貫注了作者的感情，具有時代特色。

在〈屏跡〉、〈為農〉、〈田舍〉、〈徐步〉、〈水檻遣心〉、〈後遊〉、〈春夜喜雨〉等詩中，詩人對花草樹木、鳥獸魚蟲的動態有細膩的觀察、無限的喜愛和深刻的體會，表現了杜甫詩歌和為人的另一側面。

杜甫懷念親友的詩，大都纏綿悱惻，一往情深。如〈月夜〉懷念妻子，〈月夜憶舍弟〉懷念弟弟。眾多懷友詩中，以懷念李白的最為突出。從與李白分手直到晚年，追念或談到李白的詩有 15 首，表現了他對李白的推崇和情誼。杜甫還以詩論詩，在〈戲為六絕句〉、〈偶題〉、〈解悶十二首〉（其四至其八）中，表達了「轉益多師」、「別裁為體」、揚棄古今而自鑄偉辭的藝術主張。

杜詩體制多樣，兼有眾長，並能推陳出新，別開生面。其五言古詩融感事、紀行、抒懷於一體，博大精深、無施不可，開唐代五古境界；代表作有〈自京赴奉先縣詠懷五百字〉、〈北征〉、〈羌村〉、〈贈衛八處士〉、「三吏」、「三別」。七言古詩長於陳述意見，感情豪放、沉鬱，風格奇崛拗峭；如〈醉時歌贈鄭廣文〉、〈洗兵馬〉、〈茅屋為秋風所破歌〉、〈歲晏行〉等。其五、七言律詩功力極高；五律如〈春望〉、〈天末懷李白〉、〈後遊〉、〈春夜喜雨〉、〈水檻遣心〉、〈旅夜書懷〉、〈登岳陽樓〉，七律如〈蜀相〉、〈野老〉、〈聞官軍收河南河北〉、〈宿府〉、〈白帝〉、〈諸將五首〉、〈秋興八首〉、〈登高〉等；唐人

律詩很少能超過它們。杜甫還有許多五言排律，幾首七言排律，使排律得到很大的發展。其〈秋日夔府詠懷寄鄭監李賓客一百韻〉長達 1,000 字，但杜甫排律亦多堆砌典故、投獻應酬之作，其絕句即景抒情，反映時事，並開絕句中議論之體，別開異徑，貢獻頗大。

杜詩內容廣闊深刻，感情真摯濃郁；藝術上集古典詩歌之大成，並加以創新和發展；在內容與形式上大大拓展了詩歌領域，給後世巨大的影響。杜甫也因此被後人尊為詩聖。杜甫一生潦倒，其詩「百年歌自苦，未見有知音」（杜甫〈南征〉）。但死後受到樊晃、韓愈、元稹、白居易等人的大力揄揚。杜詩對新樂府運動的文藝思想及李商隱的近體諷喻時事詩影響甚深。但杜詩受到廣泛重視，是在宋以後。王禹、王安石、蘇軾、黃庭堅、陸遊等人對杜甫推崇倍至，文天祥則更以杜詩為堅守民族氣節的精神力量。杜詩的影響，從古到今，早已超出文藝的範圍。

我們讀杜詩，體會最深的就是儒家的思想意識，似乎儒家宣導的那些只能令人仰望的倫理觀念就在身邊，就活躍在我們的一言一行之中，還可以說就發生在你我他的連結之中。有了這些觀念，我們才變得不世俗、不庸俗，甚至說變得更文明起來。而且杜甫寫到這些時是那麼自然，順口說出，好像是從他內心中流出來的，根本不是後代道學家那樣語言無味、面目可憎。後人讀杜詩所受到的儒家觀念的感染，絕不會亞於讀儒家經典。就拿忠君愛國的觀念來說，在孔孟的著作之中並不突出。孔子只強調「尊王攘夷」，即尊奉周天子，抵禦外族入侵中原地區；孟子是宣揚「大一統」，力主以「仁政」統一中國。把儒家這些與忠君愛國有關的因素發展成為忠君愛國的強烈的意識，並成為古典詩歌創作中的永恆的主題，這是杜甫的功勞。

杜甫的忠君愛國又不是某些儒家宣導的「愚忠」。杜甫敢批評諷刺皇帝，而且他的「忠君」主要就表現在對皇帝的批評諷刺上，杜甫敢寫作這類作品。孔孟這些儒家的創始者們談到君臣關係時，多是從相對關係著眼的。所謂「君使臣以禮，臣事君以忠」；孟子說的更情緒化一些，「君之視臣

中國最偉大的現實主義詩人

如土芥，臣視君如寇仇」。強調臣子要絕對忠順是法家。杜甫對「君」的批評的情緒化是不讓於孟子的：「邊庭流血成海水，我皇開邊意未已」（〈兵車行〉）；「唐堯真白聖，野老復何知」（〈秦州雜詩〉）；「關中小兒壞紀綱，張后不樂上位忙」（〈憶昔二首〉）；「貴人豈不仁，視汝如蒭蒿」（〈遣遇〉）！這些詩句在「怨」之外，還有憤怒，然而它與忠君愛國之心並不矛盾。因為在孟子看來，國家社稷是老百姓為主體的，不顧普通百姓利益、任意胡來的皇帝只是「民賊獨夫」。

杜甫描寫友情的詩章尤為動人。朋友是儒家倫理中所關注的「五倫」之一，與其他「四倫」（君臣、父子、兄弟、夫婦）比較起來，「朋友」之「倫」更富於「平等」的特徵，因為「朋友」不像前」四倫」幾乎是不可選擇的。杜甫的朋友大概可分為兩類：一是身分與杜甫大略相同的文士詩人；一是沒有文士詩人身分的普通朋友。杜甫的交遊是很廣泛的，開元、天寶時期有成就的文人才士大多與他有往來，這在杜詩中都有記載，其中最重要的是李白。正如聞一多所說，李杜的交往，彷彿天上的日月走到了一起。

沒有讀過杜甫寫給李白與懷念李白的作品，就不會懂得古典友情會那樣誠摯動人。從這些詩篇中，可以感受到什麼是人間最美好的情誼。李杜之間的來往沒有絲毫的勢力和功利的成分，純粹是因為互相欣賞，鑄成了他們終生不渝的友誼。李白晚年，由於參加了永王璘幕府，被唐中央王朝所疾視，弄到「世人皆欲殺」的地步（所謂的「世人」是指有影響力的官人與文士）。此時的杜甫雖然也在朝廷任職，但他對李白的認識和友情沒有隨著朝中的輿論而改變。杜甫寫詩為李白抱不平，為他剖白辯護，並向世人呼籲。杜甫的〈夢李白〉二首，是懷念李白作品中最傑出的篇章。詩中不僅寫出了對友人的思念，更表達了他對李白的理解。如「落月滿屋梁，猶疑照顏色。」讀者在一片朦朧的月色中，彷彿見到了李白憂鬱的目光；「出門搔白首，若負平生志。冠蓋滿京華，斯人獨憔悴。」可以說是悲劇人物李白的小像，其中飽含著作者深深的同情；「千秋萬歲名，寂寞身後事」是李白一生

的定評。因此，我們說李杜交遊放射出的光輝，不僅是因為他們的「才」，更重要的是杜甫的「情」，人生得一知己足矣！李白是幸運的。

　　杜甫寫到他的朋友時，多是描寫這些朋友對他的關愛，寫在他遇到困難時，朋友給予的無私的援助。讀杜詩會有這樣一個感覺，似乎杜甫走到哪裡，哪裡就有朋友幫助他，他生活在關愛之中。如病臥長安時，有一位叫王倚的朋友曾熱情地招待過他，為此他寫了〈病後遇王倚飲贈歌〉，詩中熱烈歌頌了窮朋友之間相濡以沫的深情；戰亂之中，他偶然遇到老朋友「衛八」，受到熱情的款待，他寫了〈贈衛八處士〉。這首詩描寫了在一個沉沉的暗夜，為溫馨友誼的燈光照亮生活的一角。又一次，杜甫全家逃難山中，遇到大雨，飢寒交迫，狼狽不堪，當深夜路過彭衙，來到朋友孫宰家時。孫宰是全家動員，招待這位落難的好友，使杜甫一家老小感受到家庭的溫暖。杜甫把他的感激寫到這首樸素的〈彭衙行〉中，使千載以下的讀者又一次體驗了友情的珍貴。杜甫後半生漂泊生活中也是如此，他一家的衣食住行幾乎完全依靠朋友的幫助。如果沒有這些，杜甫一家早就成為餓莩了。

　　對人生信仰、政治理想的執著，也是杜甫個性的一大特徵。後代有人說杜甫是「村夫子」，杜甫詩中也自稱「乾坤一腐儒」（〈江漢〉），都是就這一種執著態度而言。所謂「致君堯舜」，所謂「憂民愛物」，這些儒家的政治觀念，在很多人眼裡只是一種空談、一種標榜，杜甫卻是真心地相信和實行它。而且，儒者本有「窮則獨善其身，達則兼濟天下」的進退之路，杜甫卻不願如此，他是不管窮達，都要以天下為念。甚至，愈是社會崩潰昏亂，他愈是要宣揚自己的政治理想，相信儘管「萬國盡窮途」（〈舟出江陵南浦奉寄鄭少尹〉），但一點一滴的努力，終究能夠改變現實。他的這種執著態度，對後世的現實主義作品產生了很大影響。

　　杜甫與李白一向被視為唐詩世界中兩座並峙的高峰，同時，他們也構成了唐詩的分野。儘管李、杜的年齡只相差十一歲，他們也都經歷過唐王朝的全盛時代和由盛入衰的安史之亂，但他們的創作，卻存在根本的不

同。李白詩歌的主導風格，形成於大唐帝國最為輝煌的年代，以抒發個人情懷為中心，詠唱對自由人生的渴望與追求，成為其顯著特徵。

而杜甫詩歌的主導風格，卻是在安史之亂的前夕開始形成，而滋長於其後數十年天下瓦解、遍地哀號的苦難之中。因此，流響於剛剛過去的年代中的充滿自信、富於浪漫色彩的詩歌情調，到了杜甫這裡便戛然而止。在飄零的旅途上，杜甫背負著對於國家和民族命運的沉重責任感，凝視著流血流淚的大地，忠實地描繪出時代的面貌和自己內心的悲哀。這種深入社會、關切政治和民生疾苦、重視寫實的創作傾向，和由此帶來的語言表現形式方面的一系列變化，不僅是唐詩內容與風格的重大轉折，也對中唐以後直至宋代詩歌的發展，造成了深刻的影響。

但是，盛唐詩歌的一些重要特徵，在杜甫的詩歌創作中仍然有所表現。熱情雖然在他的詩中受到抑制，卻仍然可以感受到它的存在；雄偉壯大之美，也仍然是詩人的愛好。他的那些關於時事政治的詩篇，大抵是真誠情感的流露和結晶，而並非以預定的社會功利目的為首要的出發點。

比較而言，李白的詩天然湧發、飄逸而不可模仿；杜甫的詩則千錘百鍊、苦心經營，可以為人典則。就這一點來說，杜詩對後人的影響比李白更大。

杜甫的詩歌類型眾多，風格也富於變化。其原因主要有二：一是杜甫的詩歌應用範圍極廣。他不僅用詩歌來敘事抒情，還用來寫人物傳記和自傳、書信、遊記、政論、詩文評，幾乎無所不能。

二是杜甫對前代詩歌的態度比較寬容，主張「轉益多師」而不輕易否定。比如對南朝詩，杜甫雖亦有所批評，但卻不曾像李白那樣大言「自從建安來，綺麗不足珍」（〈古風〉之一）。他對庾信、何遜、陰鏗等眾多六朝作家，都能誠心地肯定和汲取其長處，從而豐富了自身的創作。這一點元稹在為杜甫寫的墓誌銘中曾強調地指出。

杜甫擅長運用各種詩歌體式。他的五、七言律詩和五、七言古體詩，在唐代都是第一流的。七言絕句雖不如李白、王昌齡那樣傑出，但也有自成一家的特色。只有五絕，數量較少，成就亦稍為遜色。在杜甫的詩歌中，有幾種類型特別具有獨創性，也最能夠代表他對中國詩史的貢獻。

　　一類是用五言古體形式寫成的自敘性的詩篇，〈自京赴奉先詠懷五百字〉、〈北征〉是其中最著名的代表作。這類詩大都篇幅較長，往往是融寫景、敘事、抒情、議論於一體，能夠表達相當複雜的內容。如〈北征〉詩長達七百字，敘述作者自鳳翔至鄜州探家的一路經歷和所見所思，沿途的景物、戰亂的滿目瘡痍、對國家命運的憂慮、對個人遭遇的感慨、與家人重聚的情形等多方面內容交織在一起，情緒起伏變化，充分表現了杜甫當時複雜的心境。這類詩是從辭賦體變化而來的，帶有明顯的散文成份。宋代詩歌有「以文為詩」的傾向，顯然受到杜甫這一類作品的影響。但在杜甫詩中由於感情濃郁厚重，仍有足夠的力量支撐如此長篇，而不致失去詩的特性。

　　一類是以〈兵車行〉、〈麗人行〉、「三吏」、「三別」為代表的既有七言古體、又有五言古體的敘事詩。這一類詩實際是古代樂府民歌的流變，但杜甫打破慣例，不用樂府古題而「即事名篇」（根據所敘事實命名），這樣就更能夠反映現實，更富於生活氣息。這一突破，直接導引了中唐以元稹、白居易為首的「新樂府」運動。從敘事藝術來看，這些詩擅長描繪人物形象，尤其是運用對話來表現人物個性，在中國古代敘事詩的發展過程中占有重要的地位。

　　再有一類是七律。杜甫在這方面的成就，對中國詩歌藝術做出了巨大貢獻。在杜甫以前，七律多用於宮廷應制唱和，這類詩內容貧乏，其語言亦平緩無力，而在這以外，佳作也為數不多。到了杜甫，不但在聲律上把七律推向成熟，更重要的是充分發展了這一詩歌形式所蘊涵的可能性。七律與五律一樣，是固定的詩型。但杜甫利用它比五律稍大的篇幅，使之能

包含相當大的容量；在語言節奏方面，雖然七律每句只比五律多二字，但經過杜甫的精心調節，卻可以產生多元的變化。於是，七律成為一種既工麗嚴整，又開合動盪，具有獨特藝術表現力的詩型。

杜甫對於詩歌的語言非常重視，他毫不隱諱地宣稱：「語不驚人死不休。」（〈江上值水如海勢聊短述〉）他的努力，也確實取得了驚人的成就。可以說，杜甫把中國古典詩歌語言的表現力，提升到新的階段。

中國畫壇第一人

吳道子（約西元 686 —約西元 760 年）

> 在中國藝術史上，有三位藝術家被戴上「聖」的桂冠：一位是晉代
> 王羲之，被譽為書聖；一位是唐代杜甫，被譽為詩聖；還有一位
> 被譽為畫聖，那就是唐代的吳道子。吳道子是古代畫家中最享盛
> 名的一個。「吳帶當風，曹衣出水」則是對其作品最好的評價。

　　約武則天垂拱二年（西元 686 年）吳道子出生在陽翟（今河南禹縣）。幼年失去雙親，生活貧困，為了生計，向民間畫工和雕匠學習。後來他曾去洛陽拜著名的書法家張旭、賀知章為師學習書法。吳道子學書法沒有顯著的成績，乃改為學畫，由於他刻苦好學，才華出眾，二十歲時，就已經很有名氣。

　　吳道子年輕時，曾在四川任小吏。不久後，他又出任兗州瑕丘（今山東滋陽縣）地方的縣尉，又曾經在逍遙公韋嗣立幕下任卑微官職。後辭職在東都洛陽居住，從事壁畫創作。

　　開元年間，他長於繪畫的名聲後來為唐玄宗李隆基所知，被召入宮廷中，授以「內教博士」的官職，並為之改名「道玄」，同時禁止他私自作畫。他後來任職為「寧王友」（寧王是李隆基的長兄，「友」的官職是陪伴他，是一種閒散而清高的職位，往往都是有才學的人擔任）。唐玄宗把他召入宮中擔任宮廷畫師，成了御用畫家，沒有皇帝的命令，不能擅自作畫。這樣，一方面對他這樣一個平民意識很強的藝術家是一種約束和限制；另一方面，他得到了最優厚的條件，不再浪跡江湖，利用條件，可以施展他的藝術才華。

　　吳道子性格豪爽，不拘小節，「每一揮毫，必須酣飲」，因此，經常是醉中作畫。傳說他描繪壁畫中佛頭頂上的圓光時，不用尺規，揮筆而成。在

龍興寺作畫的時候，觀者水洩不通。他畫畫時很快，像一陣旋風，一氣呵成。當時的都城長安（今西安）是全國文化中心，彙集了許多著名的文人和書畫家。吳道子經常和這些人在一起，使他的技藝不斷提高。

朱景玄《唐朝名畫錄》中記載，開元年中，吳道子隨唐玄宗去洛陽。在那裡他遇到了自己的書法老師張旭和舞劍名手裴旻將軍。裴旻的舞劍、李白的詩歌和張旭的草書「並稱三美」。相傳裴旻在戰場上，有一次被番軍所圍，他騎在馬上，舞動著大刀，儘管敵人的箭從四面八方射來，都被他的刀所斬斷。

當裴旻與吳道子相見，他久聞吳道子的大名，就想請吳道子在天宮寺為他的亡親作佑福的壁畫。吳道子不要他的任何金帛作為報酬，而是欣然說道：「早就聽說了將軍的大名，請為我舞劍一曲，足以為作畫之酬。我欣賞到你的壯懷之氣，就可以揮毫作畫。」於是裴旻立即持劍飛舞，左旋右轉，最後擲劍入雲，高達數十丈，寶劍落下來，有如電光下射，剛好落進裴旻手持的劍鞘之中。圍觀的人多達數千，無不驚悚。

吳道子看完他的精彩表演，激動無比，揮毫圖壁，颯然風起，有如神助，一氣呵成，這幅壁畫也成為吳道子一生中最得意的作品。

那天，張旭也乘興寫了一壁草書。洛陽人士看了他們的表演，紛紛說道：「一日之中，獲觀三絕。」這樁藝術盛事也成為美談。

天寶年間，唐玄宗因為四川的山水美麗，就特遣吳道子前去寫生。吳道子漫遊嘉陵江，心情暢快，時間從容，山水優美，風光無限，畫家游目騁懷，把一切體會和感受都深深銘刻在了心裡。

返回京城後，玄宗問他情況，他直截了當地回答說，自己沒有畫底本，只是把它們全部並記在了心裡。「並記在心」是畫家的一種默記，也是中國古代畫家進行寫生時的一種傳統方法。他所記的不是山川表面的一切，而是一山一水一丘一壑那引人入勝的境界。

這一天，玄宗令他在大同殿壁上描繪嘉陵山水。吳道子根據心中所記所感，極為迅速地畫出了「嘉陵江上三百餘里」的美麗風光，而在此之前，擅長畫山水的畫家李思訓，也曾在大同殿畫過山水，不過他是連畫了幾個月。所以，吳道子的畫畫好了之後，玄宗不禁稱讚道：「李思訓數月之功，吳道子一日之跡，皆極其妙。」這則故事也成為畫史上膾炙人口的美談。

安史之亂（西元 755 年）後，吳道子沒有隨玄宗入蜀。晚年事蹟無考，寂寞無聲。大約在西元 760 年去世。

吳道子是古代繪畫史上罕見的多才畫家，他的作品數量很大，據說一生曾畫製佛教及道教題材的壁畫三百多幅，他的作品在北宋初年已經比較罕見。北宋末年，《宣和畫譜》一書著錄皇家的收藏品中有他畫的佛、菩薩、天王像以及道教的神像九十二幅。但是現在可知他生前所作宗教繪畫不只是神佛像，而且有很多大幅構圖，其中有發揮了高度想像力的各種變相。他的筆下出現的各種仙佛形象，據說也是千變萬化，進行了多元的創造的。

目前流傳的被認為是吳道子作品的，例如：《送子天王圖卷》、曲陽北嶽廟的鬼伯、孔子像、觀音菩薩像等，都很值得研究。《送子天王圖卷》（宋代的臨本）是否傳自吳道子尚缺乏證明，然而是一幅優秀的古代作品。圖卷最後一段取材《瑞應本起經》中淨飯王抱了初生的釋迦牟尼到神廟中，諸神為之慌忙匍伏卜拜的故事。淨飯王捧著嬰兒，以一種小心翼翼的動作，充分透露出這一抱持者的崇敬心情；同時，那一跪拜在地的孔武有力的天神，更不是單純的跪拜，而是張惶失措、惶恐萬狀的神態，是精神上完全降服了的表情。淨飯王和天神的這兩個有充分心理根據的動作便烘托出還在繈褓中的、在畫面上看不出任何直接跡象的小小嬰兒的不平凡和無上威嚴。這樣的表現是透過人物的表情和內心的聯繫以闡明主題，所以在繪畫藝術技巧的發展上有創新的意義。

　　吳道子的變相圖畫中最有名的是地獄變相。地獄變相原為張孝師所創，吳道子用了同一題材進行了自己的創造。他的地獄變相「圖中一無所謂劍林、獄府、牛頭、馬面、青鬼、赤者，尚有一種陰氣襲人而來，觀者不寒而慄。」圖中並未描寫任何恐怖的事物，然而產生了強烈的感染力，使人在情緒上受到震動。據說他在長安景公寺畫的地獄變相「筆力勁怒，變狀陰怪」，因而屠夫和漁夫都為之改業，怕因為殺害了生命，將來會在地獄中受制裁。這一地獄變相的畫面我們知道得雖不具體，但是從這些描寫和記述中可以知道是有震撼人心的力量，發揮了巨大的想像能力的。

　　吳道子的地獄變相是宣傳佛教的，然而其中表現了「或以金冑雜於桎梏」的景象。這就是不承認現實生活中的高官顯貴有權利作壞事，而是認為他們作了壞事同樣也是有罪的，他們在最後的道德的審判之前應是和任何人一樣受到懲處的。

　　根據歷代文字記載可知吳道子藝術上有如下特點。

　　一、巨大的創作熱情 —— 吳道子一生曾作壁畫三百餘面，《宣和畫譜》猶著錄九十二幅卷軸畫，可見其創作熱情旺盛。

　　二、真實的描寫 —— 長安菩提寺佛殿內有吳道子畫維摩變，其中舍利佛描繪出轉目視人的效果。趙景公寺畫的執爐天女，竊眄欲語有動人的表情。可見吳道子的宗教畫很有生活的真實感。而且有記載，他在長安千福寺西塔院畫的菩薩就是畫了自己的形貌。由此可知他的藝術創造是有生活基礎的。

　　三、大膽的想像能力 —— 吳道子畫的變相數量既大，變化也多。如：淨土變、地獄變、降魔變、維摩變等，具有各種不同的情境和氣氛。變相中的人物，據說是「奇蹤異狀，無一同者」。吳道子不僅描繪出各種不同的情景，而且創造了豐富的充沛著力量的人物形象，被譽為「奇蹤異狀」，他畫的人物又被描寫為「虯須雲鬢，數尺飛動。毛根出肉，力健有餘」，「巨壯詭怪，膚脈連結」，可知是激動的，充滿了力量的形象。

四、默畫及解剖知識的諳熟 —— 吳道子大都是在興奮的時候對壁揮毫，技術熟練而造型生動。人們認為他一定有「口訣」，即有固定的方法，但是沒有人知道那口訣如何，也就是沒有人知道他為什麼能夠那樣自由地揮灑。例如他畫丈餘的大像，可以從手臂開始，也可以從足部開始，而都能創造出很有表現力的形象，可見他的默畫的高超能力和對於人體知識的諳熟。據說吳道子畫直線和曲線不利用工具，「彎弧挺刃，植柱構梁，不假界筆直尺」，完全是空手描出。又有記載說他作佛像，最後畫圓光的時候，「轉背渾墨，一筆而成」，「立筆揮掃，勢若風旋」，而引起觀眾的喧呼，甚至驚動了幾條街道。

五、技法特點 —— 吳道子在筆墨技法上的特點主要有三點。他描繪物象不是很工致的，所謂「眾皆密於盼際，我則離披其點畫。人皆謹於象似，我則脫落其凡俗。」他的作品的色彩不是很絢爛的，所謂「淺深暈成」，「敷粉簡淡」，而被稱為「吳裝」，甚至有不著色的「白畫」（景公寺的地獄變相）。他在早年作畫線紋較細，但後來所用的線條是「蓴菜條」，可以表現「高側深斜，卷褶飄帶之勢」，是以表現對象細微的透視變化高、側、深、斜為目的的、帶有立體感的線條。這種線條比鐵線描（顧愷之等人所擅長的）能更敏銳地表現出客觀事物的立體造型，和書法中的草書更接近。

六、線紋激壯律動的表現 —— 吳道子用以組成形象的線紋一向以富於運動感和富於強烈的節奏感而引起評論家的特別注意。他的線紋的表現或被描寫為「磊落逸勢」（唐·李嗣真），「筆跡遒勁」，「筆力勁怒」（唐·段成式）或被描寫為「落筆雄勁」（宋·郭若虛），「氣韻雄狀」，「筆跡磊落」（唐·張彥遠）。線紋是表現手段，而其本身所產生的效果也有助於形成吳道子作為一個偉大的畫家所特有的風格。這種線紋本身所產生效果，不應該強調成繪畫藝術的唯一的表現目的，然而予以適當的注意也會加強藝術的感染力量。吳道子就是結合內容的表現和形象的創造，在運用線紋上也透著強烈的情感，而大大提高了繪畫藝術中諸表現因素的統一性。

在唐代，吳道子獨創的佛教圖像的樣式，被稱為「吳家樣」，是張僧繇的「張家樣」以後的一種更成熟的中國佛教美術的樣式。「吳家樣」也突破了北齊曹仲達以來的「曹家樣」的影響支配，而成為與之對立的樣式。「吳家樣」與「曹家樣」的顯著區別，被宋代評論家用「吳帶當風，曹衣出水」一語所概括。這兩句話指出了兩者在服裝上的不同（西元前者是寬而鬆的衣服，後者緊緊貼在身上），也指出線紋表現的不同（西元前者是運動立體感較強的蓴菜條，後者是傳統的鐵線描）。曹家樣和吳家樣的分野也在雕塑藝術中存在。

吳道子的影響不限於唐代的繪畫和雕塑。他的畫風在宋代仍為很多畫家所追摹嚮往。北宋初年的宗教畫家如王瓘、孫夢卿、侯翼、高益、高文進、武宗元等人都沒有完全超出吳道子的範圍。而在繪畫史的發展上，宗教畫自宋代以來，就沒有出現重大的改變。可以說中國風格的佛教繪畫在吳道子的手中最後形成，直到近代民間畫工仍舊奉他為祖師，而且保存著繪塑不分的傳統，都不是偶然的。吳道子以他高超的藝術技巧和豐富多彩的藝術形式深為世人所喜愛，被譽為「百代畫聖」，歷代的民間畫工奉他為祖師。

中國最偉大的女詞人

李清照（西元 1084 —約西元 1151 年）

> 李清照，號易安居士，濟南章丘（今山東濟南）人，宋朝傑出的女詞人，其詞風格獨特，後人稱之為「易安體」，在中國文學史上占有相當重要的地位。

　　西元 1084 年，李清照出身於一個富有文化修養的仕宦家庭。父親李格非是著名的學者和散文作家，官至禮部員外郎，母親也知書能文。在家庭的薰陶下，李清照小小年紀便文采出眾，對詩、詞、散文、書法、繪畫、音樂，無不通曉。她曾作〈如夢令‧常記溪亭日暮〉，描述她少女時代在濟南的歡樂生活：「常記溪亭日暮，沉醉不知歸路。興盡晚回舟，誤入藕花深處。爭渡，爭渡，驚起一灘鷗鷺。」

　　元符二年（西元 1099 年），她十五歲時，和太學生趙明誠結婚。趙明誠，字德父，密州諸城人，這年是二十一歲。他父親乃當時有名的政治家趙挺之，官拜吏部侍郎。明誠博學多才，與李清照意趣相投，感情甚好。在此有一段故事：說趙明誠幼小時，夢見一本奇書，醒來時只記得三句──「言與司合，安上已脫，芝芙草拔」。明誠不解何意，以告父趙挺之。挺之是位解夢專家，笑著說：「孩子！『言與司合』是『詞』字，『安上已脫』是『女』字，『芝芙草拔』是『之夫』二字，你將來可能是『詞女之夫』啊！」後來格非以清照妻明誠，而清照正是一位俊秀的女詞家，這離奇的夢應驗了。後人樂鈞有《歷下雜詩》詠道：

奇紹芝芙夢裡情，先教夫婿認才名；
一溪柳絮門前水，猶作青閨漱玉聲。

　　新婚蜜月期間，小夫妻倆感情恩愛融洽。初為人婦的滋味竟是如此甘甜，清照整個身心都陶醉於初婚之歡愉中，其情致和意緒皆表現於詞中：

〈減字木蘭花 · 賣花擔上〉：
賣花擔上，買得一枝春欲放。淚染輕勻，猶帶彤霞曉露痕。
怕郎猜到：奴面不如花面好；雲鬢斜簪，徒要教郎比並看。

用花自比，活生生寫出一幅新婚少婦向丈夫撒嬌的柔媚形象。趙明誠在北宋末年曾做過萊州、淄州太守。他愛好研究金石書畫，是宋朝著名的考古學家，著有《金石錄》三十卷。他們婚後，共同收集和鑑賞金石書畫，校勘古書，唱和詩詞，生活美滿。

次年重陽，李清照作了那首著名的〈醉花陰 · 薄霧濃雲愁永晝〉，寄給在外作官的丈夫：

薄霧濃雲愁永晝，瑞腦銷金獸。佳節又重陽，玉枕紗櫥，半夜涼
初透。
東籬把酒黃昏後，有暗香盈袖。莫道不銷魂，簾捲西風，人比黃
花瘦。

秋閨的寂寞與閨人的惆悵躍然紙上。據《嫏嬛記》載，趙明誠接到後，嘆賞不已，又不甘下風，就閉門謝客，廢寢忘食三日三夜，寫出五十闋詞。他把李清照的這首詞也雜入其間，請友人陸德夫品評，陸德夫把玩再三，說：「只三句絕佳。」趙明誠問是哪三句，陸德夫答：「莫道不銷魂，簾捲西風，人比黃花瘦。」

因夫婦二人感情很好，愛好相同，是故有一半以上的時間都醉心於詩詞和金石書畫。當時明誠對於考古學極下工夫研究，在十多年的鄉居生活中，明誠在萊州、青州、淄州做官時，圖書曾搜集多達數萬冊，也羅致不少金石彝器，這些珍貴的資料，使他們研究考證的工作細密有條理，眼界更擴大，見解更趨於客觀。

他們倆合作著了《金石錄》，其書錄著三代及漢唐以來石刻凡二千種，共有三十卷，是歐陽修《集古錄》後一部最有系統的著作。

靖康二年（西元 1127 年），金兵攻破汴京，徽宗、欽宗父子被俘，高

宗倉皇南逃。金軍南侵，黃河南北相繼淪陷。趙明誠時在山東做官。第二年，金兵陷山東，他們不得不把歷代收集的金石書畫拋棄一大部分（明誠藏書甚多，書畫金石古器物亦不少，此次流亡，自不方便捎帶，但隨行帶出來的古物書籍，計有十五車之多，其數可觀），他們夫婦兩人先後渡江南奔。在混亂的局勢中，趙明誠又被任命為湖州太守。

建炎三年（1129 年），趙明誠在赴任途中，突然病死於建康（今南京市）。這時，李清照四十六歲。明誠的病故，清照精神上受到殘酷無比地打擊；何況在傳統的社會中，丈夫幾乎是女子一生的全部，一旦失去了丈夫，便可說是孤弱無依了。從此，清照隻身飄泊於江浙間，抱著一顆支離破碎的心，過著顛沛流離的生活。

就在這一年，江南局面亦產生大變化，金兀術引兵南下侵宋，於九月攻打南京，是故清照又倉皇走上流離之途。她由南京至杭州，年底杭州又陷，清照只好渡錢塘江入浙東避難。

在兵荒馬亂中的清照逃難到臺州（今浙江臨海），找到弟弟李遠，從此姊弟二人相依為命地生活在一起。

當時的南宋，已有土崩瓦解之局，金兵勢如破竹，金兀尤徙海路追宋帝，直闖浙東，高宗匆促逃至溫州，兀術之大兵海上遇難，損失慘重，且岳飛等在湖北帶兵勤王，襲金兵之後路，於是，金兵退兵，始成南宋偏安之局。

清照在浙東走過不少地方，紹興、今華、寧波和溫州等，最後她才回至臨安（杭州）居住。

李清照獨身漂泊江南，在孤苦淒涼中度過了晚年。詞人連遭國破、家亡、夫死之痛，所作詞章更為深沉感人。比如著名的〈聲聲慢〉：

尋尋覓覓，冷冷清清，淒淒慘慘戚戚。乍暖還寒時候，最難將息，三杯兩盞淡酒，怎敵他、晚來風急？雁過也，正傷心，卻是舊時相識。滿地黃花堆積，憔悴損，如今有誰堪摘？守著窗兒，獨自怎生得黑？梧桐更兼細雨，到黃昏、點點滴滴。這次第，怎一個愁字了得？

親人的死別、收集的金石古器書物丟失，加上山河色變，她有著滿腔悲憤的心情。對於南朝的政治，她亦是憤怒不平的，南渡的君臣，昏庸而少進取心，和汴京時並無本質之差異。

李清照在南渡之初，還寫過一首雄渾奔放的〈夏日絕句〉：「生當作人傑，死亦為鬼雄。至今思項羽，不肯過江東。」以項羽的寧死不屈反諷徽宗、高宗父子的喪權辱國，意思表達得淋漓盡致。

清照曾為「玉壺事件」，幾乎將下獄；又因對時政的不平，才鋒過露，以及批評文學作品之水準太高，得罪不少人，因此有人捏造一些謠言來毀謗她，說她在投老之年，改嫁一位品德不好的人——張汝舟，辱罵她失節。寡婦再嫁，對於道德並無損：如范文正公（仲淹）小時，曾隨她母親到朱家去（意謂母親改嫁）；王安石在王雱（王安石之子）死後，硬把守寡的兒媳婦改嫁他人。

是以，若清照改嫁，並無過錯，何況她實際並未改嫁；其造謠者之目的是要損害已病逝的趙明誠和活著的才女李清照，並要給予世人以為清照淫蕩之印象，這些造謠者還假託清照之口吻說這次再嫁曰：「猥以桑榆之暮景，偶茲佃僧之下材。」這謠言雖在歷史上曾產生小小的作用，但吳衡照的《蓮子居詞話》，俞正燮的《易安居士事輯》以及李慈銘的《越縵堂日記》，皆證實她再嫁一事全為小人捏造的，而胡適也說：「改嫁並非不道德之事，但她根本不曾改嫁，那是小人行為。」

清照晚年之生活孤苦伶仃，居無定所，大致在金華的時間為多。她的祖父、丈夫、家翁皆是名人，而她自己也負一時重響。但她的暮年是孤獨的，南渡之君臣，在紹興已逐漸安定下來後，大家在山明水秀的臨安享樂，清照行吟雙溪，不與當時權貴同調，且還受這批人的排擠。在這樣的環境中，她時有悲吟，如：「南來尚怯吳江冷，北狩應悲易水寒。」等句，皆感慨深沉。

就這樣，她悄然自人群中退隱，晚年流落江湖，茫茫人海中她孤弱的身影消失了，連卒年都不可考，據一般推斷約在西元 1151 年去世，活了六十七歲。

李清照的文學創作是非常豐富的。據《宋史藝文志》記載，她著有《易安居士文集》七卷、《易安詞》六卷，但這些著作都已失傳了。現在我們看到的李清照著作，都是後人輯錄重編的。

在封建社會中，李清照敢大膽描寫婦女的愛情，因此遭到有些人的責難。可是，這正說明了她的詞在客觀上具有反對封建禮教束縛的意義。南渡以後，民族的災難和個人的不幸遭遇，給她的詞作蒙上了濃重的感傷氣氛；她後期的詞，多悲嘆身世，有時也流露出對中原的懷念，以表達她的愛國思想。她的〈聲聲慢〉一詞，開頭連用十四個疊字：「尋尋覓覓，冷冷清清，淒淒慘慘戚戚，」充分地反映了她憂鬱寡歡、孤寂無依的愁苦心緒，感情極為沉痛。

李清照的詩文也很有特色。她的〈金石錄後序〉是一篇敘事和抒情相結合的自傳體散文，寫得非常動人。她的詩歌洋溢著慷慨激昂的愛國熱情。例如〈夏日絕句〉諷刺南宋統治集團的偏安政策，寫得非常雄勁有力。

李清照的詞的主要特點有：一是以其女性身分和特殊經歷寫詞，塑造了前所未有的個性鮮明的女性形象，從而擴大了傳統婉約詞的情感深度和思想內涵；二是擅長從書面語言和日常口語裡提煉出生動曉暢的語言；擅長運用白描和鋪敘手法，構成渾然一體的境界。

李清照對詩、詞、散文、書法、繪畫、音樂，無不通曉，而以詞的成就為最高。她的詞委婉、清新、感情真摯。前期的詞，主要描寫少女、少婦的生活，多寫閨情，流露了她對愛情生活的嚮往和別離相思的痛苦。她後期的詞，多悲嘆身世，有時也流露出對中原的懷念，以表達她的愛國思想。李清照的文學創作具有鮮明獨特的藝術風格，居婉約派之首，對後世影響巨大，在詞壇中獨樹一幟，稱為「易安體」。

威震歐亞的一代天驕

成吉思汗（西元 1162 — 1227 年）

成吉思汗，姓奇渥溫，名鐵木真，生於蒙古高原的鄂嫩河畔。1206年統一蒙古各部，建大蒙古汗國，被貴族們推為大汗（汗，即可汗，意若皇帝、國王），成吉思（意為海洋、天，或堅強）汗是他的尊稱，他是歷史上卓越的政治家和軍事家，西元 1206 — 1227年在位。成吉思汗將草原上原始、分裂的蒙古族融為一體，並成功地建立了地跨歐亞兩大洲的大帝國，重開了「絲綢之路」，推進了東西方以及阿拉伯各國之間的的經濟文化文流，他的巨大貢獻令世人矚目，被譽為「一代天驕」。成吉思汗，不僅是蒙古民族的英雄，也是整個中華民族的英雄。

　　西元 1162 年，在蒙古鄂嫩河畔的帖里溫孛勒塔黑，在一頂被風雪吹拂著的蒙古包裡，有個嬰兒呱呱落地。這個男嬰兒右手握著血塊，「眼神如火，容顏生光」。按當時的蒙古諺語，這是吉祥的象徵。

　　鐵木真出生於蒙古乞顏部貴族世家。六世祖海都、高祖敦必乃、曾祖葛不律寒及族曾祖俺巴孩等都曾是蒙古部的顯赫人物或首領，父也速該有拔都（勇士）稱號。時漠北高原有百餘部落，互相攻戰。鐵木真降生時，適逢其父在作戰中俘獲塔塔兒部首領鐵木真，為紀念是役武功，故取此名。

　　鐵木真 9 歲時，其父也速該被塔塔兒人毒死。母親訶額侖氏由於本氏族連牲畜也被眾叛離者帶走，不得不放棄游牧生活，帶著鐵木真等四個兒子靠漁獵和挖野菜草根艱難度日。

　　鐵水真 13 歲時，被叛部泰赤烏的奴隸主捕獲負枷示眾，後趁夜機智地潛逃回家，全家即遠遷不兒罕山（今肯特山）。

　　此後，成吉思汗和母親以及兄弟、妹妹過著一貧如洗的艱難生活，在他的母親訶額侖氏的教養下成長。殘酷的現實使鐵木真認識到：要保存自

己，恢復祖業，就要依靠和聯合一個強大的部落。於是在其父的安答（朋友）克烈部首領脫里罕的庇護下，收集離散部眾，力量逐漸強大。

當時，蒙古各部族之間經過長期的戰爭兼併，至十二世紀末葉，形成了塔塔兒、克烈、蒙古、蔑兒乞、乃蠻等相互結仇很深的五大部落。雄據南方的金朝也已衰弱，為蒙古統一提出了有利條件。而人民備受戰爭的苦楚，渴望和平統一。時勢造英雄，鐵木真就是在這樣的社會和家庭環境中生活成長的，他立志要改變這種局面。

鐵木真 8 歲時與另一部落的美麗姑娘孛兒帖訂婚，父親死後，生活艱辛，直到 18 歲才把孛兒帖接回家中成親。兩人相親相愛，共度患難，感情很深。

但不久，蔑兒乞人搶走了孛兒帖，鐵木真發誓要奪回愛妻，便聯合了王汗和札木合在西元 1180 年的一個夜裡，殺向了蔑兒乞人的營落。蔑兒乞人哪是對手，四散奔逃。鐵木真渾身是汗，縱馬跑在人群中，高呼：「孛兒帖！孛兒帖！」孛兒帖正好在一群奔逃的人中，她聽見了喊聲，滾下車，朝著喊聲的方向狂奔過去。在月色中，她看見了鐵木真騎在馬上的英武的身影，於是哭喊著衝了過去。鐵木真將她抱上馬，緊緊摟在了懷裡。

經過這次劫難，這對患難夫妻更加恩愛了。可以說正是孛兒帖的被劫，才使鐵木真開始了統一蒙古的偉大事業。

艱難困苦的生活沒有難倒鐵木真，反倒使他更堅強、更成熟，他長大成人，有智有勇，名孚眾望，他父親也速該的舊部也逐漸回歸他的周圍。1186 年，24 歲的鐵木真被眾人推舉為「合罕」，成為小部落的首領。3 年後，他又被尼倫部落擁戴為「汗」，重又成為尼倫部落的首領，從此，鐵木真大展宏圖的時代開始了。

鐵木真為「汗」後，對部落的組織形式進行了大力改造，組建了衛隊、聯絡機構和訓練機構，鞏固了自己的權力和地位，然後逐步展開統一蒙古各部的戰爭。

鐵木真的實力迅速增強，引起貴族們的敵視，不得不開始了與貴族聯盟的一系列戰役。最初由札只剌部札木合糾集泰赤烏等十三部 3 萬大軍進攻鐵木真。鐵木真汗組成十三翼（古列延）迎戰於鄂嫩河附近的答蘭版朱思，鐵木真失利。

鐵木真吸取失敗的教訓，在戰爭中提升了自己的才能，學會了捕捉戰機的本領。西元 1201 年，鐵木真與脫里王汗再次聯合在海拉爾河一帶打敗以札木合為首的 11 個部落的聯合進攻，並乘勝打敗泰赤烏部。

1202 年秋，闊亦田（約在哈拉哈河上游）之戰，又大敗由乃蠻杯祿汗拼湊起來的斡亦剌、泰赤烏、塔塔兒等部殘餘勢力的聯軍，札木合率部投王汗。至此，結束了與貴族聯盟之戰。鐵木真與克烈部王汗長期結盟。不久王汗背盟，加上札木合等的離間，鐵木真與王汗關係惡化。鐵木真曾欲以聯姻修補裂痕，遭到拒絕。王汗、札木合等設計謀殺鐵木真未成，又突襲之。鐵木真倉促應戰於合蘭真沙陀（今內蒙古東烏珠穆沁旗北境），因眾寡不敵，退至合泐合河（今哈拉哈河）上游整軍。此時，札木合與王汗分裂，鐵木真偵知王汗無備，祕密包圍，激戰三晝夜，王汗父子敗逃，先後被殺。

鐵木真獲得從未有過的勝利。最後一個對手是乃蠻。為準備與乃蠻的決戰，鐵木真按千戶制組編軍隊，設扯兒必那顏（統領）統率；又設立護衛軍，設 80 宿衛，70 散班（禿魯華），軍隊更加強大。

1204 年，納忽山之戰中乃蠻軍一觸即潰，其太陽汗負傷而死，鐵木真抵阿爾泰山前，盡降其餘部，完成了統一漠北諸部的大業，為大蒙古國和以後元朝的大發展奠定了基礎。

1206 年，蒙古各部落首領在鄂嫩河邊，舉行了一次盛大的集會，公推鐵木真做全蒙古的大汗，並且給他一個稱號，叫成吉思汗。

成吉思汗即位以後，建立了軍事和政治制度，使用蒙古文字，使蒙古成了一個強大的汗國。但是金朝還把蒙古當作它的附屬國，要成吉思汗向他們進貢，成吉思汗立志要改變這種屈辱的地位。金章宗死後，太子完顏

永濟即位，派使者到蒙古下詔書，要成吉思汗下拜接受。成吉思汗問使者新皇帝是誰，使者告訴他是永濟。成吉思汗輕蔑地吐了一口唾沫，說：「我原來以為中原主人是天上人做的，像這種庸碌無能的人也配做皇帝？」說罷，就把金朝的使者丟在一邊，自己上馬走了。從此以後，成吉思汗就跟金朝決裂。

1211 年，成吉思汗決心大舉進攻金朝。他登上高山對天祈禱說：「金朝皇帝殺害我的祖先俺巴孩，請允許我報這個仇吧！」接著，他就選了三千名精銳騎兵南下。金將胡少虎帶了三十萬金兵抵抗，被蒙古軍打得一敗塗地。過了兩年，蒙古兵又打進居庸關，圍攻金朝的中京（今北京市）。成吉思汗跟他四個兒子分兵幾路，在河北廣大平原上橫衝直撞，所向無敵。這時候，金朝內部十分混亂，金主完顏永濟被殺，新即位的金宣宗不得不向成吉思汗求和，獻出大批金帛，把公主嫁給成吉思汗，成吉思汗才撤兵回去。成吉思汗打敗了金朝，兵力更強大了。

1218 年成吉思汗滅西遼，1219 年成吉思汗率 20 萬大軍西征，向花剌子模發動了侵略戰爭。他幾路進兵，分割包圍了各戰略重鎮，各個擊破，採用大規模屠殺、夷平城市、遣發被俘人眾打頭陣等殘酷手段震懾敵人，解除自己後顧之憂，戰場上的主動權全在蒙古一方。

1219 年蒙古軍圍攻訛答剌城，次年攻克。

1220 年成吉思汗攻下不花剌、花剌子模新都城撒麻耳幹（今烏茲別克撒馬爾罕）等城，術赤、窩闊臺、察合臺率兵攻克花剌子模都城玉龍傑（赤今土庫曼斯坦烏爾根奇），拖雷一軍進入呼羅珊地區，哲別速不臺奉成吉思汗之命窮追花剌子模統治者摩訶末算端，後者逃至裏海孤島病死。哲別、速不臺率軍繼續西侵遠抵克里米亞半島，接著，又向西攻打，占領了現在中亞細亞各國，前鋒一直打到現在的歐洲東部和伊朗北部，才帶兵回國。1221 年至 1222 年，打過阿姆河，血洗花剌子模中心城市玉龍傑赤，本著「敵種之後不可留」的原則，派軍深入巴基斯坦、印度追擊逃敵。而追擊花

剌子模國王的者別和速不臺，在花剌子模國王死後，並沒有止步，繼續西進，征服了亞塞拜然，掃蕩了伊拉克，並於 1223 年跨過高加索山，在阿裡吉河打敗俄羅斯與欽察聯軍。隨後蒙古軍長驅直入俄羅斯境內，一直打到克里米亞半島、伏爾加河流域、多瑙河流域，威震世界。次年起程還國。成吉思汗西征，進行歷史上罕見的大屠殺、大破壞，給中亞各族帶來極大災難。

成吉思汗帶兵西征的時候，曾經要西夏發兵幫助。西夏不但拒絕出兵，而且和金朝結了同盟。成吉思汗回來以後，就決心滅掉西夏。在圍攻西夏京城的最後時刻，他自己卻得了重病。他知道好不起來，就在病床上對部下將領說：「我們攻打金朝，要向宋朝借路。宋朝和金朝冤仇很深，一定會答應我們。」

1227 年夏曆七月十二日，成吉思汗病逝。成吉思汗死後，他的兒子窩闊臺接替他做大汗。窩闊臺按照成吉思汗的遺囑，向南宋借路，包圍金朝京城開封。

成吉思汗戎馬生涯近 50 年，施展雄才大略，依靠一批能征善戰的將領和謀士，利用騎兵優勢，創造了震撼世界的功績。他擅長治軍，建立和統帥的蒙古軍，訓練有素，紀律嚴明，既善野戰，又能攻堅。在眾敵面前，擅長利用矛盾，聯此擊彼，各個擊破；在戰法上，擅長揚長避短，巧施詐術，避實擊虛，多路出擊，迂迴突襲，速戰速決。重視以戰養戰，其軍事思想和指揮藝術，在世界軍事史上都有重要地位，對後世有很大影響。

成吉思汗稱雄世界的雄心，也影響了他的繼承人。西元 1235 年至 1241年間，他的孫子拔都西征，征服俄羅斯，前鋒北路攻破波蘭，進至柏林附近；前鋒南路由波蘭進入奧地利、匈牙利、威尼斯直達地中海。後來又有蒙軍的多次出征，最終建立起世界歷史上橫跨歐亞兩大洲，空前的蒙古大帝國。

中國古典文學史上最傑出的小說家

羅貫中（約西元 1330 — 1400 年）

羅貫中，名本，號湖海散人，生於元代中後期，死於明初。羅貫中根據《三國志》、《三國志平話》和流傳在民間的三國故事加工整理創作了《三國演義》，開創了長篇章回歷史演義小說與白話小說的先河，受到歷代人的喜愛，《三國演義》也成為世界著名古典文學名著。

羅貫中，太原清源人（今山西太原市清徐縣），從現存《羅氏家譜》及羅氏祖墓碑之記載看，其祖籍為四川成都府人，先祖羅仲祥後唐時仕青州（今山西太原市清徐縣），後因原籍水災且路途遙遠，落籍太原清源，遷居城西白馬山（今清徐縣白石溝）寺溝村。其父羅錦生有六子，貫中排行二。

大約是羅氏先祖為仕宦出身的緣故，後世羅氏家族很重視對後代進行家族歷史教育，一直保持了「耕讀傳家，詩禮教子」的家風。在這種家傳的影響之下，貫中從小喜愛讀書，博覽經史，為後來的創作奠定了良好的基礎。

然而，貫中所處的時代是一個民族矛盾和階級矛盾異常尖銳複雜的時代。元朝蒙古貴族的殘酷統治和壓榨，激起了全國的反抗，推翻元朝統治的抗爭如火如荼。各方義軍，諸如朱元璋、陳友諒、張士誠，不僅與元軍奮戰，還相互兼併。

當時的杭州不僅是人口雲集、商業發達的繁華城市，也是戲劇演出和「說話」藝術發展的重要中心。因此，不少北方的知識分子、「書會才人」，如關漢卿、鄭光祖等等，都先後遷徙到了杭州一帶。

大約在西元 1355 年，羅貫中來到了杭州。許多說話藝人在這裡說書，一些戲劇作家，也在這裡活動。羅貫中與志同道合者為友，加上他對民間

文學又極其喜愛，到了這裡，自然不顧離開遠去。也就在這時，羅貫中結識了當時在杭州居住的施耐庵，並拜其為師。

約在西元 1360 至 1363 年間，「有志圖王」的羅貫中來到了起事稱霸的張士誠那裡做幕客。但是，張士誠並不重視知識分子，也不聽取他們的意見。

至正二十三年（1363 年）九月，羅貫中離開了張士誠，再次北上。至正二十六年（1366 年），羅貫中又回到了杭州。《三國志通俗演義》的寫作，當在該年以後。

到明太祖洪武三年（1370 年），羅貫中已寫了十二卷，之後卷數的寫作，是洪武四年（1371 年）以後的事了。

在羅貫中寫作《三國志通俗演義》期間，施耐庵從蘇州遷移到興化，並在洪武三年逝世。為了紀念他的師友施耐庵，羅貫中在完成《三國志通俗演義》之後，決定加工、增補施氏的《水滸傳》。成書於洪武四年至十年之間。

在加工、增補《水滸傳》的同時，羅貫中繼續創作歷史演義系列作品。

羅貫中在創作完了這些作品以後，他為了出版這些作品，於洪武十三年（1380 年）左右從杭州來到了福建，因為當時福建的建陽是出版業的中心之一。但是，羅貫中的計畫未能實現。

大約在 1400 年左右，羅貫中在宋代民族英雄文天祥的故里廬陵逝世。

羅貫中從事小說的創作，似乎應得益於他政治上的失意。正是由於此，他才有時間和有可能致力於文學創作，成為文學史上首先用全力從事小說創作的作家。他有許多的著作傳世，諸如《隋唐志傳》、《殘唐五代史演義》、《三遂平妖傳》、《粉妝樓》和雜劇《宋太祖龍虎風雲會》等。他還寫過十七史通俗演義，並曾參與了《水滸傳》的撰寫。但很多作品已遺失。

明朝是中國小說最興盛的時代，其中代表作品有所謂的四大奇書，這四大奇書分別是《三國演義》、《水滸傳》、《西遊記》、以及《金瓶梅》。這些小說都是由說話人的底本演化而來，再經由一些文人加以潤飾、考證、整

理而成的。《三國演義》描寫三國時代戰爭英雄的風雲際會與抗爭；《水滸傳》描寫北宋末年一百零八條好漢聚義梁山泊的故事；《西遊記》描寫孫行者師兄弟護送唐三藏到西天取經的過程；《金瓶梅》則取《水滸傳》中武氏兄弟與潘金蓮的故事加以敷衍而成。

在這四大奇書之中，以《三國演義》最能深入民心，不論是書中人物或者故事情節，大家幾乎都能說上幾段。情節方面，例如「火燒赤壁」、「關公過五關斬六將」、以及「空城記」等等，都是大家耳熟能詳的故事。至於三國人物方面，忠勇雙全的關公、神機妙算的孔明、以及亂世奸雄曹操，更是《三國演義》之中描寫得最成功的人物。

現今通行的三國演義，大部分是依據毛宗崗本為底本，毛宗崗依據明代版本加以修訂成通行本，現在流行的一百二十回本《三國演義》，就是毛宗崗修訂的版本。《三國演義》原名《三國志通俗演義》，也稱《三國志演義》，是第一部章回小說，也是最有代表性的長篇歷史演義小說。

《三國演義》，描述了從東漢靈帝中平元年（西元 184 年）黃巾起義寫起，到西晉武帝太康元年（西元 280 年）中原統一為止，前後共 97 年。它描述了三國時期紛繁的事件和眾多的人物，廣泛地反映了當時的社會生活。

作者對堅持分裂割據的軍閥進行鞭撻和嘲諷；對於曹操，雖不贊成由他來統一天下，但在寫他同北方軍閥進行抗爭時，卻如實地描述了他的雄才大略；作者本來寄希望於蜀漢，把劉備、孔明作為仁君、賢相的典型來塑造，希望他們君臣際會，做出一番功業，使百姓安居樂業。

書中「尊劉貶曹」的思想傾向十分鮮明。尊曹或尊劉，是歷史家長期的爭論，這不過是封建正統觀念在不同歷史條件下的不同表現。《三國演義》「尊劉貶曹」的傾向，既繼承了晚唐以來三國故事，直到《平話》一貫「尊劉」的文學傳統，又繼承了東晉習鑿齒和南宋朱熹「尊劉」的史學傳統，表現了為東晉、南宋偏安的漢族王朝爭正統，反對入侵的外族統治的思想傾向，反映了元明之際漢族人民的民族意識。此外，《三國演義》還大力宣揚

了劉、關、張的「義氣」。所謂義氣，內涵十分複雜，既滲透了封建統治階級的道德觀念，也包含著當時人民的道德理想。有的在當時具有積極意義和鼓舞人的力量，如大家用義氣互相團結，互相救援。但是由於義氣不是從階級觀點出發，而往往是從個人恩怨出發的，所以常常被封建統治階級所利用。

《三國演義》雖以歷史為題材，但它畢竟不是史書而是文學作品。因為它經過了藝術加工，有不少虛構。

《三國演義》的藝術成就是多方面的。

1. 它成功地塑造了眾多的人物形象。全書寫了四百多人，其中主要人物都是性格鮮明、形象生動的藝術典型。各類人物各有共性，同類人物各有個性。作者描寫人物，擅長抓住基本特徵，突出並誇大某個方面，用對比、襯托的方法，使人物個性鮮明生動。這是作者塑造人物的一條基本原則。小說中運用這一原則的最好例子，就是人們所謂的「三絕」，即曹操的「奸絕」；關羽的「義絕」；孔明的「智絕」。小說刻劃人物的主要方法是：把人物放在驚心動魄的軍事、政治抗爭中，放在尖銳複雜的矛盾衝突中來塑造。對於主要人物，往往透過一系列的故事情節和人物語言表現其複雜的性格。

2. 描述戰爭。全書共寫大小戰爭四十多次，展現了一幕幕驚心動魄的戰爭場面。其中尤以官渡之戰、赤壁之戰、彝陵之戰最為出色。對於決定三國興亡的幾次關鍵性的大戰役，作者著力描寫，並以人物為中心，寫出戰爭的各個方面，如雙方的戰略戰術、力量對比、地位轉化等等，寫得豐富多彩，千變萬化，各具特色，充分表現了戰爭的複雜性和多樣性；既寫出了戰爭的激烈、緊張、驚險，而又不顯得淒慘。

3. 結構既宏偉壯闊又嚴密精巧。時間長達百年，人物多至數百，事件錯綜，頭緒紛繁。而描述既要符合基本事實，又要注意藝術情節的連貫。

因此，在結構的安排上是有很大困難的。可是作者卻能寫得井井有條，脈絡分明，各回能獨立成篇，全書又是一個完整的藝術整體。這主要得力於作者構思的嚴密。他以蜀漢為中心，以三國的矛盾抗爭為主線，來組織全書的故事情節，既寫得曲折多變，而又前後連貫；有主有從，主從又密切配合。

4. 語言精練暢達，明白如話。今天看來，這種語言似乎半文不白，但在當時它卻近於白話；用這種語言來寫長篇小說，是一種創舉，和過去某些小說粗糙蕪雜的語言相比，是明顯的進步。《三國演義》在藝術上的最大缺點，一是人物性格固定化，缺少發展變化。這可能是受了民間傳說人物定型化的影響和歷史材料的局限。二是想像、誇張有時不合情理。魯迅先生說：「欲顯劉備之長厚而似偽，狀諸葛之多智而近妖。」這批評是很中肯的。

《三國演義》問世以來，影響深遠。它是廣大人民認識三國時代乃至整個封建社會的軍事、政治抗爭和整個社會面貌的教科書；它為民族戲曲提供了大量題材；為後世文學提供了反映複雜歷史生活的體裁。

羅貫中是元末明初的一位傑出的古典小說家，是他把章回體小說這一文學式樣推向成熟的階段。後來的很多學者和作家曾給予他極高的評價，把他與馬司遷、關漢卿相提並論。他的偉大的文學創作成就，成為中國文學、世界文學寶庫中的珍貴財富。他所創作的《三國志通俗演義》，不僅在國內家喻戶曉，婦孺皆知，而且被翻譯成十多個國家的文字，風行全世界，受到世界各國人民的喜愛。

中國元曲第一人

關漢卿（西元 1225 — 1302 年）

> 關漢卿，號己齋叟，安國（今河北安國縣）人，一說大都人。元代
> 戲曲奠基人，中國傑出的現實主義作家。

關漢卿，生平事蹟亦不可確考，大約生於西元 1225 年前後的金末，其祖上世代為官。漢卿幼年勤奮好學，過目成誦，善詩賦。縣試名列榜首，後赴中都應試，因考官作梗不第。從此認清官場腐敗，不屑仕途，長期「混跡」在勾欄妓院。在戲劇天地縱橫馳騁，發揮著自己的心智和才能。他自稱是「普天下郎君領袖，蓋世界浪子班頭」，並形容自己是有如「蒸不爛、煮不熟、捶不扁、炒不爆、響噹噹一粒銅豌豆」。在玩世不恭的背面，隱藏著冷峻悲涼的內心世界和熱烈的戰鬥精神。

大約在元成宗元貞（西元 1295 — 1298 年）年間，關漢卿隻身移居大都（今北京），與雜劇作家白樸、趙子祥等組織領導了雜劇作家團體 —— 玉京書會，結交了雜劇作家楊顯之、費君祥、梁退之、散曲作家王和卿、著名雜劇女藝人朱簾秀等。元鐘嗣成《錄鬼簿》說他曾任太醫院尹。元熊自得《析律志·名宦傳》說：「關一齋，字漢卿，燕人。生而倜儻，博學能文，滑稽多智，蘊藉風流，為一時之冠。」在元代雜劇作家中，關漢卿是年輩較早的一個，故《錄鬼簿》把他列在「前輩才人」之首。關漢卿性格灑脫、多才多藝，甚至有粉墨登場的經驗，所做雜劇適合舞臺演出。明初賈仲明說關漢卿「驅梨園領袖，總編修師首，撚雜劇班頭」，可知他在當時雜劇界曾有過很高的地位和威望。元人周德清把他與馬致遠、白樸、鄭光祖並稱為「元曲四大家」。

大約在元大德五年（西元 1302 年），關漢卿去世。

關漢卿一生創作極為豐富，已知他所做雜劇達 66 種，今存約 18 種，有《竇娥冤》、《單刀會》、《蝴蝶夢》、《救風塵》、《拜月亭》、《西蜀夢》等等。

關漢卿劇作可分為社會劇、愛情婚姻劇和歷史劇三類，社會劇以《竇娥冤》、《魯齋郎》和《蝴蝶夢》成就較高，劇本以它們對社會的深刻批判、對人物的精湛刻劃、強烈的反抗精神和動人的戲劇衝突構成共同的特點。愛情劇《救風塵》、《切鱠旦》、《拜月亭》等各有特色，從不同側面表現了市井女子對婚姻愛情熱烈、大膽地追求，塑造了性格各異、遭遇不同的生動人物形象。歷史劇如《單刀會》，透過對歷史人物的歌頌，表現出一種悲涼的情緒，透露出作者對成功的和失敗的英雄的崇敬和同情。

關漢卿的雜劇有結構簡潔完整的特點，在短短的四折中，結構出情節曲折、波瀾迭起的故事。關漢卿透過心理描寫、行動描寫來刻劃人物，取得極突出的效果，語言也融口語方言和詩詞於一體，被譽為元曲本色派之祖。

在關漢卿筆下，《竇娥冤》中女主人公的悲劇命運，是最具有震撼力和典型意義的。

竇娥是一位善良而多難的女性。她出生在書香之家，父親是「幼習儒業，飽有文章」的書生。竇娥家境貧寒，三歲喪母，幼小的年紀過早地遭受失母之痛和窮困之苦，從小養成了孝順的品格。父親為了抵債，忍心將她出賣，讓她成了債主蔡婆婆的童養媳，這加重了她幼小心靈的創傷。她在蔡家平淡地度過了一段相當長的時期。豈料至 17 歲，即婚後不久，丈夫因病去世，竇娥隨即變為寡婦。世事的多變、接踵而來的苦難，不僅使竇娥磨練出應付災變的心理承受能力，同時，也使她對「恆定不變」的天理產生懷疑。她出場時，便滿懷憂怨地唱道：「滿腹閒愁，數年禁受，天知否？天若是知我情由，怕不待和天瘦。」然而，飽受折磨的竇娥萬萬沒有想到，她一生中最大的苦難還在後頭。

在劇中，竇娥的婆婆蔡氏以放債來收取「羊羔兒利」，無力償還其債務的賽盧醫起了殺蔡婆婆之心，蔡氏在危難之際意外地被張驢兒父子救出。可是，張氏父子不懷好意，乘機要將蔡氏婆媳占為己有。竇娥堅意不從，張驢兒懷恨在心，趁蔡氏生病，暗中備下毒藥，伺機害死蔡氏，逼竇娥改嫁；可是，陰差陽錯，張的父親誤喝有毒的湯水，倒地身亡，張驢兒見狀，當即心生歹念，嫁禍於竇娥，以「官休」相威脅，實則強行逼竇娥「私休」。竇娥一身清白，不怕與張驢兒對簿公堂，本以為官府能判個一清二楚：豈料貪官桃杌是非不分，偏聽偏信，胡亂判案，屈斬竇娥，造成千古奇冤。

在元代，社會秩序失範，官吏貪墨，階級衝突和民族矛盾激化，導致冤獄重重，悲憤屢屢發生。《竇娥冤》戲劇情境的形成，與此有著密切關係。像張驢兒這類無惡不作、橫行鄉里的社會渣滓，其無法無天的罪惡圖謀，竟然有官吏為之撐腰，衙門成了罪犯逍遙法外的場所。世事的荒謬乖錯，可見一斑。在這裡，《竇娥冤》情節發展的偶然性，反映出社會生活的必然性，具有深刻的典型意義。

竇娥是一位具有悲劇性格的人物。她的性格是孝順與抗爭的對立統一。她的悲劇，是張驢兒的橫蠻行徑與官府的顛倒黑白所造成的；她的悲劇性格，則是在與張驢兒等惡勢力的抗爭中呈現出來的。竇娥的悲劇性格。她的遭遇，典型地顯示出善良的百姓被推向深淵的過程。

竇娥本來不想和現實生活作對，可是黑暗的現實卻逼得她爆發出反抗的火花。人間的不公，更使她懷疑天理的存在。她被劊子手捆綁得不能動彈，滿腔的怒火和怨氣，噴薄而出，她罵天罵地：「地也，你不分好歹何為地？天也，你錯勘賢愚枉做天！」並且發出三樁奇異的誓願：血飛白練、六月降雪、亢旱三年；她聲明：「不是我竇娥罰下這等無頭願，委實的冤情不淺；若沒些兒靈怪與世人傳，也不見得湛湛青天。」（第三折〔耍孩兒〕）她要蒼天證實她的清白無辜，她要藉異常的事象向人間發出強有力的警示。關漢卿寫竇娥發誓後，浮雲蔽日，陰風怒號，白雪紛飛，這一片濃重的悲

劇氣氛，把竇娥含冤負屈悲憤莫名的情緒推到極限。很明顯，透過這驚天動地的描寫，關漢卿希望喚醒世人的良知，激發世人對不平世道的憤慨，催促世人為爭取公平合理的社會而抗爭。因此，《竇娥冤》所表現的反抗性，是時代的最強音。

劇本的第四折寫竇娥三樁誓願相斷應驗。耐人尋味的是，竇娥的冤案，最終卻是由她的已任「兩淮提刑肅政廉訪使」的父親出來平反。竇天章當然不屬貪官墨吏，可是，竇娥的冤魂一而再、再而三地在他書案前「弄燈」、「翻文卷」，好不容易才引起了他的注意。這一細節表明，即便是奉命「隨處審囚刷卷，體察濫官汙吏」的竇天章，要不是竇娥鬼魂的再三警示，他也會糊裡糊塗地將一份冤獄案卷，「壓在底下」，不予追究。最後，冤獄總算平反了，但具有關鍵作用的是審判者與被審判者的特殊關係。換言之，竇娥得還清白，靠的是父親手中的權力，一定程度上寄寓著對元代吏治沉重的疑慮，《竇娥冤》的結局，是有著複雜而深刻的涵義的。

《竇娥冤》的故事框架，脫胎於漢代以來一直流傳民間的「東海孝婦」，但劇本反映的時代生活與人物遭遇，卻以元代冤獄繁多的社會現實為依據。至於關漢卿的其他悲劇作品，也和《竇娥冤》一樣，取材於前代的故事傳說，而在飄蕩著的歷史煙塵中，融匯了劇作家對當代現實與人生的痛切感受，均具批判社會的價值和震撼人心的力度。

關漢卿根據民間傳說創作的《哭存孝》，寫的是陰險小人輕而易舉地害死一位蓋世英雄的悲劇。五代的李存孝品性純良，戰功顯赫；而李存信與康君立卻嫉賢妒能，惡意陷害，欲置李存孝於死地。主帥李克又偏信讒言，不辯好歹，助長了李存信等人的囂張氣焰。身經百戰、磊落光明的李存孝，無法逃脫小人設下的重重圈套和陷阱，慘死於自己人的手下。在作品中，關漢卿入木三分地刻劃了李存信等人陰狠毒辣的性格，說明在混濁的政治環境中，欺壓良善、濫殺無辜的凶邪力量往往得逞。作者以此警醒世人，對小人的所作所為不可掉以輕心。此外，《蝴蝶夢》、《魯齋郎》、《五侯

宴》等劇，也從不同的側面，寫出權豪勢要與鄉間劣紳有恃無恐、傷天害理的罪行，反映出普通民眾性命難保的處境。

在揭露人間罪惡的同時，高揚正義的旗幟是關漢卿悲劇作品共同的主旨。在他的筆下，悲劇主人公大多具有頑強、堅定的意志，勇敢與邪惡勢力作不妥協的較量，在較量中充分顯示出善良的人們捍衛世間正義的壯烈情懷與崇高精神。顯而易見，在關漢卿的悲劇創作中，總是貫串著這樣的脈絡：情緒從悲憤走向悲壯，劇情亦從惡勢力的暫時得逞，轉為人間正義的最終勝利。由於關漢卿嚮往法正民安的社會環境，因此，其悲劇作品的末尾，往往出現執法嚴明的「清官」。這固然是善惡各得其報觀念的表現。但最令人難忘的，依然是他戰勝邪惡勢力的信念，是悲劇主人公勇敢抗爭的剛烈品性。

關漢卿雜劇是元代社會的一面鏡子。此外，它還有兩個重要貢獻：一是它能站在人生意識的高度，揭示剛毅堅強、不屈不撓是人生旅途中必要之精神，鼓勵人們在抗爭中不斷改變自己的命運，強調人定勝天、變革現實的意識；二是它頌揚人類的美好情感和崇高美德。關漢卿的雜劇是響亮的號角，激勵著人們奮鬥前進。

關漢卿是中國戲曲的奠基人，他一生創作了六十多種雜劇，對後來的戲劇創作有巨大的影響。作品裡帶有理想色彩的現實主義精神更為後來接近人民的戲劇家所繼承。根據他的《拜月亭》雜劇改編的《拜月亭記》在南戲與傳奇裡歷久不衰。他的部分作品如《竇娥冤》、《拜月亭》、《單刀會》等七百年來一直上演不息，並為戲曲裡的悲劇、喜劇的關係處理，各種人物的舞臺形象塑造，提供了典範。

元雜劇在中國文學史上占有很高的地位，可以與唐詩、宋詞相提並論。元雜劇中的許多劇碼一直到今天仍在戲劇舞臺上上演，有的還被拍成了電影和電視劇，影響十分廣泛。關漢卿是元曲作家中最傑出的代表，是中國最偉大的戲劇大師。

康乾盛世奠基人

> 康熙，即愛新覺羅·玄燁，年號康熙，廟號聖祖，是清朝定都北京後的第二代皇帝，他君臨天下 61 年，是中國有史以來在位時間最長的一位君主。他革除舊制，實施新政，勤於國事，抵禦外族侵略，收復臺灣，掃清漠北，重農興利，提倡文教，奠定了「康乾盛世」局面，是封建社會後期一位具有雄才大略和遠見卓識的政治家和軍事家。

康熙，名玄燁，順治第三子，生於順治十一年（西元 1654 年）三月十八日。

玄燁一出生，便按照清宮的規定，被奶媽帶到紫禁城外哺養。當時京中流行天花，小玄燁的出宮撫養也是為了逃避天花，但是福不是禍，是禍躲不過。兩三歲時，玄燁還是染上了天花，但他大難不死，竟然奇蹟般地戰勝了死神的糾纏，只是在臉上留下了幾個麻點。

幼年時，康熙接受了近乎苛刻的教育。他五歲即入書房讀書。每天黎明，天空還閃爍著幾顆寒星，幼小的康熙就戴上特製的紅絨繡頂的小冠，穿上小袍小靴，從乾清門入宮。因年齡太小，跨不過門檻，還要太監抱進門內。他讀書非常勤奮，哪怕有一個字不明白，也要尋根問底，弄懂為止。儘管如此，「望孫成龍」的祖母仍不滿意，讓玄燁承受超出身體能承受的學習負擔，致使他身體一度虛弱，必須針灸治療。後來他最怕針灸，每聞艾味即感頭痛。

在學習文化知識的同時，他還參加嚴格的軍事訓練，經常訓練騎馬和射箭，練就一身優秀的騎射功夫。

康乾盛世奠基人

順治十八年（西元1661年），順治皇帝去世。順治帝臨終前，考慮到康熙尚年幼，想讓皇弟襲承皇位。皇太后博爾濟吉特氏，力主子繼父位，並懿旨由皇子玄燁繼立。玄燁8歲登基，由索尼、蘇克薩哈、遏必隆、鰲拜四位內臣輔政。在四輔政大臣中，鰲拜權勢最為煊赫，結黨擅權，欺凌幼主。一些重大的朝政，往往是由鰲拜先在家中議定而後施行。鰲拜不把年少康熙帝放在眼裡，竟然在君主聽政時施威懾眾。因圈換土地，鰲拜與一些大臣意見不合，便矯旨誅殺戶部尚書蘇納海、直隸總督朱昌祚等。不久藉故矯詔誅殺輔政大臣蘇克薩哈，舉朝震驚。康熙帝內心雖對鰲拜極為不滿，但考慮到對方遮天權勢，不得不表面同其周旋。

康熙六年（西元1667年），輔臣索尼援引先帝福臨14歲親政的祖制書請康熙帝親政。康熙帝鑑疏准奏，不久開始親政（時索尼已病故）。鰲拜恃輔臣索尼已死、蘇克薩哈已誅，於是與遏必隆結黨，更加飛揚跋扈。康熙帝與太皇太后議商後，決意拔除鰲拜。但鰲拜為三朝勳臣，握有重兵，不便輕動。經過慎重思索，康熙決定用計謀殺。他與索尼之子侍衛索額圖，在宮中召集少年健兒日習摔跤，鰲拜不以為意。一日，鰲拜入內觀看摔跤演練。康熙帝先不露聲色，突然傳命這些少年將鰲拜擒捕，遂公布其三十大罪。康熙帝時年16歲，隨後順勢一舉清除鰲拜同黨。

清除了鰲拜集團之後，康熙帝開始乾綱獨斷，大展宏圖。他深深地意識到身為泱泱大國的統治者，必須學習儒家思想，於是他經常召集儒臣為他講解天德王道、修身平天下的道理。這樣他既不乏祖輩堅忍雄健的馬背雄風和叱吒風雲的氣度，又有深厚的文化素養和廣闊的胸襟，這些都是成為一個明君的條件。

年輕的康熙帝勤政愛民，決心放開身手大幹一番。康熙九年十月，他頒布了《聖渝十六條》，要求臣下重孝悌、篤宗教、和鄉黨、重農桑、尚節儉、隆學校、黜異端、講法律、明禮讓、務本業、訓子弟、息誣告、戒窩逃、完錢糧、聯保甲、解仇忿。這十六條是他勤政愛民的總綱領，他一生

都遵循了這些原則。

康熙勤政愛民的另一個表現便是堅持御門聽政。清初順治帝曾經採納給事中魏象樞等人的建議，定逢王視朝之制。康熙帝不但堅持了其父之制，並且將御門聽政正式定為一項經常性制度，嚴格堅持。他風雨無阻，春夏早六時，秋冬早七時，必定親臨乾清門處理朝政。御門聽政便於康熙與百官進行交流，及時了解下情，不斷改進國策。

康熙對奏疏都「親覽無遺」，十分認真。一些大臣認為皇帝對奏章只是翻翻而已，不會通覽，所以書寫也就不十分認真，經常會出現疏忽的情況。結果卻發現康熙竟十分認真，連他們奏疏中的錯別字都能夠發現。正是因為他親覽奏疏，使其能及時發現臣下處理政事敷衍塞責、手續繁瑣重複的作風，並加以糾正。

康熙帝擒鰲親政後的一大舉措，是削平三藩。三藩是指降清明將平西王吳三桂（鎮雲南），平南王尚可喜（鎮廣東），靖南王耿繼茂（鎮福建）。三藩占據要地，握有重兵，其中以吳三桂實力最強。

康熙十二年（西元 1673 年），玄燁僅 20 歲，力排眾議，決意撤藩，強化皇權。康熙認為三藩撤亦反，不撤亦反，不若先發制人。果然，撤藩令下，吳三桂舉旗反清，出貴州，略湖南，攻四川，數月之間，六省幾陷。爾後，廣西孫延齡、廣東尚之信（可喜子）、福建耿精忠（繼茂子）、陝西王輔臣回應。舉朝震動，形勢險惡。清廷外有三藩之叛，內有楊起隆舉事，且先後發生京師大地震。外叛、內變、天災、人禍等，連連擊到年輕的康熙帝身上。康熙手批口諭，調兵遣將，運籌帷幄。甚至深夜三更坐待軍書，他自作詩道：「午夜迢迢刻漏長，每思戰士幾回腸。海東波浪何年靖，日望軍書奏凱章。」這場戰爭對清王朝來說，是決定生死之戰。經過八年平叛戰爭，終於取得削平三藩的勝利。

三藩平定後，康熙即著手收復臺灣。明天啟四年（西元 1624 年），臺灣被荷蘭人侵占。康熙元年（1662 年），鄭成功驅逐荷蘭殖民者，收復了臺

灣，但他奉南明正朔。鄭成功死後，其子鄭經繼立。削平三藩後，康熙帝又力排眾議決定收復臺灣，劃一版圖。

居中國北部的沙俄乘中國內戰之機，不斷滋事挑釁，搶掠邊民的財物，建立侵略據點。1676 年，沙俄以尼布楚和雅克薩為據點，一路向南，侵擾額爾古納河流域。1682 年開始到黑龍江下游赫哲族居住處進行搶掠，其勢力滲透到了黑龍江下游至海邊的廣大地區。

康熙知道此禍不除，邊疆將永無寧日。他採取了先禮後兵的方針，先致書沙皇，要求其迅速撤回侵略軍，沙皇不但置若罔聞，而且變本加厲。於是康熙帝決心對俄一戰。

1683 年，清政府正式設立黑龍江將軍，任命薩布素為首任黑龍江將軍，負責開發、建設邊疆，抗擊沙俄。

康熙二十三年（1684 年），沙俄盤踞在雅克薩城（今俄羅斯阿爾巴律城），沙俄侵略軍越外興安嶺，南下進窺黑龍江中、下游尋釁騷擾，強行掠奪當地居民。薩布素力主出兵偵察，自衛還擊，討伐強占雅克薩城的沙俄軍隊，把侵略者趕出黑龍江。

康熙二十四年（1685 年）二月，康熙皇帝下詔令都統彭春、將軍薩布素等率滿漢旗軍，分水、陸兩路進取雅克薩。六月二十六日攻下該城，600 多名沙俄侵略軍投降，雅克薩城被清政府收復，取得了第一次雅克薩之戰的勝利。七月俄軍不甘心失敗，捲土重來，復占該城，搶修土城堡壘，妄圖長期霸占。

康熙二十五年（1686 年）二月，康熙帝又一次下詔出兵。命薩布素統領吉林烏喇和寧古塔滿漢官兵 2,000 人，迅速攻取薩城，從三面掘壕築壘，嚴密封鎖，用炮火猛轟，圍困雅克薩。城內俄軍由於飢寒和壞血病流行，到第二年春天，由 856 名死到剩 66 名，俄將托爾市律被擊殺，取得第二次雅克薩之戰最後勝利。在清軍的沉重打擊下，沙俄政府決定派使臣費岳多（即費奧多爾，Fyodor Alexeyevich Golovin）接受清政府舉行邊界談判的

建議。康熙二十八年（1689 年）八月二十二日，薩布素作為清政府談判代表之一，前往尼布楚，九月七日雙方正式締結《中俄尼布楚條約》（*Pactum Nertschiae*），又稱《黑龍江界約》。《尼布楚條約》是中國與外國正式簽訂的第一個邊界平等條約 —— 條約從法律上肯定了黑龍江和烏蘇里江流域包括庫頁島在內的廣大地區都是清朝領土。沙俄同意把侵入雅克薩的軍隊撤回本國，清朝同意把貝加爾湖以東尼布楚一帶原屬中國的地方讓給俄國。

準噶爾部原屬於額魯特四部之一，游牧於伊黎河流域。他們乘清軍進關奪權之機，雄居西北，時不時派使節來朝，但又時不時搶掠邊民。

準噶爾部日漸強大，四處剽掠，攪得草原無寧日，蒙古各部無不受其侵犯，到康熙十七年，已控制了青海與西藏，還對外投靠沙俄。

康熙二十七年（1688 年），在沙皇俄國的唆使下，噶爾丹親率騎兵 3 萬自伊犁東進，進攻喀爾喀蒙古。喀爾喀三部首領倉皇率眾數十萬分路東奔，逃往漠南烏珠穆沁（今內蒙古烏珠穆沁旗）一帶，向清廷告急，請求保護。康熙責令噶爾丹罷兵西歸，但噶爾丹不但置之不理，反而率兵乘勢南下，深入烏珠穆沁境內。

康熙二十九年（1690 年）六月，康熙決定親征，其部署是分兵兩路出擊，清軍首先集中火銃火炮，猛烈轟擊駝陣，自午後至日落，將噶爾丹軍轟斷為二，然後揮軍渡河進攻，以步兵從正面發起衝擊，又以騎兵從左翼迂迴側擊，噶爾丹大敗，狼狽逃回科布多（今蒙古古爾噶朗圖）時只剩下幾千人。

康熙三十四年（1695 年）九月，噶爾丹率 3 萬騎兵自科布多東進，沿克魯倫河東下大舉內犯。在此形勢下，康熙決定再次親征，次年二月，調集 9 萬軍隊，分東中西路進擊，企圖殲滅噶爾丹軍於克魯倫河一帶。噶爾丹見康熙親率精銳前來，又聞西路清軍已過土刺河，有遭夾擊的危險，便連夜率部西逃。清軍乘夜追擊，殲敵數萬。噶爾丹僅率數十騎西逃。

康熙三十六年（1697 年）二月，康熙鑑於噶爾丹拒不投降，再次下詔親征。噶爾丹在兵敗後服毒自殺而死，至此康熙平定噶爾丹叛亂之戰始告結束，喀爾喀地區重新統一於清朝。

在吏治方面，康熙自有自己的一套哲學，那就是「端本澄源」、「源清流潔」。

清初對官員的考核仍沿襲明朝的辦法：

> 實行對京官六年一次的京察，對外官三年一次的大計和對武官五年一次的軍政考核。三品以上官員由自己陳述政績，朝廷由吏部、都察院核實查對；中低級官員由各主管官員鑑定，然後由吏部、都察院核實。朝廷根據官員的政績大小，該升的升，該降的降。為了使考核不致於流於形式，康熙多次下詔各主管部門一定要認真負責，並專門下旨嚴禁京官與地方官交往中的饋送賄賂，一旦發現，必然嚴加懲處。面對在京各部院衙門官員經常藉故或稱病不上衙門的情況，康熙提議建立註冊考核制度，透過制度核實官吏出勤情況，對無故不上衙者予以懲罰，對年老體弱者，勒令解職回家。

康熙追求吏治清明的措施，雖然不能完全杜絕官吏腐敗的現象，但在一定程度上保持了吏治的清廉，打擊了貪官汙吏，為康熙盛世的出現創造了條件。

康熙熱愛科學，努力向西方學習。他重視數學，向傳教士南懷仁（Ferdinand Verbiest）學習幾何，他學過歐幾里德（Euclid）的《幾何原本》（Elements）和巴蒂斯的《實用理論幾何學》的滿文譯本。晚年在北京暢春園設「算學館」，召集大數學家梅瑴成等編成巨著《律曆淵源》，集當時樂律、天文、數學之精華。康熙以皇帝的權威，在全國推行種痘法，挽救了很多人的生命。當時天花流行，奪去了無數人的生命。世界上還沒有治天花的好辦法，只有首創預防天花的種痘法。方法是把患者的痘痂研成細

末，用溼棉花將之塞入健康人的鼻孔裡，使患者發生一次輕微的感染，從而獲得免疫力。但由於很多人懷疑而沒有推行。康熙首先在自己的子女中推行，還介紹到蒙古等少數民族中，取得了很好的效果。

康熙還開展了一項史無前例的偉大工程，即繪製全國地圖《皇輿全覽圖》。這次測繪採用了比較先進的大地測量術和經緯度繪圖的方法。到西元 1716 年，除新疆的少部分地方外，對大多數省區進行了測繪。它是中國歷史上第一部完全實測、比較精確的地圖集。

康熙的文治還有許多可值得稱述的。他在位期間，重視農業生產，獎勵墾荒，興修水利，廢除了原先滿人執行的圈地制度，減少農民的賦稅，使耕者有其田，大大加速了農業的發展。康熙還修治大運河，使其全程暢通，溝通南北經濟的交流。在用人方面，康熙健全科舉取士，開博學鴻詞科，破格薦用人才；籠絡漢族地主階極，團結漢族部分知識分子；又開明史館，主持編纂了《古今圖書集成》、《全唐詩》、《佩文韻府》、《康熙字典》等書籍。

唐熙還大力進行稅制改革。康熙五十一年（西元 1712 年）頒布法令，規定人丁稅根據戶籍冊上現有的人數為準，以後額外增丁，不再多徵。康熙在位期間還多次免除賦稅。粗略統計，康熙時期免賦稅達五百多次。

康熙六十一年（1722 年）春，康熙帝年近七十，他為了表示敬老，曾將 65 歲以上的滿漢在職官員，以及告老還鄉、得罪被遣送回原籍的舊官員，統統召入乾清宮，飲酒吟詩，直到黃昏才散席。參與盛會的有一千多人，故稱為「千叟會」。

和康熙的政治生活相比，他的家庭生活並不美滿，諸皇子奪儲之爭，使他心力憔悴。康熙共有三十五個兒子，諸子為了搶奪儲位，各自拉幫結派，明爭暗鬥。他為挑選繼承人問題而費盡心血。康熙十四年（西元 1675 年），康熙立剛滿周歲的嫡長子允礽為皇太子，三年後感到不適當把他廢掉。兩個月後，又重新立允礽為皇太子。二十四年後他感到太子權力過

重，直接威脅到自己的皇權，同時生前過早公開立儲君的弊端過多，所以他再次廢掉其長子，準備在臨終前留下傳位遺詔，暗立繼位人。他晚年最中意的是十四子允禵，他特地任命允禵為撫邊大將軍，派往邊陲去扭轉關係重大的西北戰局，以讓他建立功績，提高威望，為繼承皇位創造條件。

康熙六十一年（西元 1722 年）十一月八日，康熙得了感冒，渾身發燒，經太醫治後好轉，就在暢春園靜養。據說，此時康熙親手寫了立胤禎為繼承人的遺詔。皇四子胤禎素為康熙鍾愛，8 歲時隨康熙出關北巡，10 歲時出獵封為貝子，32 歲時又晉封為親王，曾奉命掌管朝廷軍政、錢糧大權。當諸皇子露骨地為搶奪儲君而爭鬥時，胤禎雖暗中培植勢力，表面上卻置於事外，博得了康熙的歡心，使康熙決意在皇十四子和皇四子之中選擇一個繼承人，最後選中了皇四子胤禎。

另有一說認為，此時康熙親手寫了立允禵為繼承人的遺詔。當時唯一能接近康熙的大臣，是負責京師警衛的步軍統領隆科多。此人是皇四子胤禎的舅舅和親信，一心想讓胤禎繼位，然而康熙卻立允禵。隆科多趁機將遺詔中的「傳位十四子」改成「傳位於四子」。康熙突然死去，很可能為隆科多所害。

有些學者認為，康熙在病危之際曾將諸子叫至面前，公開宣讀遺詔，除遠在西北的允禵和被拘禁的允礽乃外，眾皇子大多在場，遺詔不可能被篡改。並且遺詔用滿文寫就，篡改之事是子虛烏有。還有學者認為，康熙是突然死去，不可能留下遺詔。

康熙六十一年（1722 年）十一月十三日，康熙突然去世，享年六十九歲，廟號為聖祖仁皇帝，史稱康熙皇帝。

康熙在位時期，清除鰲拜，撤除三藩，收復臺灣，平定準噶爾叛亂，北拒沙俄，會盟漠北，統一蒙古等一系列軍事行動中或御駕親征，或決勝千里，充分顯示了他的軍事才能。改革稅制，整頓吏治，選用人才，籠絡漢族知識分子，興修水利，治理黃河，鼓勵墾荒，薄賦輕稅，愛民如子，

是個出色的政治家和睿智的君主，出現「康乾盛世」的繁榮，開創中華帝國的另一黃金時代。

中國新文化運動的奠基人

魯迅（西元 1881 — 1936 年）

魯迅，原名周樹人，字豫才，浙江紹興人。他是文學家、思想家、革命家和教育家，新文化運動的奠基人。

西元 1881 年 9 月 25 日，魯迅誕生於浙江紹興城內東昌坊口周家，取名樟壽，字豫山，出身於破落封建家庭。祖父周福清是翰林院庶起士，曾任江西金欲縣知事，此時正在北京任內閣中書。父親周伯宜是名秀才，閒居在家，思想頗為開明。魯迅的母親出身於紹興近郊安橋頭一戶官宦人家，沒念過書，但以自修得到能夠看書的學力。

1886 年，五歲的魯迅由叔祖周玉田啟蒙，進周家自設的私塾讀書。按照祖父的意見，除習字、對課之外，主要是讀《鑑略》。因原名豫山與「雨傘」諧音，改為豫亭，後又改為豫才。

1892 年春天，魯迅被送進據說是紹興城內最嚴格的私塾「三味書屋」，從壽鏡吾讀書。除在課堂上讀經史之外，還讀小說，看畫譜，並逐漸養成了影描小說書上的插圖，直至整段整本地抄雜書的愛好。

1893 年秋天，魯迅的祖父因科場舞弊案被捕入獄，押在杭州府獄內。為免受牽連，與二弟周作人一起，被送往親戚家避難。接著父親一病不起，家境急劇衰敗，甚至招致親戚本家的欺侮。使他飽嘗了冷眼和侮蔑的滋味，「看見世人的真面目」。

1898 年，魯迅離開故鄉考進南京江南水師學堂，後又轉入江南陸師學堂附設的礦路學堂。西元 1902 年初畢業後被選派赴日留學，先是學醫，後為改變國民精神，棄醫從文。

1906 年夏，魯迅奉母親之命，回紹興與朱安結婚。婚後不幾日，便與周作人再赴東京。秋天，與許壽裳、蘇曼殊等人籌畫辦《新生》雜誌，但因經費無著，稿件匱乏而作罷。1909 年 8 月回國，先後在杭州、紹興任教。

辛亥革命後應蔡元培之邀去南京臨時政府教育部供職，後又隨部遷住到北平，在北京大學、女子師範大學等校兼職授課。

1913 年，為應付袁世凱政府的恐怖統治，開始抄書、輯書，其後又開始抄碑、讀佛經，除去教育部上班和逛書店，基本上不出會館，每日夜間孤燈獨坐，這樣的生活持續了好幾年。

1918 年在《新青年》上發表新文學的第一篇白話小說《狂人日記》，正式開始了輝煌的創作生涯，1918 年 5 月，首次用「魯迅」為筆名，發表中國現代文學史上第一篇白話小說《狂人日記》，對人吃人的制度進行猛烈地揭露和抨擊，奠定了新文化運動的基石。五四運動前後，參加《新青年》雜誌的工作，站在反帝反封的新文化運動的最前端，成為五四新文化運動的偉大旗手。

1918 年到 1926 年間，陸續創作出版了小說集《吶喊》、《彷徨》、論文集《墳》、散文詩集《野草》、散文集《朝花夕拾》、雜文集《熱風》、《華蓋集》、《華蓋集續編》等專集。其中，1921 年 12 月發表的中篇小說《阿 Q 正傳》，是中國近現代文學史上的不朽傑作。

1926 年 8 月，因支援北京學生運動，為北洋軍閥政府所通緝，南下到廈門大學任中文系主任。1927 年 1 月，到當時的革命中心廣州，在中山大學任教務主任。1927 年 10 月到達上海，開始與其學生許廣平同居。

1930 年起，先後參加中國自由運動大同盟、中國左翼作家聯盟和中國民權保障同盟，反抗國民黨政府的獨裁統治和政治迫害，成為左翼文化運動的主將。

從 1927 年到 1936 年，創作了歷史小說集《故事新編》中的大部分作品和大量的雜文，收輯在《而已集》、《三閒集》、《二心集》、《南腔北調集》、

《偽自由書》、《花邊文學》、《且介亭雜文》、《且介亭雜文二編》、《且介亭雜文末編》、《集外集》和《集外集拾遺》等專集中。魯迅的一生，對中國文化事業做出了巨大的貢獻：他領導、支持了「未名社」、「朝花社」等文學團體；主編了《國民新報副刊》(乙種)、《莽原》、《語絲》、《奔流》、《萌芽》、《譯文》等文藝期刊；熱忱關懷、積極培養青年作者；大力翻譯外國進步文學作品和介紹國內外著名的繪畫、木刻；搜集、研究、整理大量的古典文學，編著《中國小說史略》、《漢文學史綱要》，整理《嵇康集》，輯錄《會稽郡故書雜錄》、《古小說鉤沈》、《唐宋傳奇錄》、《小說舊聞鈔》等等。

1936 年 10 月 19 日因肺結核病逝於上海，上海民眾上萬名自發舉行公祭、送葬，葬於虹橋萬國公墓。

1981 年出版了《魯迅全集》(十六卷)。北京、上海、紹興、廣州、廈門等地先後建立了魯迅博物館、紀念館等。小說〈祝福〉、《阿 Q 正傳》、〈藥〉等先後被改編成電影。魯迅的作品充實了世界文學的寶庫，被譯成英、日、俄、西、法、德、阿拉伯、世界語等 50 多種文字，在世界各地擁有廣大的讀者。

魯迅生活在中國近代史上屈辱衰敗的時期。「風雨如磐」、「寒凝大地」、「萬家墨面」，魯迅用這些沉痛的詞句，描繪自己生活的時代。腐敗懦弱的清政府，任外強宰割，風雨飄搖的中國民不聊生。戊戌變法曾帶來一線希望，但隨即破滅；辛亥革命摧毀了最後一個封建王朝，但軍閥混戰又使國家和人民陷入新的災難。

就在這種決定中華民族命運的光明與黑暗、前進與倒退、革命與反動的大搏鬥中，青年魯迅孜孜以求探尋解救民族和百姓的「良方」。而最後，他拿起的是筆。他選擇了用自己的筆投身喚醒民眾、解放民眾，爭取科學、民主、獨立的革命大潮中。

憂國憂民、以筆為旗的他，寫作直接切入中國人的生存困境，「反映那些『奴隸』、『下等人』、『被吃者』們在三座大山壓迫下求生存、求溫飽、求

發展的歷史要求」。惟其如此，魯迅的作品才擁有了極其廣泛的代表性和現實意義，成為認識中國社會面貌的一面鏡子，喚醒民眾的號角。

文學的魯迅，以博大的民間情懷將自己和天下人的命運緊緊聯繫在一起──「外面的進行著的夜，無窮的遠方，無數的人們，都和我有關」。這是魯迅心靈的獨白，也是他和他的作品最終獲得恆久意義的內核。

清醒的批判現實主義精神使魯迅成為中國人靈魂的最尖銳、深刻的解剖者，民族精神最精警深邃的反省者，終其一生，他都在批判與戰鬥中度過。而作為他畢生戰鬥的力量源泉，則是對建立新社會、新文化、新的國民性的嚮往。

無論是作為中國新文化的開拓者，還是對中國社會了解最為透澈的思想者，魯迅更為深刻和突出的貢獻，也許還是他直面現實，充滿勇氣的揭露、批判和抗爭。畢其一生，魯迅都在不斷地對專制社會以及附庸其上的文化禮教的黑暗，對一切假、惡、醜的社會現象進行著毫不妥協的批判。

他的第一篇白話小說《狂人日記》，就鋒利地揭開了封建禮教「吃人」的本質，發出「救救孩子」的疾呼。他以自己的筆當作「投槍和匕首」，要掀翻或吃人、或被吃的「人肉筵宴」，希望壓在雷峰塔底的民眾都贏得「做人」的資格。

他堅決反對那種「瞞和騙的文學」，呼籲「取下假面，真誠地、深入地、大膽地看取人生並寫出他的血肉來」。

最能表現出魯迅這種精神實質的，是他對中國人個性中痼疾的揭示。封建傳統思想與專制制度對中國人精神漫長的蹂躪，造成了個性中彌漫著麻木、愚昧、冷漠等精神氣質，各個階層包括知識分子自己都不自覺地被「異化」著。魯迅筆下的阿 Q 和他的「精神勝利法」，活生生揭示出魯迅最為痛恨的「奴性」和苟活、卑怯的心理，還有麻木的「看客」、愚昧的華老拴……清醒而深刻的認識使魯迅不遺餘力地吶喊，必須掃蕩「吃人」的「文明」，徹底改革種種劣根性，才能真正擺脫落後衰敗的民族命運。

置身於內憂外患的歷史條件下，魯迅將「立人」作為中國變革的出發點，「人立而後凡事舉」，他認為正是精神的萎靡，造成了人性的墮落。而新的國民性格，應該是沉著、勇猛、有是非對錯、不自私。有高尚的道德，廣博自由、能容納新潮流的精神。

正是為了「造成一個使新生命得能誕生的機運」，魯迅甘願充當了「掃蕩一切舊物」的馬前卒，也因此招致了來自身前身後甚至身邊的明槍暗箭。但他義無反顧，戰士或革命者般的魯迅，始終向著腐朽落後衝鋒陷陣。

古埃及帝國第一人

圖特摩斯三世（Thutmose III），古埃及新王國第十八王朝法老。約西元前 1504 年繼位，由哈特謝普蘇特（Hatshepsut）太后攝政，直到繼位的第 22 年才正式執政。此後 20 年間，他出征敘利亞、巴勒斯坦並向努比亞（Nubia）大規模擴張，埃及的邊界線北進到敘利亞北端的幼發拉底河上的卡爾凱美什，南到努比亞境內的尼羅河第四瀑布，確立了古埃及史上版圖空前龐大的帝國。他自誇為「勝利之王」、「諸國之王」，他大興土木，美化首都底比斯，擴建卡納克（Karnak）的阿蒙神廟。在神廟牆壁上銘刻其軍事遠征的年代記，大肆炫耀其赫赫武功。

圖特摩斯三世生於西元前 1516 年，他是圖特摩斯二世（Thutmose II）和他的側妃伊西斯（Isis）的兒子。而圖特摩斯二世的原配妻子是哈特謝普蘇特，一個具有野心和計謀的女人。由於圖特摩斯二世的體弱多病以及無領導能力，王后哈特謝普蘇特在其丈夫掌權期間已經握有許多實權。王后一直把圖特摩斯三世視為一個私生子，他不可能成為一名法老，因為他缺少純正的皇族血統。但是，法老與王后並沒有生有王子，所以，國王的兒子圖特摩斯二世將成為唯一的王位繼承人。

西元前 1504 年，法老圖特摩斯二世去世，年僅 12 歲的圖特摩斯三世被戴上了王冠。由於圖特摩斯三世還很年輕，因此哈特謝普蘇特認為這是她奪權的好機會。而她這一奪權使圖特摩斯三世晚了整整 22 年才成為埃及真正的主人。

青年時期的圖特摩斯三世在底比斯度過了他的大部分光陰。他在那裡學習將來如何管理埃及。在那個年代，卡納克神廟中的阿蒙祭司負責教授年輕的王子們如何成為法老。在卡納克，圖特摩斯三世學習了幾乎所有的

知識，從傳統文化到藝術，從軍事到領導技巧。年輕的圖特摩斯三世不久就學會成為一個出色的管理者和領導者，而且他還是一個勇敢的將軍和武士。他經常在大眾面前表演他的射箭術與騎術，而且還誇耀在他的夥伴中沒有人能比他更勇敢、更強壯。

大約在西元前 1482 年，哈特謝普蘇特神祕地死亡了。究竟是正常死亡還是他殺？已無從考據。從此以後，圖特摩斯三世變成了真正統治者。圖特摩斯三世掌權後，開始大規模地毀壞哈特謝普蘇特的紀念碑，用圖特摩斯一世、二世以及他自己的名字替換神廟中哈特謝普蘇特的名字。總之，圖特摩斯三世試圖讓哈特謝普蘇特的名字從歷史上消失。這也說明圖特摩斯三世與哈特謝普蘇特之間的矛盾之深。

在哈特謝普蘇特執政期間，埃及沒有發生過戰爭，鄰國每年都要向埃及進貢。但是，正如歷史上經常發生的那樣，當一個新皇帝登基的時候，臣國們就要試探一下他的能力。圖特摩斯三世發現，卡迭石（Kadesh）和邁格度的王子已經聯合起來，他們募集了一個龐大的軍隊；邁索普特梅斯的君主也拒絕進貢，並且宣稱他們已經從埃及的管制中獨立出來了。面對眾多發難，圖特摩斯三世並沒有沮喪，他迅速地調集軍隊，帶領全軍進行討伐。這場戰爭的紀錄被完整保存下來，圖特摩斯三世的書記官在現場所做的紀錄，後來被刻到了卡納克神廟的牆壁上。

西元前 1482 年 8 月，一眼望不到頭的大隊人馬，從尼羅河三角洲東部的薩魯城出發，向加沙方向開進。隊伍中有手持盾牌和青銅長矛的重裝步兵，有身背弓箭和投槍的輕裝步兵，還有乘馬拉木輪戰車的戰車兵。其中一輛鑲金掛銀的戰車上，站著一位身材魁偉、儀表堂堂的男子。他身著鎧甲，手持長矛，在獵獵旌旗的簇擁下格外引入注目。這人正是古埃及年輕法老圖特摩斯三世。他率領 3 萬大軍去遠征巴勒斯坦和敘利亞。

偵察人員很快把埃及出兵的消息報告了奧龍特斯河畔的卡迭石國王多菲斯。多菲斯在米坦尼國王支持下，立即召集敘利亞和巴勒斯坦三百餘大

小王公開會。會上結成了反埃及同盟，組建同盟軍約三萬人，推舉多菲斯為統帥。盟軍集結於巴勒斯坦北部的軍事要衝米吉多，準備迎戰埃及軍。

埃軍經加沙到達離米吉多不遠的葉赫木城。派出的偵察人員前來報告，從葉赫木城到米吉多有三條路：一條是直路，無人把守，但需穿越難以通行的山間峽谷；另一條路由北繞道山嶺，插入米吉多西北，也無人把守，但路遠；第三條向南，經塔納阿卡城附近抵達米吉多，道路平坦，但已有重兵把守。圖特摩斯三世對眾將說：「我欲走直路，諸位以為如何？」幾員猛將齊聲贊同。老將烏尼姆起身反對說：「陛下所選直路雖然最短，也符合兵貴神速的道理，但此路過於狹窄，人拉馬，馬拉車，萬一遇上敵人埋伏，豈不進退兩難？不如走平坦大路，與敵人正面決戰。以陛下的英武和我軍的驍勇，不信打不垮敵人。」眾將爭執不一。

圖特摩斯三世堅定地說：「作戰只有出其不意方能減少傷亡，取得大勝！」於是傳旨，全軍成一路縱隊，沿峽谷前進。埃軍抄山路於太陽落山時突然出現在米吉多城下，盟軍連夜從塔納阿卡城趕來應戰。黎明時分，看到埃軍已拉開陣勢，遂倉促擺開對應的左中右三個方陣。清晨，會戰開始，圖特摩斯帶領埃軍率先出擊，盟軍接著也開始向前推進。雙方展開鏖戰。然而盟軍畢竟是臨時拼湊的，人心不齊，且人困馬乏，又缺乏統一指揮，哪裡經得住埃軍的衝擊，不多時死傷眾多，亂了陣腳，爭相逃命。埃軍忙於搶掠盟軍丟棄的財物，圖特摩斯三世制止不住，眼睜睜地看著殘餘的敵軍逃進米吉多城內。

初戰結束後，圖特摩斯集合隊伍，嚴格宣布軍紀，規定繳獲歸公，違紀者罰，有功者賞。從此，士兵不敢違紀。隨後，埃軍將米吉多團團圍住。守軍甚是頑強，多次打退埃軍進攻。埃軍經 7 個月圍攻才破該城。此戰為埃及日後征服整個敘利亞和巴勒斯坦打下了基礎。

不久，埃及人就奪取了推羅等地，這些勝利徹底擊敗了亞細亞米坦尼人的西部部落，而且也使畢布勒港處在了埃及的控制之下。戰勝了米吉多

之後，埃及人從米吉多帶回了大量的戰利品（戰利品以小麥為主）。在圖特摩斯三世第 25 年的時候，法老為了紀念這次勝利，他下令在卡納克神廟的牆上刻上名為「植物園」的浮雕，浮雕上除了麥子，還有其他來自被占領地的植物形象，在圖特摩斯三世的紀念表上記錄了埃及人從米吉多帶回的財富的數量：894 輛四輪馬車 ── 其中有 2 輛是金子做的；200 套盔甲 ── 其中有兩套青銅盔甲是屬於米吉多和卡迭石首領的；2,000 匹馬和 25,000 頭其他動物。每一座被占領的城市都向法老進貢了昂貴的禮品來向他表示忠心。

圖特摩斯三世第 29 年至第 32 年，這次圖特摩斯三世將全力對付卡迭石城。他們不僅攻擊了卡迭石周圍的城市，最後還直接進攻了卡迭石城。埃及人在返回時，帶走了這些城市首領的兒子作人質。圖特摩斯三世決定先在埃及教授這些人質，讓他們學習埃及人的禮儀、信仰、習慣，然後再將他們釋放回國。他希望透過這種方法將這些埃及的敵人從此以後變成埃及的夥伴。在圖特摩斯三世第 31 年，他收到了來自努比亞的一份供奉 ── 這也是在圖特摩斯三世在位期間第一次收到來自努比亞的供奉。努比亞的供奉一年接一年連續不斷地持續到第 38 年，以後則變為不定期的奉獻。

圖特摩斯三世第 33 年，埃及人終於直接與米坦尼交鋒了。這次攻擊使埃及人花費了一些周折 ── 他們不得不渡過幼發拉底河這個自然屏障才能抵達米坦尼的本土。埃及人製作了一種專門的渡河船隻，這些渡船將埃及軍隊從敘利亞帶到了幼發拉底河邊。當埃及人一到達彼岸，他們便建立了一座和圖特摩斯一世所建的一樣的紀念碑。然後，埃及軍隊掠奪了卡爾赫米什南面的土地，並且擊敗了一支米坦尼的軍隊，最後他們凱旋而歸。

在圖特摩斯三世以後的歲月裡，他繼續在埃及以北地區進行戰爭。這些戰爭主要是為了保持埃及的權勢，向米坦尼施壓，以及鎮壓任何埃及從屬國的背叛。圖特摩斯三世的最後一次亞細亞戰役發生在第 42 年 ── 他又一次進攻了卡迭石，並且又一次取得了勝利。這次回國後，圖特摩斯三

世在卡納克建造了一座新的建築，在這座建築的牆上詳細記錄了他所有的軍事戰役。圖特摩斯三世使埃及的疆土從尼羅河第四瀑布一直延續到了幼發拉底河岸。圖特摩斯三世在各場戰役上的勝利使他給埃及帶來了難以計數的財富，國家也因此變得富有，並且不斷接受來自各國的進貢，這些巨大的經濟財富也使圖特摩斯三世有能力在大範圍內建造各種建築。

圖特摩斯三世第 55 年，這位偉大的法老去世了。他的遺體被埋葬在國王谷中。為了防止盜墓者，王陵的入口被建在了懸崖上。（圖特摩斯三世的陵墓最終還是被盜墓賊光顧了，當西元 1898 年人們發現這座陵墓時，人們發現墓中的家具都已被人為損壞了）陵墓中的柱子上裝飾著精美的圖案，讓人覺得整座陵墓就像是一幅巨大的莎草紙畫卷軸。雖然圖特摩斯三世的陵墓被盜墓者光顧過，值得慶幸的是，法老的木乃伊由於第 21 王朝的祭司們的及時搶救而倖免於難。

圖特摩斯三世在位期間總共贏得了 17 場戰役，由於他的輝煌戰績，後人把他比作「埃及的拿破崙（Napoléon Bonaparte）」。

圖特摩斯三世在戰爭史上，可以堪稱軍事天才。他領導了幾場可以當作經典戰例的戰役，他大概是歷史上第一個海戰的指揮者。圖特摩斯三世不同於拿破崙，他從未失掉過一場戰爭。他在巴勒斯坦、敘利亞和努比亞一共打了 17 場戰役，他對待戰俘的態度也是人道的，他在執政期間建立了帝國的和平，巴勒斯坦和敘利亞都心甘情願地臣服於他的統治。他創造了一個空前繁榮的埃及大帝國。

西方哲學之父

> 柏拉圖（Plato），古希臘哲學家、教育學家，出身於貴族奴隸主
> 家庭。他是蘇格拉底的學生，亞里斯多德的老師。他在《理想國》
> （Republic）和《法律篇》（Laws）兩書中系統地闡述了自己的思想
> 觀點。他希望建立一個由哲學家、軍人和勞動者三個社會集團各
> 按其本性而盡職的理想社會。教育應為建立和鞏固這種理想的社
> 會秩序服務。教育的主要對象是「理想國」中的第一、第二等級；
> 教育的主要目的是培養「理想國」的統治者。柏拉圖作為西方各種
> 思想的理論源頭，影響了西方社會二十多個世紀，堪稱西方哲學
> 之父。

西元前 427 年，柏拉圖出生在雅典一個貴族家庭，原名亞里斯托克勒
斯（Aristokles）。母親是著名政治改革家梭倫（Solon）的後裔，父親的家
譜則可追溯到古雅典王卡德魯斯。在這樣高貴的家庭裡，他從小受到良好
的教育，少年時代就表現出聰穎的稟賦和多方面的才能，擅長體育運動，
喜愛繪畫和音樂，也寫過史詩和悲劇。

柏拉圖生活的年代，希臘許多城邦正處在奴隸制時期。其中有的實行
的是奴隸主民主政治，如雅典；有的實行的是貴族寡頭政治，如斯巴達。
兩種不同的政治觀點和制度，經常發生激烈的抗爭。西元前 431 年，雅典
與斯巴達就曾發生過一場持續二十多年的大戰，史稱伯羅奔尼撒戰爭戰爭
（Peloponnesian War）。

在實行奴隸主民主政治的城邦裡，貴族派與民主派之間，也經常發生
爭執。柏拉圖十八歲時，曾經應徵入伍，參加伯羅奔尼撒戰爭。回來後，
在他二十歲時，拜蘇格拉底（Socrates）為師。大約在二十八歲至四十歲
間，柏拉圖一直在外漫遊，到過埃及、義大利和西西里島，進行自由考

察，接觸到不少學者名流，大大增長了見識，逐步建立起自己完整的思想體系。

遊歷歸來後，他完成了自己的代表作《理想國》。他認為最完美的國家形式是論資格、論才能的貴族式國家；國家需要根據一定的挑選原則，選出合格的統治階級或「法定執政人」。他還提出要在審定資格和能力的基礎上，把合格的人吸收到自己的階層中來。柏拉圖主張由國家操辦教育，不論男女，所有的人都應該有受到教育的機會。他還建議國家對兒童進行嚴格全面的訓練，並在各階段推行普及的考試。

為了推行自己的「理想國」，他曾應邀離開雅典到西西里島敘拉古。統治這個島的狄奧尼西奧斯一世（Dionysius I of Syracuse）知道他很有學問，便讓他為自己的兒子小狄奧尼西奧斯（Dionysius II of Syracuse）講課，講授的內容便是如何建立一個理想的國家。

柏拉圖對邏輯思維很有研究，極力推崇幾何學。他後來曾在自己開辦的學園門口掛了一張寫著「不懂幾何學的人，請勿入內。」的牌子。他認為如果掌握幾何學中嚴密的推理技巧，對處理政治改革中更為複雜的問題將十分有益，於是他教小狄奧尼西奧斯便從幾何學講起。小狄奧尼西奧斯雖然很喜歡柏拉圖，也很喜歡他帶來的新鮮刺激，但就是不喜歡幾何學。宮廷裡反對柏拉圖的人趁機在狄奧尼西奧斯一世面前說柏拉圖的壞話，挑撥是非。

有一次，狄奧尼西奧斯一世召見柏拉圖，詢問他有關治理國家的主張。柏拉圖回答說：「治理國家的統治者應懂得哲學，應是最優秀的哲學家用善來統治國家，所謂的善就像太陽，是創造和推動一切的力量」。愚蠢的狄奧尼西奧斯一世一聽就火冒三丈地反問說：「這麼說來，也就是你這樣的人嘍？」他氣得差點跳起來，準備處死這個膽大包天的哲學家。後來在宮廷一些有學問的人的勸說下，柏拉圖被免以死罪，但狄奧尼西奧斯一世還是準備把他賣到非洲去做奴隸。後來柏拉圖在朋友的幫助下逃回了雅典。

　　由於柏拉圖創立學園的「奠基聖地」是坐落在古希臘英雄阿卡德米亞（Accademia）祭壇之上，因而，後來歐洲各種不同語言文字的科學院也都源於這一希臘單字。柏拉圖的大弟子亞里斯多德（Aristotle）曾驕傲地稱頌這座學園「是西方世界的第一所大學」。

　　柏拉圖從政治上的慘重失敗中意識到理念論的根本缺陷，對自己的整個思想體系進行一些重大修正，進而把辯證法引入了他的理念世界。這些思想主要反映在他的後期著作之中。

　　西元前347年秋，當年的年輕人——柏拉圖，也已變成白髮蒼蒼的「智聖」老翁。81歲生日那天，恰好是學生索瑞克斯婚宴，平生未娶的柏拉圖也應邀出席。結婚典禮上，過於喧囂的場景，讓柏拉圖心神難靜，他請求小憩一下，顫巍巍走進隔壁臥室。當婚宴正式開始時，新娘、新郎去請這位哲聖，這才發現，他已永遠安然入睡了。他的手心裡，還捏著一紙墨蹟未乾的文字：「結婚是美、公正與愛的化身。」這時，熱鬧的大廳裡寂然無聲，他們彷彿領略到：這位哲學家正展翼在無極之中翱翔，他正將自己的生命洪流匯入自己的「理想國」……

　　柏拉圖一生以對話的形式表達他的哲學思想，這些對話充滿迷人的魅力，瀰漫著幽默睿智的氣息。它們不但是偉大的哲學著作，同時也是世界文學的經典傑作。《理想國》、《會飲篇》（Symposium）、《斐多篇》（Phaedo）、《大希庇亞篇》（Hippias Major）、《巴門尼德篇》（Parmenides）等，幾千年來一直膾炙人口，盛譽不衰。

　　《理想國》一書，震古鑠今，書中討論到優生學、節育、家庭解體、婚姻自由、單身、專政、獨裁、民主、宗教、道德、文藝、教育（包括托兒所、幼稚園、小學、中學、大學研究院以及工、農、航海、醫學等職業教育）加上男女平權、男女參政、男女參軍等等問題。

　　理想國又被稱作國家篇或烏托邦。在這本書中，他構造了理想政治社會的模式。

他提出了理念的重要性。他區分了個別事物與總體知識，並關注後者，以貓為例，個別貓只是時間上的一個過客，而貓的概念則是永恆的，世間個別的東西都僅僅是它的理想形式的不完滿的表現，要改善前者的任何努力都只能趨向後者而前進。它試圖告訴人們，如果你們想要改善你們的現實制度，首先應該確定一個理念。

柏拉圖所關心的理念主要是正義。與智者相反，在政治學中，他把解決什麼是正義的問題放在最優先的地位。他從個人生活開始，探詢什麼東西為人的生活帶來善和正義，然後論證國家生活不過是個人生活的放大，進而討論國家生活中的正義。即從個人道德入手論述政治學。他認為，在理想社會中，包括三個自由民等級：工匠、武士和監國者。他指出：為滿足人的需求需要分工，工匠創造社會必需品，掠奪與安全需要產生武士，武士擅長戰爭術和統治術，監國者統治社會，管理城邦福利。自由民處於哪一個等級不取決於財富，也不取決於出身，而是以天資為基礎的。三個等級的劃分有道德上的必然性，對應三種美德，工匠特有節制的美德，武士特有勇敢的美德，同時也有節制的美德，監國者特有智慧的美德，三種美德構成國家道德上的善。還有第四種美德，正義，它與前三者相結合。它意謂著一種和諧的秩序。監國者的聰明不是天生的，需要後天的教育和訓練。他們二十歲前學習音樂和體育，三十歲前學習科學，三十五歲前學習哲學，參加社會事務十五年，五十歲時成為社會統治者。

他把政權形式由好到壞分為四種，公民熱愛榮譽的貴族體制，追求私利的寡頭體制，任性熱情的民主政體和熱情縱欲的專制政體。

柏拉圖在國家與個人關係上，更注重國家；他試圖維持社會現狀。在他的理論中，政治計畫要有目的，要根據某種理想來制訂，社會的變動被視為非正義。他注重道德的力量，相信人治勝於法治，這可能由於城邦國家很小，同質性高，較適合於以大家庭的方式治理。柏拉圖注重統治階級，強調菁英政治。他認為，執政是一種需要最好的身體和精神的職業，要確

保他們的能力和價值；他甚至提出要限制統治者的私生活。他認為，只要社會的統治者沉迷私有財產，那麼，對社會共同利益的真正無私的服務實際上絕不可能出現。柏拉圖的正義提醒我們，重要的不僅是計算我們從社會獲得了什麼，而且還要計算我們為社會的發展及成功提供了什麼。

柏拉圖認為，教育是當政者應注意的一件大事。理想國的建立和維持端賴於教育。一個人得到的栽培如果不適合，那麼最好的天賦所得到的結果甚至會比差的天賦還要壞。理想國中有公民身分者的教育從音樂和講故事開始，歌詞、曲調和故事內容都要經過嚴格審查，禁止不健康的東西。然後經過 2 ～ 3 年體育訓練，鍛鍊吃苦、耐勞、勇敢等品格。10 歲時所有孩子都要開始進行理論學習，除識字、閱讀、道德教育外，學習算術、幾何、天文和音樂理論。20 歲時，進行第一次篩選，被挑選出來的青年要能將學過的課程加以綜合，以考察他們有無辯證法的天賦。30 歲時，根據第一次挑選出來的人在學習、作戰和工作中的表現，進行第二次篩選並進行考試。被選出的人用五年時間專心致志地學習辯證法。35 歲再放到實際工作中訓練。

柏拉圖對人類思想的貢獻，一是在對世界的認知方面，使人類的認知產生了一次巨大的飛躍，由對世界的感性體驗昇華為理性思維，即超越經驗直觀性而達到理性思考辯證。他提出著名的「理念論」，認為日常生活中感性事物是不真實的，變幻不定，既存在又存在，只有理念才是最真實的。理念是共相、一般，是本質，是事物的原型、模式、絕對真實，永恆不變；是思想、觀念，是精神性的東西。總之，理念是絕對獨立的精神實體。一個是人們的感覺器官能夠直接接觸到的，由各種具體事物組成的實物世界，一個只能由理智才能掌握的由各種概念組成的理念世界。柏拉圖認為，哲學任務就是教導人們視現實世界為虛幻，努力追求真實的理念世界。

柏拉圖對人類思想的另一個偉大貢獻是最早研究了正義和善等概念，提出了建立代表正義的盡善盡美的「理想國」和人生理想。

　　柏拉圖的思想對西方世界有著深遠的影響。時至今日，美國憲法中某些條款仍規定：國家應該設法發現並尊重民意，選拔最聰明、最傑出的人為國效力。這項規定就源於柏拉圖的理想國。現在，人們對純精神、思想溝通的時間漫長的戀愛，還稱之為「柏拉圖式」的戀情。

波斯大帝國的建立者

居魯士（約西元前 590 —西元前 529 年）

> 居魯士（Cyrus II），即居魯士二世，是波斯帝國（Persian Empire，亦稱為阿契美尼德帝國，Achaemenid Empire）的建立者，他聯合米底（Medes）貴族推翻宗主國米底帝國的統治，並滅亡了米底，他統一了波斯諸部落，然後他率軍進攻小亞細亞、巴比倫和中東，取得了一個又一個的勝利和征服。到了波斯帝國第三代帝王—大流士（Darius I）時，波斯帝國已經成為世界歷史上第一個橫跨亞、歐、非的龐大帝國。

在古代帝王裡，居魯士的美名經久不衰，被古代作家作為理想化的賢王。這是因為他為人寬厚豁達，尊重各地的風俗習慣，善待被征服地區的人民，從根本上糾正了亞述帝國（Assyria）殘暴的三光政策和強制移民。特別是他把號稱「巴比倫之囚」的猶太人遣送回國，幫助他們在耶路撒冷聖地重建家園，更使他在青史上流芳百世。古代文獻裡把他歌頌為猶太人的「彌賽亞」（救世主）。

居魯士大約出生在西元前 590 年，法爾斯地區當時是米底帝國的一部分，當時的米底國王阿斯提阿格斯（Astyages）把自己的女兒嫁給了法爾斯貴族坎比塞斯一世（Cambyses I），居魯士便是坎比塞斯一世和阿斯提阿格斯的女兒所生的兒子。關於居魯士的出生和他的少年時代，留傳下來許多傳說故事，這些傳說故事大都不可信。但無疑，他的家族，也就是阿契美尼德家族，世代是波斯地區的統治者，而他又是阿斯提阿格斯的外孫，足以使他成為一位顯赫的人物。

西元前 558 年，居魯士憑自己的貴族身分，逐漸將波斯 10 個部落的青壯年貴族團結在他的周圍。

有一天，居魯士對這些波斯貴族說：「國王讓我擔任波斯人的領導人，現在每人回家取上鐮刀跟我來做一件事。」大家照他的命令取來鐮刀，居魯士率領他們來到一大片長滿荊棘的土地上，讓他們在一天之內將荊棘砍盡，開出地來。他們如期完成，但每個人都累得要命。

第二天，居魯士殺掉了家中全部牲畜，又拿出酒和許多東西招待昨天的那些人。宴會接近尾聲，居魯士站起來高聲問：「今天的感受和昨天的感受相比，你們喜歡哪一種？」大家齊聲回答，喜歡第二種。居魯士又說：」如果你們願聽我的話，就會天天享受這種快樂和幸福，而不會受昨天的苦痛。我相信波斯人在任何方面都不比米底人差，憑什麼你們該受他們的壓迫？你們應毫不猶豫地起來反抗阿斯提亞格斯。」波斯年輕人早就心懷怨恨，不滿米底統治，因此絕大多數都願意跟居魯士造反，但也有人向國王通風報信。

阿斯提亞格斯聞訊立即調集軍隊，命令王室總管哈爾帕格（Harpagos）為統帥。哪知哈爾帕格對於國王殺掉他兒子的事，一直懷恨在心，率軍出發後，竟和其他同黨在陣前向居魯士投降。

阿斯提亞格斯怒不可遏，下令將那占夢的僧侶處死，然後親自帶兵出城迎戰。結果被居魯士率領的波斯軍隊打得大敗，自己也成為俘虜。波斯軍隊占領了埃克巴坦那（Ecbatana），米底王國滅亡了。

西元前 550 年，居魯士成了波斯國王。由於他的家族出自波斯十個部落之一的阿契美尼德族，所以他的王朝又稱阿契美尼德王朝。對於自己的外祖父，居魯士並未加害，而是奉養在宮中。

米底和波斯在血統和語言上都十分相近。由於居魯士保留了米底的大部分法律和行政制度，所以他在米底的勝利更像朝代的更替，而不是外來的征服者。

不久，居魯士開始顯示出他希望當征服者的野心。他的第一個目標是小亞細亞的利底亞（Lydia）國，該國國王克羅伊斯（Croesus）在傳說中是

巨富。居魯士用劍戰勝了國王的黃金。西元前 546 年，居魯士征服了利底亞國，把克羅伊斯變成了階下囚。

然後居魯士又把他的注意力轉向東面，經過一系列的征戰，他降服了伊朗的東部，並將之歸入他的帝國。到西元前 540 年，波斯帝國已經向東擴展到印度河。

隨著後方的安定，居魯士開始把注意力轉向最富有的巴比倫帝國，巴比倫（Babylon）以美索不達米亞（Mesopotamia）為中心，統治了整個肥沃月彎。巴比倫的國王不受其臣民的愛戴，當居魯士的軍隊向前推進的時候，巴比倫的軍隊無心戀戰。西元前 539 年，居魯士沒花力氣就使巴比倫投降了。巴比倫帝國包括敘利亞和巴勒斯坦，這些國土都歸到了居魯士的統治之下。

居魯士大帝不但是個卓越的軍事領袖，而且還是位溫和的君主。與其他的征服者不同，他對地方宗教和習俗很寬容。例如，巴比倫征服一個地區就將它的人口強遷到巴比倫。但 50 年後，當居魯士征服巴比倫後，他允許猶太人返回家園。因此，如果不是居魯士，猶太民族在西元前 5 世紀可能就消亡了。居魯士的決定可能有其政治動機，然而毋庸置疑的是，他是個很仁慈的君主。他所征服的民族，即使長期將波斯視為其獨立的重要威脅，也從未停止過讚頌居魯士。

這位波斯帝國締造者的最後一次出征是在帝國的東北邊境，去征服馬薩革泰（Massagetae）人。馬薩革泰人是居住在裏海東岸中亞地區的游牧部落。西元前 529 年，居魯士渡過界河阿拉克斯河（Aramayis，即唐朝之藥殺水）向馬薩革泰人進攻。居魯士初戰告捷，但卻在隨後的一次戰鬥中失利，自己也戰死沙場。據說居魯士大帝的頭顱曾被馬薩革泰女王托米麗絲（Tomyris）浸在血水中。他的遺體被運回波斯，葬於伊朗古都帕薩爾加德（Pasargadae）。

西元前 6 世紀古波斯帝國盛極一時，創造了燦爛的波斯文明。波斯帝國滅亡後，伊朗人從來沒有放棄過對昔日帝國輝煌的嚮往和憧憬。在伊朗，只要談到波斯帝國的輝煌，人們就會眉飛色舞地說：「我們也曾輝煌過，我們也曾強盛過！」而古波斯帝國的輝煌都和這個名字 —— 居魯士有關。

　　居魯士大帝不僅是波斯帝國的締造者，更是世界史上傑出的帝王和軍事領袖，他只用了十幾年時間，便滅掉米底、利底亞、巴比倫三大帝國，降服了猶太、腓尼基，把地中海東岸至中亞的廣闊地區、眾多民族都囊括到波斯大帝國之中，征服土地大約 209 萬平方英里。進入巴比倫這座當時世界上最繁華的城市之後，居魯士決定把波斯帝國的首都遷到巴比倫城，並且宣布自己是「宇宙四方之王」。

　　在居魯士大帝死後，傳至坎比塞斯（Cambyses II）時，又征服了埃及，將整個中東統一在波斯大帝國之下，持續了近 200 年。

　　拿破崙曾經說過，「盛名無非是盛大的喧囂而已，喧囂越大，傳的越遠，什麼都會消失，只有喧囂聲繼續存在，並在後輩兒孫中傳揚。」其實他的喧囂是鐵和血的喧囂，是妻子的悲傷，是父母的眼淚，是人類文明的呻吟。居魯士大帝沒有這樣的喧囂，他的盛名更是來自他的寬容。他擊敗了企圖謀害他的外祖父，但卻讓他和自己住在一起，頤養天年。他打敗了和波斯世仇米底帝國，但仍把米底國王當作一個帝王對待，對國王的忠告言聽計從。他征服了巴比倫，在這裡他的寬容達到了古代世界的頂峰，他嚴令軍隊不許擾民，尊重當地的風俗習慣、宗教信仰。更難能可貴的是他還把歷代巴比倫國王擄掠來做奴隸的各民族人民釋放，並派軍隊護送他們回故鄉，並以人力物力支援他們重建他們的家鄉和文明。這其中就有曾被稱為巴比倫之囚的以色列先民，正是居魯士大帝使他們回到了那塊「流著奶和蜜的寶地 —— 迦南（Canaan）」，也正是居魯士大帝幫助他們重建了耶和華聖殿，重建了猶太教，居魯士大帝的事蹟也因此而載入聖經。而在他那個時代征服者對待被征服者就是燒殺和掠奪，「沒有錢的就要他的妻子，沒

有妻子的就要他的腦袋」。居魯士大帝是他那個時代的奇蹟。

歷史上一次次征服，無不伴隨著哭聲，叫聲，坍塌聲。征服者盛大的喧囂背後，是一個個人類文明的沉寂。居魯士大帝征服了那麼多的國家，那麼多的文明，但他們卻沒有因此而毀滅沉寂，反而發揚光大，而那些本已銷聲匿跡的文明也因此而得以重生。

古代世界史上最偉大的征服者

亞歷山大（Alexander III），馬其頓國王（Macedon），腓力二世（Philip II）之子。著名政治家，軍事家，是世界史上叱吒風雲的傳奇人物，凱撒（Gaius Iulius Caesar）稱其為「世界之王」，西方學者認為他是「最偉大的將領」。亞歷山大，堪稱古代世界史上最偉大的征服者。

西元前 356 年，亞歷山大出生在希臘半島北部的馬其頓都城佩拉（Pella），父親是馬其頓國王腓力二世。馬其頓是希臘北部一個貧瘠落後、默默無聞的城邦，到腓力二世時，這個城邦走向強盛。西元前 338 年，腓力二世擊敗反對他的希臘聯邦，真正確立起他在全希臘的霸主地位。亞歷山大從少年時代起即隨父出征，表現出了卓越的軍事指揮才能。

西元前 337 年，腓力二世開始攻打波斯。但在次年，腓力二世被波斯派來的刺客殺死在他女兒的婚禮上，年僅 20 歲的亞歷山大繼承了王位。

亞歷山大曾拜希臘著名哲學家亞里斯多德為師，自幼接受希臘文化教育。他酷愛希臘文化，夢想不僅要征服世界，而且要使世界希臘化。亞歷山大從小興趣廣泛又聰明勇敢，12 歲時曾馴服過別的騎手不能駕馭的烈馬。他 16 歲起，就跟隨父親參加軍事征戰，學到不少作戰技術和軍事知識。在著名的喀羅尼亞戰役（Battle of Chaeronea）中，18 歲的亞歷山大曾指揮馬其頓軍隊的左翼取得輝煌的戰果。亞歷山大繼承王位之後，即著手仿效希臘人的制度，實行政治、軍事改革，削弱氏族貴族的勢力，加強君主的權力；改革貨幣，獎勵發展工商業；最重要的是軍事改革，他創立了包括步兵、騎兵和海軍在內的馬其頓常備軍，將步兵組成密集、縱深的作戰隊形，號稱馬其頓方陣，中間是重裝步兵，兩側為輕裝步兵，每個方陣

還配有由貴族子弟組成的重裝騎兵，作為方陣的前鋒和護翼。亞歷山大透過這些改革，使馬其頓迅速成為軍事強國。腓力二世被害後，希臘被征服的城邦認為這是擺脫馬其頓帝國控制與奴役的天賜良機，他們紛紛起義暴動，但年輕的亞歷山大在短短的兩年裡就平息了騷動。為了維持龐大的軍隊以鎮壓希臘各城邦的反馬其頓運動，為了實現自己征服世界的野心，亞歷山大把目光投向了領土遼闊、資源豐富、財富滾滾的波斯。

西元前 334 年的春天，亞歷山大率領 35,000 人的大軍和 160 艘戰艦，開始了遠征東方的行動。行前，他把自己的所有地產收入、奴隸和畜牲分贈予人。一位大將迷惑地問道：「請問陛下，您把財產分光，給自己留下什麼？」、「希望」。亞歷山大說：「我把希望留給自己，它將給我無窮的財富！」將士們被亞歷山大的雄心所激勵，他們決心隨他到東方去掠奪更多的財富。亞歷山大率領部隊首先占領了小亞細亞，消滅了那裡少量的波斯軍隊；然後他又揮師北上，向敘利亞進軍。在伊蘇城，他打敗波斯王大流士三世（Darius III），並俘獲他的母親、妻子和兩個女兒。看著大流士豪華的宮殿，亞歷山大讚不絕口：「這樣才像個國王！」接著，亞歷山大向南進軍敘利亞和腓尼基，又派手下大將攻占了大馬士革，從大流士三世的軍械庫裡獲得大量戰利品。他親自率領部隊南下，經過 7 個月的艱苦戰鬥，攻下了推羅（Tyre）城，把推羅城的 3 萬居民賣為奴隸。

亞歷山大圍攻推羅城時，大流士三世曾派使者求見亞歷山大，願意出鉅款贖回他的母親、妻子和女兒，還要割讓半個波斯帝國給亞歷山大。亞歷山大的一員大將帕曼紐心滿意足地說：「如果我是亞歷山大，我就接受這個條件。」亞歷山大則毫不動心，他說：「我不是帕曼紐，我是亞歷山大。」

西元前 332 年，亞歷山大切斷波斯陸軍與海上艦隊的聯繫後，長驅直入埃及，自稱是太陽神「阿蒙之子」。他親自勘查設計，在尼羅河三角洲西部，建立亞歷山卓，他要它永存人世，作為他偉大戰績的紀念碑。埃及的法老為亞歷山大加上了「法老」的稱號。在慶功的宴會上，亞歷山大分外興

奮，他說：「英雄的偉大就在於不斷開拓疆土，不斷增加權力，盡情享受美味佳餚和少女美色。」

西元前 331 年春，亞歷山大又率軍從埃及回師亞洲，借道腓尼基向波斯腹地推進，尋波斯軍主力決戰。10 月初，在底格里斯河東岸的高加米拉（Gaugamela）以西與波斯軍主力對陣。大流士三世此時已組建了較強的新軍，集結的軍隊來自 24 個部族，號稱百萬，有刀輪戰車 200 輛，戰象 15 隻。聯軍僅有步兵 4 萬，騎兵 7,000 人。雙方展開了激烈的騎兵戰和肉搏戰。聯軍騎兵主力縱隊利用缺口迅速切入敵陣，直逼大流士三世的大營。大流士三世逃遁，波斯軍慘敗。聯軍乘勝南下奪取巴比倫，占領波斯都城蘇薩（Susa）和波斯利斯（Persepolis），以及米底古都埃克巴坦那，摧毀了大流士政權，擄掠金銀和其他戰利品無數。據羅馬歷史學家普魯塔克（Plutarchus）的紀錄，馱運財寶的騾子大約有 2 萬頭，駱駝約 5,000 隻。

西元前 330 年春，亞歷山大引兵北上追擊大流士三世，大流士三世被其部將謀殺，古波斯帝國及阿契美尼德王朝遂亡。馬其頓軍隊征服了波斯的全部領土，一個橫跨歐、亞、非三洲的亞歷山大大帝國建立起來了。

西元前 327 年，亞歷山大率領軍隊離開中亞，南下侵入印度，在印度河谷建立了兩座亞歷山卓，迅速占領了西北印度的廣大地區。他想進一步征服印度的心臟地帶，向恆河流域進發。但此時亞歷山大的士兵已厭倦了長期的戰爭，再加上印度的炎熱、暴雨和疾病，他們拒絕前進，要求回家。他們紛紛舉行集會，在兵營嘩變，印度的當地居民也群起反擊。亞歷山大在萬般無奈的情況下，西元前 325 年，將大部隊撤出印度，退到巴比倫境內的奧皮斯城（Opis）。將近 10 年的亞歷山大遠征，終於結束了。亞歷山大將巴比倫作為首都，建立了一個龐大的帝國。它的版圖西起希臘、馬斯頓，東到印度河流域，南臨尼羅河第一瀑布，北至多瑙河。

西元前 323 年，亞歷山大又整編一隻龐大的軍隊，將 3 萬波斯青年編入馬其頓部隊。並準備繼續進行遠征。他計劃侵入阿拉伯與波斯帝國北面

的土地，還想再次入侵印度、征服羅馬、迦太基和地中海西岸地區。但不幸的是西元前 323 年 6 月，亞歷山大突然患惡性瘧疾，從發病到生命結束僅十天時間。他匆匆離開了世界。由於死亡的突然降臨，亞歷山大未指明他的接班人，導致了爭奪王權的激烈抗爭。在抗爭中，他的母親、妻子與兒女都被反對黨殺死。將領們紛紛擁兵自立為王，橫跨歐亞非三洲的馬其頓王國從此分裂為若干個希臘化的國家。亞歷山大龐大的帝國只存在了短短的 13 年。

亞歷山大東侵，時間並不算長，但其獨特的進攻和遠距離機動作戰方式，卻在世界戰爭史上留下了重要的一頁。他孤軍深入，以進攻為主連續戰鬥，進行了數以百計的搶渡江河、圍城攻堅，以及山地、沙漠地和平原地作戰，多次以速決戰取勝。他在諸兵種運用，特別是騎兵運用、陸海軍共同作戰、進軍路線選定、戰鬥隊形編制、作戰指揮和後勤保障等方面，都有自己獨到的做法。

亞歷山大遠征，洗劫和燒毀了亞洲一些古老的城市，將成千上萬的人掠為奴隸，以野蠻、殘忍的手段毀滅了不少東方文明。

但是，亞歷山大東征，客觀上促進了東西方的文化交流。在亞歷山大東征之前，亞歷山大認為其他民族都是不開化的民族。隨著東征，他不但改變了這種看法，並提出與其他民族平等、和睦相處的政策。在蘇薩一次盛大奢華的「結婚典禮」上，亞歷山大親自帶頭與波斯國王大流士三世的女兒斯妲特拉（Stateira）結了婚，許多馬其頓的將領也都娶了波斯顯貴的女兒，同日參加婚禮的有 1 萬對之多。在結婚典禮上，亞歷山大鄭重宣布，馬其頓人與亞洲女子結婚，可以享受免稅權利。他還親自饋贈給新娘新郎許多禮物，以示鼓勵。他還下令讓 3 萬名波斯男童，學習希臘語文和馬其頓的兵法。亞歷山大以後，希臘文化依然在亞洲得到不斷傳播，歷史學家稱此現象為希臘化文化。將從亞歷山大起到埃及被羅馬征服為止這一段時間（西元前 323 —西元前 3 年），稱之為希臘化時代。同時，東方的天文學和數學

知識也傳入希臘和西方，豐富了西方的知識寶庫。特別是東方的宗教思想傳播到希臘世界，強烈地影響了古希臘文化，並最終影響到羅馬。

埃及的亞歷山卓圖書館也是此時建立，圖書館裡收藏的從各地收集來的手稿，光是藏書目錄就多達 1,200 冊，這些珍藏吸引著東西方各地好學之士到這裡來從事研究。城裡還蒐羅了各種動物，以供學者研究動物學。正是從這時起，希臘人的科學技術與文化更豐富地發展，使希臘文化與科學幾乎在各個領域都處於領先地位。如知名的歐幾里德發明的幾何學，阿基米德（Archimedes）的力學、數學和物理學，艾拉托斯特尼（Eratosthenes）的天文學和數學，泰奧弗拉斯托斯（Theophrastus）的農學、植物學，伊壁鳩魯（Epicurus）的唯物主義哲學，還有醫學、力學、建築學、地理學和解剖學等，都有很高成就。這些文化成就帶來的就是一系列科學發明，如當時用於戰爭中的許多機械武器，用於生產上的抽水機、水磨、洗滌器等，用於建築工程方面的起重機等。這些發明創造又在後世加以改良運用，推動了物質文明發展。這些科學的發明與發展，不能完全歸功於亞歷山大的東征，但卻是與這次東征有密不可分的關係。

亞歷山大的東征，不僅促進了東西方文化的交流，開拓了人們的眼界，還開闢了東西方貿易的通路。他在東方建立的幾十座城市，都逐漸發展成為商業中心。如埃及的亞歷山卓港，至今仍是埃及著名的大海港。

佛教創始人

釋迦牟尼（西元前 563 —西元前 485 年）

> 釋迦牟尼（Gautama Buddha），姓喬達摩，原名悉達多（Siddhattha Gotama），因為父親是釋迦族（Sakya），所以成道後被尊稱為釋迦牟尼，意為「釋迦族的聖人」。釋迦牟尼是世界三大宗教之一——佛教的創始人，對世界文化產生了很大的影響。

大約西元前 563 年，釋迦牟尼出生於今天尼泊爾境內，是古印度釋迦族人。釋迦牟尼的父親，是迦毗羅衛（Kapilavastu）的國王，名舒投達那，漢譯淨飯王（Śuddhodana Gautama）。母親名摩耶（Māyā）。是與迦毗羅衛的鄰邦天臂城善覺王的妹妹。釋迦牟尼出生時，根據當時的風俗，摩耶夫人回母家分娩，途經藍毗尼花園（Lumbini），即今尼泊爾境內，生下了釋迦牟尼。

摩耶夫人在釋迦牟尼出生後的第七天去世。幼年時代的釋迦牟尼是由他的姨母波闍波提（Pajapati）養育的。在姨母的撫養下，自幼在宮中接受傳統教育，學習王族成員所應具備的一切知識和技藝，還是個騎射擊劍的能手。淨飯王對兒子寄予厚望，期待他繼承王位，一統天下。在釋迦牟尼 16 歲時，淨飯王就為他娶了同族長者之女耶輸陀羅（Yaśodharā）為妻。還為他建造春、夏、秋三時宮殿，廣造園林池臺，物色宮娥彩女，供他遊玩取樂。

釋迦牟尼在奢侈的皇宮裡長大，一向養尊處優。但他並不貪戀宮中奢靡的物質生活，因為他看到大多數人是窮人，他們遭受著貧苦生活的折磨。

釋迦牟尼 29 歲那年，一個偶然的事件，突然改變了他的一生。據說，他看到了一個老人、一個殘廢者、一個死人、一個乞討者，他從年老、疾病、死亡和貧困的痛苦中頓悟人生的真諦，就是去探尋一個解除這些痛苦

的方法。於是他終日苦苦思索，企圖以修行來擺脫人生的苦海。終於他決定放棄王子的身分，棄家外出求道，開始了創立和宣傳佛教的生涯。

剛開始的時候，釋迦牟尼向一些著名的婆羅門教學者求教，他們說只要用祈禱、奉獻、犧牲和舉行宗教儀式的方式，靈魂就可以得救。釋迦牟尼認為如此做並不能超越生死，擺脫輪迴。後來他苦苦修行了 6 年，歷盡磨難忍受飢餓，仍一無所獲。

六年後的一天他在苦修中昏倒，巧遇牧羊女餵給他羊乳，恢復了體力，他才發現：六年苦修，殘身傷智，徒勞無益。若丟掉苦行，仍像先前居家沉思，或許能獲得解脫之道。於是決定淨身進食。

釋迦牟尼不久來到菩提伽耶（Bodh Gaya）的一棵菩提樹下。釋迦牟尼端正身體，並發誓不悟一切知智誓不起此坐，便默坐進入禪定境界。

他在菩提樹下連坐了七天七夜，未進一粒米粟。

到第七夜後的黎明，釋迦牟尼忽然感到長期縈繞在頭腦裡千絲萬縷的疑難全部釋然，混沌已久的大腦豁然開朗、大徹大悟了。原來，世界上的萬事萬物都在永不停息地變化，萬物變化的唯一歸宿就是因果報應。有因必有果，因果必輪迴。人生如舟，苦海無涯，只有斷絕一切欲望，多累積施捨的善行，才能消除煩惱，才能寧靜地忍受各種痛苦，得到真正的解脫。這就是釋迦牟尼所證得的「正覺」。

從此，釋迦牟尼成為佛陀（Buddha）（簡稱佛，意思是覺悟，智者）。釋迦牟尼成佛這一天是西元前五三〇年農曆十二月初八。那年他 35 歲。

釋迦牟尼所覺悟到的真理，就是：①四諦；②八正道；③緣起論；④三法印。

佛陀的意思是「覺者」或「智者」，就是我們平時簡稱的佛。佛教對佛的解釋有三種涵義：①正覺：就是對宇宙間一切事物無增無減地、如實地了解了，覺察了；②等覺或遍覺：就是不僅自己覺悟了，而且能平等普遍地使別

人也覺悟；③圓覺或無上覺：就是自己覺悟和使別人覺悟的智慧和行動、功德都達到了最高和最圓滿的境地。

因為釋迦牟尼是坐在菩提樹下成佛的，菩提樹本叫「畢缽羅樹」（Pippala）從此就都叫做菩提樹了。菩提就是「覺」的意思。

釋迦牟尼在菩提樹下大悟成佛後，無比地喜悅，佛陀得到徹底解脫的愉快，是不可能用幾句話形容得了的。佛陀從座位上站起來，他在附近的樹下踱步，反覆品味著自己所覺悟到的真理，一連在樹下待了 21 日，因為這種獲得真理，得到解脫的快樂，使佛陀忘記了時間，忘記了自己，他只是感到他的思維在擴大、在升騰，已經和宇宙融為一體了。

釋迦牟尼成佛後，就以大慈悲的心情、博大精深的智慧、不畏艱苦的精神，開始了 40 年不間斷的弘揚佛法、教化眾生的活動。他最初說法，是到波羅奈城的鹿野苑（Sarnath），向阿若憍陳如（Anna Kaundinya）等五人，宣說四諦、十二因緣、三十七菩提會、五蘊等教說，五人皈依了他，成為最初的佛弟子。這次說教，佛教稱為初轉法輪。與此同時，又度波羅奈斯長者之子耶舍（Yasa）及其親友出家。此外，化度了原先祀火神的婆羅門迦葉三兄弟以及沙門「六師」之一的懷疑論者刪闍夜（Sanjaya Belatthiputta）的學生舍利弗（SAriputra）和目犍連（Moggallāna），此後在他的故鄉又說服了他的很多親屬如堂弟提婆達多（Devadatta）、兒子羅睺羅（Rahula）皈依了佛教。

釋迦牟尼傳教的區域，主要在恆河流域的中印度。其直系弟子的活動地區和影響所及，東至恆河流域下游，南至高韋里河（Cauvery River）畔，西至阿拉伯海沿岸。

釋迦牟尼傳教的方式是隨機的，不拘一格。他用偈頌、散文、故事、譬喻、直敘、問答等各種形式，在不同的場合，針對不同的對象，宣說不同的內容。對僧眾談論出離生死、證得無上正覺，對俗人談論道德的行

善。他准許弟子可不用規範化的梵語,而用地區方言進行說教。這就使得他的思想、學說在社會上得到廣泛的傳播。

佛陀在傳教過程中建立了佛教的組織——僧伽(僧團),一般認為,釋迦牟尼在鹿野苑初次演教,阿若憍陳如等五人皈依佛教,便是佛教僧團(Sangha)之始。這個僧團在傳教過程中逐漸擴大,開始只收男弟子(比丘),以後,他的姨母波闍波提入教後,才開始接納女弟子(比丘尼)。

僧團在開始的時候並無嚴格的制度,凡是信仰佛陀的學說,不分種姓貴賤,均可加入。在僧團內部過著平等的生活。以後為了防止僧團的混雜,避免與世俗社會的法律秩序和其他倫理道德相抵,使僧團更好地進行活動,才制定了奴隸、負債者、殺人犯、盜賊(悔過的除外)、殘廢、病人以及年不滿 20 歲者不能加入僧團的具體的規定。

起初,僧團以雲遊乞食為主,無固定的住處。後來為了適應雨季安居和集會的需要,才開始在僧眾的所在地建立了僧院。在僧眾集體生活的過程中,又陸續制定了有關衣著、飲食、用具、禮儀、居所、醫藥等日常生活細則,作為僧團全體成員共同遵守的戒律內容。

佛陀在創立僧團的同時,還給在家的信徒相應的地位。凡遵守不殺生等「五戒」的俗人,均可以成為佛弟子。他們在修行同樣可以證得涅槃。相傳,耶舍的父母是最初的在家弟子——優婆塞(Upāsaka)和優婆夷(Upāsikā)。此後,在家信徒人數不斷增加,成為與僧團並行的擁護佛教的社會力量。

釋迦牟尼晚年居住在王舍城(Rajgir)。相傳,他曾多次召集住在那裡的僧人,向他們講了有關保持僧團不衰的原則,要求他們「依法而不依他處」,然後離開王舍城北行,開始了他最後的遊化。他帶領弟子們,經過那爛陀(Nālandā)、波吒釐(Pāṭaliputra),渡恆河,到達毘舍離(Vaishali),受到當時富裕的妓女庵婆婆梨的供奉。以後便來到毘舍離附

近的貝魚伐那村（竹林村）。時值雨季，釋迦牟尼決定在那裡安居，留阿難陀（Ānanda）一人隨從，其餘弟子均分散到各處居住。在雨季中，他患了重病。雨季過後，又繼續起程，向西北地方巡遊講說。到了南末羅國（Malla）的波伐城（Pāvā，亦譯「婆瓦村」），駐錫鐵匠純陀的芒果林中，並吃了他供獻的食物。食後，釋迦牟尼中毒腹瀉，病情轉重。行至離拘尸那揭羅（Kushinagar）附近的醯連尼耶跋提河邊的娑羅林，在兩棵娑羅樹之間，右脅而臥，半夜入滅。臨終前，他告誡弟子要依法精進修行。又為求見的婆羅門須跋陀羅（Subhadra）說法，使他成為最後一個弟子。

西元前 483 年釋迦牟尼去世，遺體火化，在各地建舍利塔供養遺骨（舍利）。

佛佗的主要教導可以用佛教徒所謂的「四諦」來加以概括。第一，人生本身是不幸的；第二，這種不幸的原因在於人的自私欲望；第三，個人的自私欲望可以解除，當一切欲望和欲念解除後，他所處的狀態叫做涅槃；第四，從自私欲望解脫出來的方法是所謂的「八正道」：正見、正思維、正語、正業、正命、正精進、正念、正定。此外，佛教不分種族和階級（與印度教不同），人人都可以修行。

釋迦牟尼的教說直到他死後幾百年才用文字記錄下來。他的宗教思想已分裂成許多不同的教派是可想而知的。佛教主要的兩派是小乘派和大乘派。小乘派在南亞居主要地位，大多數西方學者認為它與釋迦牟尼創造的教說比較接近；大乘派在西藏、中國和北亞居統治地位。

釋迦牟尼作為世界上主要宗教之一的創史人，對人類產生了很大的影響。在他死後的長一段時間，佛教傳播緩慢。西元前三世紀，印度暴君阿育王（Aśoka Maurya）痛改前非皈依佛教。他的支持使佛教的影響和說教在印度迅速傳播開來，並傳到了相鄰國家。佛教南到錫蘭（今斯里蘭卡），東至緬甸，從那裡又傳遍整個東南亞，直到馬來西亞和今天的印尼。佛教還向北傳播，直接進入西藏，又向西北傳播，進入阿富汗和中亞地區。它

傳入中國，贏得了一大批信徒，又從中國傳入朝鮮和日本。

在印度國內，佛教在西元三世紀後開始衰落，到西元十世紀時幾乎到了滅絕的邊緣。但是在中國、日本、西藏和東南亞，佛教卻一直是主要的宗教。

古羅馬第一人

屋大維（西元前 63 —西元前 14 年）

屋大維（Gaius Octavius Thurinus），原名蓋烏斯‧屋大維‧圖里努斯，古羅馬傑出的政治家，羅馬帝國的創始者。西元前 30 年，屋大維打敗了安東尼（Marcus Antonius），獲得最後勝利，成為羅馬的軍事獨裁者。屋大維在國家制度上保存著共和的外衣，沒有恢復公開的軍事獨裁制度，稱自己為「第一公民」（Princeps Senatus），意即元首。元首政治開始於西元前 27 年，元老院覺得屋大維有能力鎮壓奴隸和保衛奴隸主的利益，就贈給他「奧古斯都」（Augustus）的稱號，意為神聖、莊嚴、偉大。在元首制下，元老院實際上受元首的控制，屋大維本人是元首、統帥、終身執政官、首席元老、大祭司長，獨攬軍事、司法、行政、宗教等大權，實際上是皇帝。所以，屋大維建立的元首制實質上是一種隱蔽的君主制，屋大維統治羅馬是羅馬帝國的開始。

西元前 63 年，屋大維出生於騎士家庭，父親是元老院的元老，母親是凱撒（Gaius Iulius Caesar）的姐姐茱莉亞（Julia）的女兒。也有人說屋大維的祖父是一位貨幣兌換商。到屋大維父親時，他們家已經很富裕也很有聲望了。

屋大維 4 歲時，父親去世，母親改嫁。從此，屋大維由繼父撫養。15 歲時，屋大維被選入大祭司團。西元前 45 年秋，屋大維被凱撒送到伊利里亞（Illyria）的阿波羅尼亞（Apolonia）學習。西元前 44 年 3 月 15 日，凱撒被貴族共和派刺殺。屋大維聽到凱撒被刺殺的消息，從阿波羅尼亞回到羅馬。這時，安東尼已得到凱撒的遺囑並占有了其財產。

安東尼以蔑視的態度對他說：「年輕人，除了凱撒的名字以外，你還想要得到什麼呢？錢，我已經沒有了。難道你還要凱撒的政權嗎？」屋大維轉身離開，他心裡明白，他將和安東尼進行一場爭奪權力的戰爭了。

奪取政權最需要的是軍隊。屋大維在羅馬廣場拍賣自己的財產，用錢招募凱撒原來的部下，他很快就有了一支裝備精良的部隊。西元前 43 年 7 月，當安東尼出兵在外時，屋大維率兵進入羅馬，威逼元老院任命他為執政官。元老院的人正想利用屋大維控制安東尼，於是屋大維就和安東尼勢均力敵了。當時雷比達（Marcus Aemilius Lepidus）是凱撒的騎兵長官，很多擁護凱撒的人都歸依了他。

　　西元前 43 年秋，屋大維與安東尼、雷比達在北義大利會晤，並締結了協定。這個協定歷史上稱為「後三頭」同盟。然後三人率領軍隊占領羅馬，解散原來的政府。

　　西元前 42 年，安東尼出征羅馬東部行省總督，到了埃及。埃及女王是美貌與勇氣俱全的女子，她曾和屋大維的義父凱撒結婚，凱撒死後她自己獨自治理她的王國。安東尼也迷上了美貌的女王，他們相愛了，並生了一對可愛的雙胞胎。安東尼居然把東方行省的地區贈送給了埃及女王及其子女。安東尼這種行為激起了羅馬人強烈的不滿，屋大維抓住機會煽動這種不滿情緒。

　　西元前 36 年，屋大維解除了雷比達的軍權，三頭鼎立遂變成兩雄對峙。西元前 32 年屋大維和安東尼公開決裂，屋大維以武力迫使元老院和公民大會宣布安東尼為「國家之敵」，向埃及女王宣戰。

　　本來安東尼的陸軍實力數倍於屋大維，但是他因為愛慕埃及女王克麗奧佩脫拉（Cleopatra VII）而盲目聽從她的建議選擇在海上迎擊敵人。

　　西元前 31 年 8 月，安東尼和埃及女王率軍 10 萬人、戰船 500 艘來到希臘西海岸，將艦隊配置在安布拉基亞灣（Ambracian Gulf），陸軍駐紮在海灣南岸一帶。屋大維率軍 8 萬、戰船 400 艘渡海東征，以陸軍占領科罕島和萊夫卡斯島，對安東尼軍形成南北夾擊之勢，以艦隊控制安布拉基亞灣出口，並派戰船襲擾安東尼的後方補給線。安東尼派步騎兵襲擊屋大維軍，多次受挫。他面對供給困難，士氣低落的不利局面，決心在海上與屋

大維決戰。

安東尼將艦隊分為左、中、右三個編隊成一線展開,親率右翼編隊迂迴敵方左翼,女王率預備隊尾隨接應。屋大維針對敵方部署特點,也將艦隊分成左、中、右3個編隊,並成一線展開,由海軍名將阿格里帕(Marcus Vipsanius Agrippa)指揮左翼編隊迎戰安東尼。9月2日,安東尼率艦隊進至海灣出口亞克興角(Actium),其右翼編隊從上風方向發起進攻。阿格里帕的左翼編隊充分發揮船體輕、航速快、機動靈活的優勢,避開對方遠端火炮的轟擊,運用撞擊、火攻、接舷跳幫等戰術進行反擊。安東尼船大致重,運轉不靈,被動挨打,損失慘重。作戰中,其中央和右翼編隊見勢不妙,有的掉頭回航。率領預備隊的埃及女王,不明真相,也下令其編隊掛起風帆脫離戰場,駛向埃及。安東尼見大勢已去,無心再戰,命令戰船尾隨其後撤退。

此戰,安東尼損失戰船300餘艘,其陸軍全部投降,從而決定了內戰的最後勝負。安東尼和女王逃回亞歷山卓,此後不久,安東尼迫於軍事形勢而剖腹自殺,女王也讓毒蛇咬死自己。屋大維親臨埃及,結束內戰,建立起地跨歐、亞、非三洲的羅馬帝國。

西元前27年1月13日,屋大維召開元老院會議,宣布交給他作為三頭之一的權力「恢復」共和國。心懷感激的元老院於西元前27年1月16日授予他「奧古斯都」(意為神聖、莊嚴、偉大)尊號。共和政體的機關,如元老院、公民大會以及官員的選舉制等,仍然保存。但同時,屋大維又裝作俯就元老院和人民的請求,接受了與共和制完全違背的絕對權力。他所創立的國家制度被稱為元首制,他把自己稱為元首(即國家第一人、第一公民,在元老院名冊上,他列在第一名)。他所擔任的這些職務,使他總攬了軍事、政治和宗教等方面的大權。

奧古斯都的政權是羅馬帝國範圍內奴隸主的聯合政權,實行嚴格的階級政策。元老等級地位最高,必須是貴族出身,具有100萬塞斯特爾提烏

斯銀幣 (Sestertius) 的財產資格。元老可以擔任高級長官和行省總督。第二等級是騎士。騎士的財產資格規定為 40 萬塞斯特爾提烏斯。騎士除從事包稅等活動外，還可擔任近衛軍長官、行省的經濟財政官職和各級軍官。之下是平民。他們一部分擁有大小不同的作坊和商店，從事手工業、商業或經營菜園和果園。但大部分是遊手好閒者，靠社會施捨、救濟維持生活。奧古斯都對他們採取許多辦法，使約 30 萬羅馬貧民領到糧食和金錢，30 萬人得到分地和金錢。對奴隸則實行殘暴統治。不僅限制釋放奴隸，而且還重申舊法，如奴隸殺死主人，以及與之同住一處，聞主人呼聲而未前往救助的奴隸，均處以死刑。

奧古斯都重新調整行省制度和對行省居民的統治政策。業已安定的各省為元老院行省，由元老院任命總督管轄；敘利亞、西班牙和高盧為元首行省，由元首直接管理；埃及則為元首私產。在元老院所轄各行省中，奧古斯都掌有派遣代表召募軍隊、徵收軍稅、管理地產之權，實際上控制著這些行省。

屋大維開創的元首制，君主隱藏在共和國的外衣之中。他是事實上的羅馬帝國的第一個皇帝，只不過沒有採用皇帝的稱號而已。直到 300 多年以後的戴克里先 (Diocletian) 當政時，才公開採用君主專制的統治形式。

奧古斯都實行比較靈活的對外政策。在東方，羅馬曾與帕提亞發生戰爭，在戰役中許多羅馬人成了俘虜，軍旗也被奪走。西元前 20 年，帕提亞王國發生了王位繼承之爭，對抗的雙方都向羅馬求援。奧古斯都利用這個機會，使帕提亞國王自願歸還了一切戰利品和俘虜，並送給羅馬大量貢品。幼發拉底河被定為羅馬與帕提亞的疆界。這一事件大大地提高了奧古斯都的威信。在西方則繼續征服分散的各地部落，極力向萊茵河、多瑙河沿岸擴展帝國的疆界。執政期間，他完全征服了西班牙和高盧，消滅了住在阿爾卑斯山南坡的撒拉森人。接著進軍多瑙河沿岸，建立了雷蒂亞 (Raetia)、潘諾尼亞 (Pannonia) 和默西亞 (Moesia) 等新行省。西元前

12 年，又越過萊茵河，占領了從萊茵河到易北河的全部地區，建立了日爾曼行省。

西元 14 年奧古斯都巡視南義大利，在路上病逝，享年 77 歲。

屋大維統治羅馬 43 年，在這以後將近 200 年裡羅馬政局穩定，經濟、文化都有了全面的發展，被稱為「羅馬的和平」或「羅馬黃金時期」。四通八達的道路把羅馬大帝國的各個部分連接為一個整體，羅馬是羅馬帝國的中心。「條條大路通羅馬」的諺語就形象地描述出羅馬帝國當時交通發達、商業繁榮的景象。

基督教創始人

耶穌是世界三大宗教之一——基督教的領袖，是歷史上很有影響的宗教啟示者，稱為基督（希臘語、又稱彌賽亞，即救世主）。耶穌作為宗教思想的領袖，對後世產生了深遠的影響。

每年的 12 月 25 日的耶誕節，據說就是耶穌的降生日。大約西元元年，耶穌生於耶路撒冷以南的伯利恆。在伯利恆的一個村莊，有一對新婚不久的夫婦。一天夜裡，丈夫約瑟（Yosef）夢見上帝說：你的妻子瑪麗亞（Miryam）是位聖女，她在代上帝生子，望好自為之。於是當年的 12 月 25 日，耶穌降生了。伯利恆誕生了上帝之子的消息不脛而走，專橫的猶太國王赫羅德下令殺掉所有在 12 月 25 日出生的嬰兒。約瑟一家聞訊連夜出逃，奔向埃及。

約瑟和瑪利亞按照摩西的法律，帶孩子來到耶路撒冷聖殿，將孩子獻給上帝，為他行了割禮，此後，約瑟領著妻子來到了拿撒勒。耶穌的童年是在拿撒勒度過的。

據說耶穌自幼聰明好學，12 歲時隨父母去耶路撒冷，曾在錫安山上的聖殿裡與猶太教的律法師們坐而論道。當時，有一位被稱作「施洗約翰」的先知正在宣傳一種與傳統猶太教不同的新宗教思想，他聲稱上帝的天國即將臨近，末日審判的鐘聲即將敲響，人們若想取得上帝的寬恕，就必須懺悔自己的罪過，用約旦河水洗浴身心。耶穌深受其影響，在 30 歲那年，他來到約旦河邊領受了施洗約翰主持的洗禮。

據傳說，當耶穌受洗禮以後從水裡出來時，天忽然開了，聖靈從天而下飛到耶穌身上。與此同時，天空中傳下聲音：「你是我的愛子，我喜歡你！」約翰目睹了這一切。自此，約翰為耶穌作證，稱他為上帝的兒子，他

為拯救世人，由聖靈降孕瑪利亞而取肉身成人。耶穌接受約翰的宣揚，以救世主的身分到各地進行宗教宣傳活動。

　　受洗以後，耶穌在曠野裡經受了 40 天的考驗。他拒絕各種誘惑，最終選擇了救贖世人的使命。於是，耶穌回到故鄉，開始傳播天國臨近的福音，後來又到猶太各地傳道。他宣稱天國是個嶄新的世界，那裡充滿上帝的公義，是善良虔誠者的最終居所，一切在現實中被顛倒的東西都將在天國重新整頓。他把猶太教律法概括為「愛上帝」和「愛世人」兩條，並稱之為「律法和先知一切道理的總綱」。他勸人們相信福音，及時悔改，迎接世界末日的審判。耶穌一邊傳教，一邊還替窮人治病，因而吸引了大批平民信徒。

　　耶穌一再向人們表明，他所說的上帝滿懷慈愛與寬容之心，使人們能夠從犯罪所帶來的痛苦中解脫出來。他經常活動在生活貧困的下層群眾中，慢慢地，無論耶穌前往什麼地方，民眾都會蜂擁而至。耶穌在眾信徒中挑選了 12 個門徒，賦予他們傳教的使命和權力。

　　耶穌的 12 門徒各有所長，各有特點。耶穌選定門徒以後，不僅把教規、教義等方面的思想觀點傳授給他們，而且嚴格訓導他們。

　　耶穌深知門徒們都具有各種特長，能夠各顯神通，心中抱著很大希望。

　　從此，12 門徒支持和保護耶穌到各地進行傳教。

　　耶穌的傳教活動受到民眾的廣泛響應。耶穌的傳教活動能夠吸引廣大民眾的主要原因是，他把傳道與行醫結合起來，他對天國、彌賽亞的宣傳，反映了被壓迫民眾對現實的不滿，行醫神蹟則證明他具有神能，因此越來越多的人相信他是上帝派來的。

　　耶穌經常在差役們的監督下進行宗教宣傳，他逐漸地感覺到，猶太人與自己為敵，祭司和法利賽人（Pharisees）也絕不會放過他。他認為耶路撒冷不是自己久留之地，因此動身回加利利了。但是，耶穌尚未到加利利，便得知曾經給他洗過禮證明他的先知身分的約翰，因宣傳新教受到猶

太人的仇視，關押多年後被希律王的差役殺害了。

　　經過多次的周折，耶穌反覆觀察門徒們的行為，發現彼得最忠於天國，也很聰明，所以決定把進「天國」的鑰匙轉給他，讓他根據上帝的安排行事。

　　形勢發展越來越艱難，社會環境對耶穌很不利。由於猶太人和文士、法利賽人的迫害，拿撒勒（Nazareth）、加利利（Galilee）都拒絕他去傳教。這時又發生了彼拉多（Marcus Pontius Pilatius）殺害信奉基督教的加利利人的事件。西元 30 年在猶太人的逾越節將來臨之際，耶穌決定赴耶路撒冷，向耶路撒冷當權者和法利賽人挑戰。此時去耶路撒冷凶多吉少，耶穌決心以身殉國（天國）以死救世。到了耶路撒冷，耶穌深感自己已陷入舟沉釜破之境地，只有用自己的血，才能開出一條拯救以色列民族的道路。

　　耶穌預感到自己在世的日子不長了，所以終日向群眾宣傳天國，答覆他們提出的問題。

　　多次的交鋒失敗後，更激起了當權者對耶穌的仇視。

　　最後，耶路撒冷的當權者和法利賽人列出了耶穌的三條罪狀：一是耶穌宣稱自己有赦罪的權利，對當權者進行挑戰；二是在安息日為人治病，公然違反猶太人的法律；三是同情被法利賽人治罪的「賤民」。

　　而這危難時刻，耶穌的門徒猶大出賣了耶穌，耶穌以擾亂世俗罪被告而遭到逮捕。

　　耶穌被送交羅馬猶太人總督彼拉多那裡受審。耶穌最終以「謀叛羅馬」，自稱「猶太人的王」之罪被判極刑，被釘上了十字架。據傳說，耶穌死後第三日復活，顯現於諸門徒面前，第 40 天升天。

　　耶穌的活動與巴勒斯坦的歷史密切相關。古代猶太民族是西亞地區一個災難深重的弱小民族，飽受外國奴役和亡國之苦。特別是羅馬人的殘暴統治，曾激起猶太人一次次反抗，但結果均由統治者的嚴酷鎮壓而失敗。人們在忍受奴役的痛苦中，渴望傳說中的彌賽亞降臨的心情，遠遠超過猶

太歷史上的任何時候。耶穌自稱彌賽亞，在平民中傳道、創教、治病，他的思想充滿對羅馬統治者的不滿，對揮霍無度的奴隸主貴族的鄙視，以及對「理想之國」的渴望，這對災難深重的人們來說，無疑具有強烈的吸引力。

耶穌死後，他的門徒繼續宣傳他的主張，特別是門徒保羅把耶穌描繪成千種「神力」，宣稱「耶穌從來就是救世主，為救世人，流血犧牲，為人類贖了罪。世界末日，他將復臨，幫助人們建立『理想之國』。」強調不分民族，「信基督降臨的，必得到拯救與上帝的賜福」。這些內容與猶太教義相抵觸，猶太教的當權派遂將拿撒勒派逐出聖殿，由此，基督教從猶太教中分離出來，成為獨立的派別。

基督教的創立，加速了羅馬帝國的崩潰，推動了西方社會由奴隸制向封建制的轉化，在此後的兩千多年裡，基督教作為一種世界性宗教，其影響已遠遠超過宗教範疇，對人類的政治生活、社會歷程、文化思想等領域都有重要影響。

政教合一開創人

> 穆罕默德（Muḥammad）是世界三大宗教之一——伊斯蘭教的創始
> 人，又是第一個統一阿拉伯半島的政治家和軍事家，開創了宗教
> 和政權合一的世界偉人，對人類文化和阿拉伯半島的歷史，產生
> 了深遠的影響。

西元 570 年，穆罕默德生於阿拉伯半島麥加城，其父阿卜杜拉（Abdullah）在他降生以前就死了，由祖父阿布都蒙塔里布照看。其母阿米娜在他六歲時死亡，穆罕默德成為一個孤兒。一年後，祖父也去世。其後，叔父阿布塔里布提供他幫助。

穆罕默德兒時的情況鮮為人知，但伊斯蘭歷史記載他年僅十二歲時就跟隨著叔父一起遊歷敘利亞。他大約是在那時對猶太教和基督教有了初步的印象，這些一神論的宗教和其教義與他自己民族的多神偶像崇拜是大為不同的，並激發穆罕默德研究宗教的興趣。

穆罕默德在二十五歲時接受委託，負責打理麥加一個叫名海底徹（Khadijiah）的富有寡婦的生意。海底徹比他大十五歲。於是，穆罕默德再次啟程前往敘利亞做生意，而這次是出售海底徹的貨物。

穆罕默德不負所託，成功地完成了他的任務，售出了她的貨物，並且購買了一些物品。海底徹是一個出身高貴且風韻迷人的女人，她拒絕了所有的追求者，卻無可抗拒地被穆罕默德所吸引。她差派使者向他求婚，她如此表達自己對穆罕默德的印象：

「哦，我伯父的兒子，我喜歡你是因為我們的關係，還有你在眾人當中的崇高聲譽，你值得信賴，具有優秀的品格，為人真誠。」

穆罕默德立時接受了她的求婚，他們很快便結婚了。儘管他們有相當

的年齡差距，但那段婚姻顯然是美滿的。她為他生了兩個兒子（都在童年夭折），以及四個女兒：扎伊納布、露卡依亞、烏姆庫勒蘇姆及法蒂瑪。雖然在她死後，穆罕默德娶了很多妻子，但他在她生命的最後二十五年裡，對她卻是忠貞不渝。

穆罕默德和其他許多先知一樣，反對偶像崇拜，嚮往先知易卜拉欣（Abraham）所宣傳的崇拜唯一真主的宗教。年輕的穆罕默德卻經常遠離城市到麥加附近的希拉比山洞去參悟和冥思造物之無窮的奧妙和人間的奇聞異象。他一心思考，尋求真理。

大約在西元 610 年萊麥丹日（伊斯蘭教曆九月）末的一個夜晚，四十歲的穆罕默德又一次來到希拉比山洞，他祈禱真主為他指出一條正路。他懷著對真主的真誠信仰日夜靜坐，苦思冥想。就在穆罕默德閉目冥思、昏然欲睡時，忽然聽到一個聲音：「你是阿拉的使者。」這是他成為阿拉的使者或先知的開端。此後他不時接到「啟示」，他相信這是阿拉直接傳來的資訊。有時，穆罕默德和他的信徒將這些啟示銘記在心，有時將之寫下來。約西元 650 年，這些啟示被整理、編輯成《古蘭經》（Quran），流傳至今。

西元 613 年開始，穆罕默德的傳教活動由地下轉為公開。穆罕默德公開主張人們經濟應該平均享有，以避免貧富懸殊。他主張慈愛、同情、友好、善待奴僕。

穆罕默德的真理就是讓人們歸心他，歸心阿拉，阿拉是世界上唯一的神。他還認為，人的命運由阿拉安排，個人無法選擇。他還要求人們信崇穆罕默德是阿拉的使者和先知。

穆罕默德生活的時代，酗酒成風，活埋女嬰，氏族成員和部落之間戰亂不已。他告誡人們酗酒是「殘殺」兒女，勸人們戒酒。避免部落和氏族之間的戰爭。他還主張人們絕對自由。

在伊斯蘭教的傳播下，古萊什（Quraysh）的貴族們開始覺察到，穆罕默德提倡社會平等影響了他們的特權和地位，因此他們集中力量攻擊穆罕

默德及其信徒的一切傳教活動，貶低、否定穆罕默德的先知地位。

這些打擊活動並沒有動搖穆罕默德堅定的信仰。在穆罕默德堅持不懈的努力下，又有一些人參加了伊斯蘭教。

貴族們對穆罕默德和伊斯蘭教徒的迫害日益加劇，他們追捕穆罕默德，殘殺伊斯蘭教徒。

面對貴族階級的反對和迫害，穆罕默德命令部分信徒於西元 614 年至 615 年分兩批遷往阿比尼西亞（Abyssinia，即今衣索比亞）。

西元 619 年至 620 年，穆罕默德的伯父和妻子先後去世，傳教活動失去了重要的支持，在伊斯蘭教史上被稱為「悲傷的一年」。正當穆罕默德處於水深火熱之中時，一個偶然的機會，使他的處境大為改變。一年一度的朝覲節（Hajj）又到了，有一大群麥地那人來拜見穆罕默德。他們告訴穆罕默德，在麥地那，各種偶像已被搗毀，許多人已皈依伊斯蘭教，還有許多人在等待時機。他們還說，已經準備接受穆罕默德去麥地那。這一消息使穆罕默德沉思起來。與其在麥加到處碰壁，不如把麥加的穆斯林遷到麥地那去，在那裡安全地生活。於是，他下達了遷徙的命令。穆斯林們分頭祕密離開麥加。

西元 622 年，麥加的部落貴族預謀殺害穆罕默德。7 月 16 日，穆罕默德聞訊後與他的主要支持者連夜逃往麥地那，路上走了 12 天。後來這一年被定為伊斯蘭教的紀元。

在麥地那穆罕默德得到了當地部族的支持，並建立了第一座清真寺，規定了宗教的信仰、教規和典禮制度，建立了自己的武裝和政教合一的政權組織。

從那以後，全麥地那人都成了穆罕默德的支持者。穆罕默德由最初的一位宗教領袖，成為被公認的軍事首領和政治領袖。人們對他的統治不再持有任何異議，都把他當做麥地那的君主。一個新的政治強國在世界上誕生了。

政教合一開創人

穆罕默德由麥加遷至麥地那建立政教合一的政權之後，當地的貴族們對他們的統治地位深感憂慮，採取各種手段進行破壞。為了進一步鞏固麥地那政教合一的政權，穆罕默德率領穆斯林武裝，用武力與麥加貴族進行抗爭，一系列的聖戰就這樣發生了。

西元623年，他親自率領軍隊攔截經麥地那去敘利亞的麥加商隊，襲擊3次，都沒有成功。西元624年3月，穆罕默德帶領315人的隊伍，襲擊由阿布‧蘇富揚率領的從敘利亞返回麥加的商隊。穆斯林初戰獲勝，大長了穆斯林威風，打擊了敵人的銳氣。

西元625年3月，阿布‧蘇富揚（Abu Sufyan）調動3,000餘人攻打麥地那。穆罕默德親率1,000人出城應戰。但這次穆斯林軍隊的部分士兵臨陣逃脫，因而戰敗，只好退回麥地那。

西元627年3月，阿布‧蘇富揚率軍再次進犯麥地那。穆罕默德率領穆斯林們奮勇抗敵，最後征服他們，麥地那最高據點的異教徒被拔除。

接著，穆罕默德又征服了住在麥地那與麥加之間的白尼‧利哈揚族、白尼‧蓋爾德族等各部落，勢力範圍逐漸擴展到了麥加的附近。

628年，他獲悉麥加部分人士有與穆斯林妥協的意願，不失時機地利用朝覲季節率領隊伍前往麥加，當麥加反對派奮而迎擊之際，他卻轉而與之訂立《侯代比亞和約》（*Treaty of Hudaybiyyah*）。表面上，協定內容有利於麥加人。實際上，它表明麥加反對派無法否認伊斯蘭勢力的存在和強大。這既為穆罕默德爭取到次年和平進入麥加朝覲的權利，又為他可以隨時利用協議率領信仰大軍征服麥加提供了口實。

630年，穆罕默德果然利用麥加人違反協議的時機進軍麥加。麥加此時無力作戰，舉城投降，穆罕默德除了下令摧毀麥加神廟內外的偶像外，他滿足了當地民眾皈依伊斯蘭教的願望。從此，穆罕默德在阿拉伯半島上的聲望日增。631年，半島各部落紛紛派遣代表團到麥地那，向他或是表示政治上的順從，或是表示宗教上的皈依（史稱「代表團之年」）。由他創立的伊

斯蘭教這時已成為半島阿拉伯人的民族宗教；隨著他的繼任者的努力，伊斯蘭教很快發展為世界性宗教。

632 年，64 歲的穆罕默德已經成就了非凡的事業，特別是已經完成了阿拉賦予他的使命：《古蘭經》的全部內容都已降示完畢，伊斯蘭教的淨洗、禮拜、施捨、齋戒、朝覲等基本禮儀和義務也都已確定。

632 年 3 月，穆罕默德染上了風寒，頭痛得屬害，久治不癒，穆罕默德在聖妻阿伊莎（Aisha）的懷中安詳地閉上了雙眼。穆罕默德病逝時，大致上統一了阿拉伯半島。

伊斯蘭是阿拉伯語音譯，意為「順從」，在舊稱回教、回回教、清真教、天方教等，是 7 世紀初穆罕默德所創立，與佛教、基督教並稱世界三大宗教。穆罕默德以伊斯蘭教為號召，在麥地那建立了代表貴族商人利益的政權。教義規定，信仰阿拉是唯一的神，穆罕默德是阿拉的使者；信《古蘭經》是阿拉啟示的經典；信世間一切是阿拉前定；信死後復生、末日審判等。該教主要有遜尼（Sunni）和什葉（Shia）兩大派，分布於亞、非地區，特別是西亞、北非和東南亞各地。

伊斯蘭教由阿拉伯地區性單一民族的宗教發展成世界性的多民族信仰的宗教，是阿拉伯伊斯蘭國家經由不斷對外擴張、經商交往、文化交流、向世界各地派出傳教士等多種途徑而得到廣泛傳播的結果。西元 632 年，穆罕默德逝世後，伊斯蘭教進入「四大哈里發時期」，隨著統一的阿拉伯國家的對外征服，伊斯蘭教向半島以外地區廣泛傳播，史稱「伊斯蘭教的開拓時期」。661 年起，伊斯蘭教進入阿拉伯帝國時期，歷經倭馬亞王朝（Umayyad Caliphate）和阿拔斯王朝（Abbasid Caliphate），橫跨亞、非、歐三大洲，伊斯蘭教成為帝國占統治地位的宗教，經濟和學術文化得到空前的繁榮和發展，史稱「伊斯蘭教發展的鼎盛時期」。11 世紀，發生了十字軍東征（西元 1096 — 1291 年）和蒙古人的西征，阿拔斯王朝終於在西元 1258 年被蒙古旭烈兀所滅亡。13 世紀末，西印度的穆斯林商人將伊

斯蘭教帶入印尼群島。15 世紀末，阿拉伯帝國再度興起，帝國已占領整個小亞細亞及巴爾幹半島，將伊斯蘭教傳入西南歐地區。16 世紀是帝國的強盛時期，先後占領了亞美尼亞、喬治亞、敘利亞、埃及、巴格達、美索不達米亞、的黎波里、阿爾及利亞、漢志和葉門等國家和地區。伊斯蘭聖地麥加、麥地那和耶路撒冷也在帝國的控制之下。其疆域已包括以前的拜占廷帝國和阿拉伯帝國的大部分領土，成為橫跨亞、非、歐三大洲的伊斯蘭帝國。

西方最偉大的畫家

李奧納多 · 達文西（Leonardo da Vinci），義大利人，文藝復興時期卓越的代表人物，他的成就和貢獻是多方面的。他不僅是一位天才的畫家，還是大數學家、科學家、力學家和工程師，是一位多才多藝、全面發展的人。他有著多方面的才能，對人類做出需多貢獻。他不僅會畫畫、雕塑、建築房屋，還會發明武器，設計過世界上第一個飛行機、他又是一個醫學家、音樂家和戲劇家，而且在物理學、地理學和植物學等其他科學的研究上也很有成就。他體格健壯，力量過人，據說他一隻手就能輕易地折斷馬蹄鐵。他左右手都會寫字、作畫，他用左手寫的字是反向的，人們只有在鏡子裡才能看懂。達文西被稱為西方最偉大的畫家，文藝復興時的萬能巨人。

他是一位天才，他一面醉心藝術創作和理論研究，他研究如何用線條與立體造型去表現物體型態；另一方面他也同時研究自然科學。達文西是義大利文藝復興時期最偉大、最著名的巨匠。

西元 1452 年 4 月 15 日，達文西出生在佛羅倫斯附近的托斯卡尼（Toscana）。父親是位有名的公證人，佛羅倫斯大行會的會員，母親卡特麗娜是貧苦農家的少女。達文西是一個私生子，他出生了不久，父親就遺棄了母親，和一位有社會地位的女人結了婚。

達文西生性活潑好動，好奇心極強，總愛問為什麼，深得母親喜愛，在他 5 歲那年，繼母因不能生育，父親便強行把他領回去撫養，而親生母親卻由於生活無所寄託而嫁給了一位農夫，不久就去世了。後來繼母又去世了，父親續弦，但繼母仍沒有生育，因此達成了家裡唯一的繼承人。

達文西的家庭非常富有，幼時的達文西是在良好的知識環境下成長

的。到了該入學的年齡，父親把他送入學校進行系統教育，達文西聰穎好學，對任何事都很感興趣，從不滿足老師講授的課程，尤其對數學有濃厚的興趣，常常提出一些疑難問題，讓老師瞠目結舌，十分窘迫。在音樂方面，達文西善吹笛，能創作，不僅會作詞，還會作曲，又有一副好嗓子，能自彈自唱，在為米蘭公爵演奏豎琴時，還自製樂器，表演完全超出了其他樂師，一時轟動米蘭。

達文西體格健壯，喜愛各種體育活動，善馴馬，曾力挽狂奔之馬。達文西善辯論，能使最強的對手甘拜下風。他左右手均能書寫作畫，他的許多手稿都是左手自右而反寫出來的，後人只有借助鏡子反射出來才能辨認。

達文西愛好頗多，但繪畫在他的心目中的地位卻無與倫比，每日放學回家扔下書包，便拿起畫筆，不吃不喝，完全沉浸在畫布上，被人稱為小天才。

在達文西的少年時代，繪畫還是一項算是低賤的職業，達文西的父親卻是有名的望族，希望他繼承父業，學習法律，作一名公證人，但達文西非常希望父親能理解他熱愛繪畫的理想。機會終於來了。

一天，有位農夫他有一面用無花果樹製作的盾牌，想在上面畫一幅畫，於是請達文西的父親帶到城裡請畫師畫。但他的父親卻把他交給了達文西，想試試他的畫藝。達文西決定畫一幅驚心動魄、令人望而生懼的盾面畫。他首先讀了幾本有關妖魔鬼怪的書籍，然後開始構思。有一天他想起了希臘神話中的女妖美杜莎（Medusa）的傳說，深受啟發。她是一個蛇髮女妖，面貌凶醜，口噴火焰，頭髮都是一條條毒蛇，她的魔眼看了能使人僵化為石。於是達文西不僅收集女妖的資料，還運用了一些小動物，它們被藏在了一間從不准旁人進入的房間裡，綜合了這些形象，他開始他的創作，他不斷工作，小動物的屍體都腐爛發臭了，他毫無察覺。

經過一個多月的奮戰，終於畫成了一副駭人的魔鬼頭像：兩眼噴火，鼻孔生煙，口吐毒汁散發著毒氣，毛髮倒豎。然後他把窗簾都拉上，僅留

一道縫隙，在盾牌上，請父親來觀看，但不作說明，父親當即嚇得轉身即逃，就這樣，父親不再逼他學習法律了。而那面盾牌以 100 金幣的高價賣給了一位商人，商人又以 300 金幣賣給米蘭公爵，而農民得到的卻是商店裡買來的盾牌。

西元 1446 年，達文西全家遷居佛羅倫斯，達文西也進入了畫坊開始系統地學習繪畫和雕刻。

1466 年，十四歲左右的達文西到當時著名的畫家兼雕刻家委羅基奧（Andrea del Verrocchio）的工作室去學畫，他不僅是畫家、雕刻家、首飾家，而且還是建築家、工程師和音樂家，是一位學識淵博的有經驗的老師。這裡用數學、透視學、解剖學等應用科學，作大膽的藝術實驗。因而達文西在這裡受到良好的、多方面的教育和鍛鍊，促使他日後成為文藝復興鼎盛時期多才多藝、學識廣博的大師之一。

1472 年，二十歲的達文西已正式成為畫家，他的名字已被記載在佛羅倫斯畫家行會的「紅簿子」上，但他仍舊在他的老師委羅基奧工作室內工作，一直到 1476 年為止。1480 年，他有了自己的工作室，但僅僅工作了兩年，到 1482 年，他便離開了自己的故鄉到米蘭去。這一段時間，可以說是達文西創作活動的「早期」，在早年獨立創作的作品中，年輕的藝術家貫注全神於人體研究，姿勢與表情、服裝以及大自然的環境描寫，甚至連一花一草都不隨便放過。

西元 1482 — 1499 年在米蘭生活的十七年間，無論在藝術創作和科學研究上都是他的「成熟期」。這一時期，他以軍事工程師、建築師、畫家及雕刻家的身分從事多元的創作活動，在繪畫、雕刻、建築、水利工程和機械工程等各項事業上，均取得驚人成就。他在研製、設計飛機和降落傘方面的發明，為現代航空運輸和軍事技術做出了極其寶貴的貢獻。

其中，在 1495 — 1498 年，達文西完成了舉世聞名的藝術傑作——《岩間聖母》（*Virgin of the Rocks*）和《最後的晚餐》（*Il Cenacolo*），從而奠定

西方最偉大的畫家

了他在美術史上不朽的地位。歐洲畫壇認為,《最後的晚餐》是所有畫卷中的最佳珍品,是歐洲藝術的拱頂之石,是千古不朽的傑作。

西元 1503 — 1506 年,達文西另一幅世界名作 —— 《蒙娜麗莎》(*Monna Lisa*) 問世了,這幅畫非常優美,展現在人們面前的是蒙娜麗莎天真無邪的心底和旺盛的生命力。

儘管達文西的聲譽已傳遍了義大利及歐洲,但他在佛羅倫斯仍然受到當權者的冷眼。1506 年,憂傷和失望的達文西應法國駐米蘭總督的邀請,再次來到米蘭。在米蘭,他把主要精力用於研究自然科學,把繪畫雕刻放到次要的地位。1512 年,達文西創作了他的最後一部畫作 —— 素描《自畫像》(*Portrait of a Man in Red Chalk*)。

1513 年,因為一場政治事件,年已 60 歲的達文西再度遷徙。同年年底,來到羅馬。達文西在這座「不朽城」一直待了三年,始終遭人冷落,此時拉斐爾在繪製教皇新寓所中的壁畫,米開朗基羅正全心完成教宗儒略二世 (Pope Julius II) 的陵墓工程。大量飽含苦澀的手稿反映了這位年邁大師的失望心理,他仍埋頭於數學研究和技術實驗中。在如此孤寂的生活中,很容易理解達文西為何不顧 65 歲高齡而決定接受年輕的國王法蘭西斯一世的邀請去法國為他效命。

1516 年,應法國國王法蘭西斯一世的邀請,達文西遷居法國安布瓦斯城附近風景優美的克魯堡,擔任宮廷首席畫師、建築師和工程師。可是,到法國後不久,達文西的右手便因中風開始麻痺,各種疾病也相繼襲來,但他仍然堅持用左手設計規劃宮殿和運河灌溉系統。1519 年 4 月 19 日,達文西患重病。5 月 2 日,他與世長辭,享年 67 歲。

達文西是義大利「文藝復興」全盛時期的傑出代表。在繪畫方面,他把科學知識和藝術想像結合起來,建立了一派新風,創立了義大利這一時期反映世俗生活的新的繪畫流派,為繪畫藝術開闢了現實主義道路,使當時的繪畫表現能力發展到一個新的階段。

《自畫像》是達文西的素描精品。他的素描作品的藝術水準達到了極高的境地，被譽為素描藝術的典範。他對建築、雕刻和繪畫的創作都以大量素描為構思和研究的基礎，從構思每個人物甚至每個手勢都準備了充分的素描習作及寫生，他的素描不亞於甚或超過現代攝影術。在這幅《自畫像》中，畫家描繪起自己來可謂得心應手，他觀察入微，用的線條豐富多變，剛柔相濟，尤其善用濃密程度不同、斜線表現光暗的微妙變化，這些素描藝術手法使後來的不少畫家得益匪淺，堪稱素描藝術的精典。此畫用線生動靈活，概括性強，簡單的寥寥數筆卻包含許多轉折、體與面的關係，以線代面，立體感很強，還有人物的表情也很傳神。因此，此畫雖為素描小作，其藝術美、形式美卻絲毫不亞於達文西那些恢宏巨製。諸多年來，繼續以其雋永的魅力吸引後世美術愛好者的讚賞和推崇。

　　《岩間聖母》是應一宗教團體之請而為米蘭的聖弗朗西斯科教堂（Church of San Francesco）的一間禮拜堂作的祭壇畫。此畫以聖母居圖中央，她右手扶嬰孩聖約翰，左手下坐嬰孩耶穌，一位天使在耶穌身後，構成三角形構圖，並以手勢彼此回應，背景則是一片幽深岩窟，花草點綴其間，洞窟通透露光。此畫雖屬傳統題材，然表達手法和構圖布局皆表明達文西的藝術水準之高深。人物背景的微妙刻劃，色彩漸層筆法的運用，寫實的呈現以及透視、縮形等技術手法的採用，證明他在處理逼真寫實和藝術加工的關係達到了新的境界。這幅畫是代表達文西盛期創作開始的作品。

　　《蒙娜麗莎》是一幅享有盛譽的肖像畫傑作，它代表達文西的最高藝術成就，是達文西為之苦心經營的傑作。蒙娜麗莎當時年約 24 歲。達文西創作此畫時，在藝術上可謂精益求精追求完美，他把自己對人像典型的審美理想全部傾注於此，畫中人物坐姿優雅，笑容微妙，背景山水幽深茫茫，可以說是淋漓盡致地發揮了他那奇特的色彩漸層筆法。而且，他力圖使人物的豐富內心感情和美麗的外形達到巧妙的結合，他對於人像面容中眼角

唇邊等表露感情的關鍵部位，也特別著重掌握精確與含蓄的辯證關係，達到神韻之境，從而使蒙娜麗莎的微笑含義無窮，具有一種神祕莫測的千古奇韻，那如夢幻般的嫵媚微笑，則使觀者如墜雲霧，直嘆妙不可言；這種致於完美的生動人像實為人文主義關於人的崇高理想的光輝的表現。

《最後的晚餐》是達文西畢生創作中最負盛名之作。在眾多同類題材的繪畫作品裡，此畫被公認為空前之作，尤其以構思巧妙，布局卓越，細部寫實和嚴格的空間關係而引人入勝。構圖時，他將畫面展現於飯廳一端的整塊牆面，廳堂的透視構圖與飯廳建築結構相連接，使觀者有身臨其境之感。畫面中的人物，其驚恐、憤怒、懷疑、剖白等神態，以及手勢、眼神和行為，都刻劃得精細入微、唯妙唯肖。這些典型性格的描繪與畫題主旨密切配合，與構圖的多樣統一效果互為補充，使此畫無可爭議地成為世界美術寶庫中最完美的典範。達文西在藝術上的卓越成就，是和他的世界觀先進因素分不開的。關於人的崇高概念，對現實世界的熱烈興趣，對自然的美的嚮往，使他成為人文主義進步傾向的代表人物。他的注意中心，在於自然，在於現實存在的人的五官感覺到的世界。在此畫中，觀者不難看出，他既是追求嚴格的現實體系，又不放棄強烈的主觀情緒，以至畫中人物的個性特點表現得無與倫比，實在是不可多得的佳作。

他不但是一位繪畫藝術的天才，而且是一個卓越的科學家和工程師，他的多才多藝、知識淵博超出尋常人的想像。

達文西隨機記錄的五千多頁筆記被後人研究後發現：他在數學中首先使用加(+)、減(-)符號；他發現了立體幾何學中關於正六面體、球體和圓柱之間關係方面的規律；他發現了拋物體的運動規律，打破了亞里斯多德的落體學，可以說開了引力學說的先河；他發現了槓桿原理；他明確得出結論：想以「永久運動」作為能源是不可能的。他在文稿中還表露了他對傳統「地球中心說」的懷疑與否定，並提出人類可以利用太陽能為自己造福，這比後來哥白尼提出的「太陽中心說」要早幾十年。

達文西還推論地球本身有它自己的運動規律，這些觀點比近代地質學理論要早 300 多年。

　　達文西還自行設計了很多種機器，如剪毛機、紡紗機、織布機、印刷機、捲揚機、抽水機、鐘錶、空調裝置、內燃機、計步器、自行車、里程表、溼度表、起重機等等。在當時世界上還沒有螺絲起子的時候，他就創造了活動扳手、千斤頂、旋床、絞車、球形儀、天體儀、曲頸瓶、蒸餾器以及潛水鐘模型等等。

　　他還留下了大量的建築草圖，從設計城市橋梁、下水道、教堂到設計宮廳、舞臺、劇場都表現了他傑出的建築設計天分。

西方音樂之父

> 巴哈，原名約翰·塞巴斯蒂安·巴哈（Johann Sebastian Bach），德國人。巴哈是十八世紀上半葉歐洲最偉大、最有影響力的作曲家。他是巴洛克（Baroque）音樂時期的重要代表人物。由於他一生傑出的創作活動和對音樂藝術發展所做出的巨大貢獻，在世界音樂史上，巴哈素有「音樂之父」的美稱。他的作品是歷代著名作曲家崇拜和學習的榜樣。

西元 1685 年 3 月 21 日，在艾森納赫（今德國圖林根），一個啼聲洪亮的男嬰呱呱墜地了。兩天以後，孩子受洗，父母為他取名約翰·塞巴斯蒂安。

孩子的父親名叫約翰·安布羅修斯·巴哈（Johann Ambrosius Bach），是鎮樂隊的指揮。在塞巴斯蒂安出生以前，巴哈家族已在圖林根生息繁衍了五代人。從他的祖父開始，整個家族就以音樂為主要職業。

在家庭環境的薰陶下，巴哈從小就受到了良好的音樂教育。經父親的教導，他能熟練演奏小提琴和中提琴，還在他就學的當地學校的唱詩班中嶄露頭角。巴哈雖說沒有像後來的莫札特（Wolfgang Amadeus Mozart）那樣從小就被稱為神童，卻也在平實的家庭教育中打下了扎實的音樂功底，並且成長為一名虔誠的路德派教徒。

巴哈十歲時便父母雙亡，不得不背井離鄉，來到奧爾德魯夫他大哥家居住。巴哈在這位當管風琴師的哥哥指導下，掌握了鍵盤樂器的演奏技巧，為日後成為鍵盤樂器演奏大師奠定了基礎。由於家庭和經濟的原因，巴哈沒能像韓德爾（Georg Friedrich Händel）那樣去接受大學教育，在十五歲時就遠行到呂訥堡求學。這個時期，他在呂訥堡圖書館裡閱讀了大

量的著名的音樂作品，大大開闊了視野，學到了許多知識。在三年多艱苦的求學歷程中，巴哈廣泛汲取了前人留下的豐富營養，親自拜訪了附近的音樂名師，掌握了精湛的作曲技巧。中學畢業後，巴哈開始了自己艱苦的音樂藝術生涯。

西元 1707 年，巴哈和瑪麗亞（Maria Barbara）結婚。婚後，他們移居米爾豪森。巴哈擔任管風琴師，並同時作曲。這時，他的藝術程度大幅度提高。

從 1708 年到 1723 年的十五年間，他一直在威瑪、阿恩施塔特和科坦的宮庭和教堂裡擔任樂師。當時他的身分和地位都很低下，生活困窘，在這種狀況下，他還是創作出了許多具有很高價值的作品。

在科坦的日子是巴哈一生中的黃金時代。此間他創作了被譽為「鍵盤樂的舊約聖經」的《平均律鋼琴曲集》（*Das Wohltemperierte Klavier*）第一卷和在管弦樂發展史上堪稱里程碑的《布蘭登堡協奏曲》（*Brandenburgische Konzerte*）等大量出色的世俗和宗教音樂。

西元 1723 年，巴哈的主人科坦親王對音樂的興趣似乎淡漠了，於是他辭去了宮廷中的職務，來到萊比錫出任聖托馬斯教堂學校的樂監（音樂指導），在那裡他度過了一生中剩下的 27 年時間。

萊比錫時期是巴哈一生中最長的時期，也是創作最多的時期。此時的巴哈無論演奏技巧還是作曲能力都已到了爐火純青的地步。他在萊比錫譜寫的傑作，有感人至深的《b 小調彌撒》（*Messe in h-Moll*）和《馬太受難曲》（*Matthäuspassion*），《平均律鋼琴曲集》第二卷和表現他高深作曲造詣的《賦格的藝術》（*Die Kunst der Fuge*）等，共計 52 部聖詠清唱曲。

西元 1747 年，這位無冕音樂之王去旅行時被普魯士國王腓特烈（Friedrich II）召見，並表演了即興演奏，在座的觀眾無不為之折服。第二年，巴哈把這次演奏的主題加以發展，寫成了另一部統合他作曲和演奏藝術的作品 ——《音樂的奉獻》（*Musikalisches Opfer*）。

　　由於他長期用眼過度，巴哈視力減退，晚年患白內障失明了，但他仍用口授的方式堅持創作。在逝世的前幾天，他還在口授一首眾讚歌《走向主的神壇》。樂曲每一個音符都表達出老人生前最後的虔誠祈禱，最後在第二十六小節處戛然而止，成了大師的絕筆之作。

　　西元 1750 年 7 月 28 日夜，巴哈的一生畫上了最後一個休止符，安然地走向了他心中的神壇。三天後，約翰‧塞巴斯蒂安‧巴哈在萊比錫聖約翰教堂墓地下葬。

　　巴哈一生沒有離開過自己的國家，因此他的作品最能反映當時德國社會和人民生活的風貌與特點。在這一點上，他和另一位巴洛克音樂大師韓德爾大相徑庭。韓德爾一直僑居國外，其作品風格受義大利等國音樂風格的影響較深，在創作上偏重於主調音樂，而巴哈的音樂是徹底的德國風格的音樂。他是一位著名的複調音樂大師。他的作品風格莊重而嚴謹，純潔而虔誠。巴哈技巧高超，作品內容深刻。他對許多音樂形式都作了重要的發展創新，如協奏曲、管弦樂曲和鋼琴曲等等。

　　巴哈一生創作了大量的作品，其體裁形式也十分多樣，其中有風琴曲、鋼琴曲、小提琴曲、大提琴曲、長笛曲、管弦樂曲及許多宗教內容的聲、器樂作品等。

　　巴哈一生對音樂藝術貢獻巨大。他繼承和發展了前輩曲家的創作手法。把複調音樂提高到一個嶄新的階段，對小提琴協奏曲形式的完善做出了很大的貢獻。他的《布蘭登堡協奏曲》極大的促進交響音樂的產生。他的鋼琴音樂也十分突出，為後來貝多芬 (Ludwig van Beethoven) 鋼琴音樂的成功奠定了基礎。巴哈不但是一位偉大的作曲家，而且還是一位傑出的演奏家和優秀的教育家。他在世時生活貧困，作品無人過問。死後數十年才得到人們的重視，被推崇為最偉大的古典音樂大師。

　　巴哈生活在政治分裂、經濟凋敝、文化衰落的德國。在經歷長期的戰亂、特別是三十年戰爭之後，平民在其他社會階層的壓迫之下受盡折磨，

使得他們只能從教堂中去祈求慰藉；剝削者則利用宗教的影響以鎮壓下層等級，而被剝削者反抗封建制度的起義，往往也是在宗教的號召之下進行 —— 宗教在德國人民生活具有極高的地位；同樣，在巴哈的創作中也有很大的影響。巴哈的職業生涯雖然周旋於貴族宮廷和教堂之間，但他不屑於譜寫那種模仿義大利或法國風尚的時髦音樂。即使是用宗教音樂體裁寫成的作品，也是著重表現民間的思想和情緒，首先是平民生活的深重苦難，這種苦難往往又是從死才找到解脫。當然，他的創作也有諧趣、歡樂的主題，對幸福和理想的希望，對艱難和凌辱的克服，以及隱含對暴政和不義的抗議。為此，他精心研究所謂宗教改革時新教所撰作的那些被譽為「十六世紀《馬賽曲》的充滿勝利信心的讚美詩」（即聖詠）和民間各種形式的世態風俗生活音樂，從中汲取其豐富的旋律素材，加以改造和發展，使之成為更能適於表現思想感情的形式。就這樣，巴哈使宗教的形式和世俗的內容在他的創作中達成了矛盾的統一，他的作品成為反映當時德國現實的忠實的畫卷。

巴哈的創作包羅萬象，涉及除歌劇外的一切音樂體裁，其中主要是各種類型的聲樂作品，《馬太受難曲》和《b 小調崇高彌撒樂》是其代表作。他把描寫耶穌的受難和死而復活的聖經傳統題材，用來具體表現受盡折磨和踐踏的德國人這一主題。因此，在《受難曲》中，他自由地採用了世俗的民歌旋律、舞蹈性曲調、標題音樂的技法、音畫式的描繪，以及龐大的表演方式 —— 四個獨唱聲部、兩個合唱隊、兩架管風琴和兩個樂隊，著意刻劃一個普通人在為爭取善良和正義的抗爭中所經受的考驗。表現了他對那還十分模糊的理想世界的信念，以及對德國淒慘現實的深沉反抗。這部《受難樂》也像他的絕大多數作品一樣，在他生前都未能出版，只是在寫成後將近一百年時才在孟德爾頌（Jakob Ludwig Felix Mendelssohn Bartholdy）的指揮下首次演出。巴哈的《b 小調彌撒》也不是那種單純的教堂祭樂，由於它大量採用民間樂觀的音樂素材和充分發揮樂隊創造音樂形象的獨立特

性，因此，整個作品充滿著生氣和活力，有人甚至認為這部作品表現了貝多芬的「透過黑暗走向光明」。

在巴哈的作品中雖然聲樂占有很大比例，但是巴哈實際上卻是一位器樂作曲家，他留傳下來的最大的音樂遺產也正是器樂作品。在巴哈的器樂創作中，最得心應手的領域是管風琴，但管風琴卻是一種逐漸被淘汰的樂器，因此，他的一些管風琴作品只是經過後人改編為管弦樂隊曲後才得到流傳。此外，他的鋼琴組曲、前奏曲與賦格曲、鋼琴協奏曲、小提琴奏鳴曲和大提琴獨奏組曲、小提琴協奏曲、樂隊組曲，在他的器樂創作中都有重要地位。巴哈雖然沒有創造新的曲式，但是他把當時還不完備和沒有定型的一些曲式，例如賦格曲、聖詠與幻想曲、聖詠與前奏曲等，加以改造使之臻於完美，建造了結構壯麗的形式。巴哈在歐洲音樂史上的地位，高爾基（Maxim Gorky）的一段話十分精闢：

「假如把偉大的作曲家想像為山脈，那我覺得巴哈這一山峰當是高聳在白雲之上，那是永遠有熾熱的太陽光照射覆蓋著冰雪的閃耀奪目的白頂。巴哈的音樂就是這樣地純潔、明亮到結晶的程度……」

巴哈的與貝多芬的音樂，同樣是「力」的表現，巴哈的「力」，建立在高度與深度，心靈與上帝同在的同時，亦把人生的七情六欲，苦難、恐懼與痛苦昇華。苦中有歡樂，有疲倦，而更大的精神是明知生命之苦，而仍得堅持。

貝多芬的音樂，縱橫交錯，樂句與樂句之間並發出的「力」，氣勢磅礴，完全是大宇宙、大人生，他沒有家庭，沒有子女，所以連痛苦都是大人生的痛苦。很多樂章，都流露出與命運抗爭的英雄本色。

巴哈的作品對近代西洋音樂具有深遠的影響，所以在世界音樂史上他有「音樂之父」和「不可超越的大師」的榮稱。

最偉大的戲劇天才

> 莎士比亞，原名威廉‧莎士比亞（William Shakespeare），是歐洲文藝復興時期英國最偉大的劇作家和卓越的人文主義思想的代表。他一生共創作了 37 部戲劇、2 部長詩和 154 首十四行詩。他的作品是人文主義文學的最傑出代表，對後代作家的影響頗為深遠，在世界文學史上占有極其重要的地位。

西元 1564 年 4 月 26 日，莎士比亞出生在英國中部亞芬河畔史特拉福鎮的一個富裕家庭，父親是個商人。4 歲時，他的父親被選為「市政廳首腦」，成了這個擁有兩千多居民，20 家旅館和酒店的小鎮鎮長。

這個小鎮經常有劇團來巡迴演出。莎士比亞在觀看演出時驚奇地發現，小小的舞臺，少數幾個演員，就能把歷史和現實生活中的故事表現出來。他覺得神奇極了，深深地喜歡上了戲劇。他經常和孩子們一起，學著劇中的人物和情節演起戲來，並想長大後從事與劇本相關的工作。但不幸的是，他父親經商失利，14 歲的莎士比亞只好離開學校，當父親的助手。

莎士比亞 18 歲時和一個比自己大 8 歲的農場主女兒結了婚，幾年後就做了三個孩子的父親。莎士比亞對自己的婚事常常感到遺憾，在他的作品中曾說：「女人應該與比自己年紀大的男子結婚」。不過，他對辛勤持家、撫養孩子成人的妻子依然關懷備至。

傳說莎士比亞結婚後，結交了一些不好的朋友，其中有些人經常偷鹿，不止一次地拉他到路西公爵的園子裡偷鹿。公爵私設公堂，把莎士比亞狠狠地打了一頓，並告到官府，要追究他的法律責任。莎士比亞認為太嚴厲了，寫一首歌謠諷刺路西公爵，貼在公爵莊園的牆上，公爵十分氣憤，要求官府追捕他。莎士比亞那時只是一個小人物，無力抗爭，怕公爵施加報復，把妻子兒女交給父母，就去倫敦流浪了。

　　當時的英國,「圈地運動」發展漸盛,大量失業農民紛紛湧入城市,城市「流浪漢」的團體在倫敦街頭隨處可見。

　　為了生存,莎士比亞到處奔波,他到屠宰場當學徒,宰殺牛羊,到鄉村小學當老師,教最小的學生學字母,還做過書童和律師身邊的打雜助理。

　　西元 1586 年,莎士比亞在倫敦遇到了他的同鄉菲爾德,他是一家印刷廠的老闆。菲爾德幫他找了一份為劇院騎馬的觀眾照顧馬的差使。這雖然是打雜,但畢竟跟戲劇有一層關係,莎士比亞盡力盡心地做這個工作,他做得很好。騎馬來的觀眾都原意把馬交給他。莎士比亞常常忙不過來,只得找了一批少年來幫忙,他們被叫做「莎士比亞的孩子們」。

　　莎士比亞頭腦靈活,口齒伶俐,工作之餘,還悄悄地看舞臺上的演出,並堅持自學文學、歷史、哲學等課程,還自修了希臘文和拉丁文。當劇團需要臨時演員時,他「近水樓臺先得月」,再加上他的才華,他終於能演一些配角了。演配角時,莎士比亞也認真演好,他出色的理解力和精湛的演技,使他不久就被劇團吸收為正式演員。

　　那時候,倫敦的劇團對劇本的需要非常迫切。因為一個戲要是不受觀眾喜歡,馬上就要停演,再上演新戲。莎士比亞在堅持學習演技的同時,還大量閱讀各種書籍,了解了自己國家的歷史和人民不幸的命運,他決定也嘗試寫些歷史題材的劇本。

　　1588 年前後,莎士比亞開始寫作,先是改編前人的劇本,不久即開始獨立創作。當時的劇壇為牛津、劍橋背景的「大學才子」們所把持,一個成名的劇作家曾以輕蔑的語氣寫文章嘲笑莎士比亞這樣一個「粗俗的平民」、「暴發戶式的烏鴉」竟敢與「高尚的天才」一比高低!但莎士比亞後來卻贏得了包括大學生團體在內的廣大觀眾的擁護和愛戴,學生們甚至在學校演出過莎士比亞的一些劇本。

　　1591 年,27 歲的莎士比亞寫了歷史劇《錯中錯》(*The Comedy of Errors*)、《亨利六世》(*Henry VI*),劇本上演,大受觀眾歡迎,他贏得了很

高聲響。

　　寫作的成功，使莎士比亞贏得了阿普頓勳爵的眷顧，勳爵成了他的保護人。莎士比亞在曾把他寫的兩首長詩《維納斯和阿多尼斯》(*Venus and Adonis*)、《魯克麗絲受辱記》(*The Rape of Lucrece*) 獻給勳爵，也曾為勳爵寫過一些十四行詩。借助勳爵的關係，莎士比亞走進了貴族的文化沙龍，使他對上流社會有了觀察和了解的機會，擴大了他的生活視野，為他日後的創作提供了豐富的源泉。

　　1595 年，莎士比亞寫了一個悲劇《羅密歐與茱麗葉》(Romeo and Juliet)，劇本上演後，莎士比亞名霸倫敦，觀眾像潮水一般湧向劇場去看這齣戲，並被感動得流下了淚水。

　　這部劇本中，作家寫了自由愛情的可貴，譴責了封建制度對愛情的迫害，歌頌了理想的愛情。

　　1599 年，莎士比亞已經很有錢了，他所在的劇團建成了一個名叫環球劇院的劇場，他當了股東。他還在家鄉買了住房和土地，準備老了後回家備用。不久，他的兩個好友為了改革政治，發動叛亂，結果，前者被送上絞刑架，後者被投入監獄。莎士比亞在悲憤不已中傾注全力寫成劇本《哈姆雷特》(*Hamlet*)，並親自扮演其中的幽靈。

　　在以後的幾年裡，莎士比亞又寫出了《奧賽羅》(*Othello*)、《李爾王》(*King Lear*) 和《馬克白》(*Macbeth*)，它們和《哈姆雷特》一起被稱為莎士比亞的四大悲劇。

　　莎士比亞的戲劇多以廣闊的背景和生動豐富的情節來表現歷史和現實的內容，以鮮明的個性顯示豐富而深刻的主題。在表現方法上，不受任何清規戒律的限制，崇高與卑下、可笑與可怕、英雄與丑角奇妙混合，時間、地點可以隨便轉移，情節有單線、雙線、三線和多線，把笑劇、鬧劇、風俗喜劇、傳奇劇、悲劇等因素融匯在一起，描寫生活和表現性格。在語言上有韻文，也有散文，把諺語、俗語、民歌都引進了戲劇舞臺，詞彙非常豐富，並使人物語言性格化。

最偉大的戲劇天才

　　西元 1616 年 4 月 23 日，莎士比亞離開了人世，終年 52 歲。在他的墓碑上刻著這樣的碑文：

　　「看在上帝的面上，請不要動我的墳墓，妄動者將遭到詛咒，保護者將受到祝福。」

　　他的墓在家鄉的一座小教堂旁，每年都有數以千萬計的人像朝聖一般去瞻仰。

　　莎士比亞是 16 世紀後半葉到 17 世紀初英國最著名的作家，也是歐洲文藝復興時期人文主義文學的集大成者。長詩《維納斯與阿多尼斯》和《魯克麗絲受辱記》均取材於羅馬詩人維奧維德（Publius Ovidius Naso）的著作，主題是描寫愛情不可抗拒以及譴責違背「榮譽」觀念的獸行。14 行詩多採用連續性的組詩形式，主題是歌頌友誼和愛情。其主要成就是戲劇，按時代、思想和藝術風格的發展，可分為早、中、晚三個時期。

　　早期（西元 1590 — 1600 年）：這時期的伊莉莎白中央主權尚屬穩固，王室跟工商業者及新貴族的暫時聯盟尚在發展，西元 1588 年打敗西班牙「無敵艦隊」後國勢大振。這使作者對生活充滿樂觀主義情緒，相信人文主義思想可以實現。這時期所寫的歷史劇和喜劇都表現出明朗、樂觀的風格。歷史劇如《理查三世》（*Richard III*）、《亨利三世》（*Henry III*）等，譴責封建暴君，歌頌開明君主，表現了人文主義的反封建暴政和封建割據的開明政治理想。喜劇如《仲夏夜之夢》（*A Midsummer Night's Dream*），《第十二夜》（*Twelfth Night or What You Will*）、《皆大歡喜》（*As You Like It*）等，描寫溫柔美麗、堅毅勇敢的婦女，衝破重重封建阻攔，終於獲得愛情勝利，表現了人文主義的歌頌自由愛情和反封建禁欲束縛的社會人生主張。就連這時期寫成的悲劇《羅密歐與茱麗葉》也同樣具有不少明朗樂觀的因素。

　　中期（西元 1601 — 1607 年）：這時英國社會矛盾深化，政治經濟形勢日益惡化，新王繼位後的揮霍無度和倒行逆施，更使人民痛苦加劇，反抗迭起。在這種情況下，莎士比亞深感人文主義理想與現實的矛盾越來越加

劇，創作風格也從明快樂觀變為陰鬱悲憤，其所寫的悲劇也不是重在歌頌人文主義理想，而是重在揭露批判社會的種種罪惡和黑暗。代表作《哈姆雷特》展現了一場進步勢力與專治黑暗勢力寡不敵眾的驚心動魄抗爭。《奧賽羅》描寫了一幕衝破封建束縛又陷入資本主義利己主義陰謀的青年男女的感人愛情悲劇。《李爾王》描寫剛愎自用的封建君王在真誠和偽善的事實教育下變為一個現實而具同情心的「人」的過程。《馬克白》則揭露權勢野心對人的毀滅性腐蝕毒害。這時期所寫的喜劇也同樣具有悲劇色彩。

晚期（西元 1608 ～ 1612 年）：這時詹姆士一世（James I）王朝更加腐敗，社會矛盾更加尖銳。莎士比亞深感人文主義理想的破滅，便退居故鄉寫浪漫主義傳奇劇。其創作風格也隨之表現為浪漫空幻。《辛白林》（*Cymbeline*）和《冬天的故事》（*The Winter's Tale*）寫失散後的團聚或遭誣陷後的昭雪、和解。《暴風雨》（*The Tempest*）寫米蘭公爵用魔法把謀權篡位的弟弟所乘的船擒到荒島，並寬恕了他，其弟也交還了王位。一場類似《哈姆雷特》的政治風暴，在寬恕感化中變得風平浪靜。

在英國文學史上，莎士比亞被公認為首屈一指的大詩人和劇作家，也是歐洲文藝復興時最傑出的文學家，其作品被譯成 70 多種文字出版。迄今為止，沒有任何一個作家像他那樣在世界上享有如此廣泛的影響。

近代科學奠基人

牛頓（西元 1642 — 1727 年）

> 牛頓，原名艾薩克‧牛頓（Isaac Newton），英國偉大的數學家、物理學家、天文學家和自然哲學家，曾任英國皇家學會會長。牛頓是舉世公認的、有史以來最偉大的科學家之一，被譽為近代科學奠基人。

西元 1642 年 12 月 25 日，牛頓生於英格蘭林肯郡格蘭瑟姆附近的普通家庭中。牛頓出生前三個月，他的父親已經去世了。三歲時，母親就另嫁了一個神父，從此牛頓就寄養在外祖母家，嘗受了寄人籬下的苦痛。這使他的性格內向而靦腆，常受到別人的欺負。後來，因家庭狀況困窘，牛頓不得不輟學在家牧羊，但他仍抓緊時間學習，觀察一些自然現象，思考各種問題。

少年時代的牛頓沒有從小就顯露出引人注目的科學天才，他跟普通人一樣，輕鬆愉快地度過了中學時代。

如果說他和別的孩子有什麼不同的話，那就是他的動手能力相當強。他做過會活動的水車；做過能測出準確時間的水鐘；還做過一種水車風車聯動裝置，它使風車可以在無風時借助水力驅動。

牛頓到十二歲時，在舅父的資助下進入皇家學校 —— 格蘭瑟姆中學。

牛頓在中學時代學習成績並不出眾，他在學校裡的功課都做得很差，而且身體也不好，性格沉默，只是愛好讀書，對自然現象有好奇心，例如顏色、日影四季的移動，尤其喜歡幾何學、哥白尼的日心說等等。有一次，一場罕見的暴風雨侵襲英格蘭。狂風怒吼，牛頓家的房子直晃悠，就像要倒了似的。牛頓為大自然的威力迷住了，不禁想測驗颶風的力量。他冒著狂風暴雨來到後院，一下逆風跑，一下順風跳。為了接受更多的風

力，他索性敞開斗篷向上跳躍，看好起落點，仔細量距離，看狂風把他吹出多遠。他還分門別類地記讀書心得筆記，又喜歡別出心裁地做些小工具、小技巧、小發明、小實驗。從這些平凡的環境和活動中，看不出幼年的牛頓是一個才能出眾、異於常人的兒童。

然而格蘭瑟姆中學的校長，還有牛頓的一位當神父的叔父獨具慧眼，鼓勵牛頓上大學讀書。牛頓於西元 1661 年以減費生的身分進入劍橋大學三一學院，1664 年成為獎學金獲得者，1665 年獲學士學位。

1661 年牛頓考上了劍橋大學，儘管在中學裡是個優等生，可是劍橋大學集中了各地的頂尖學生，他的學習成績趕不上別人，尤其數學的差距更大。但是他並不氣餒，就像他少年時代喜歡思考問題一樣，踏踏實實地學習，直到透澈地理解為止。

17 世紀中葉，劍橋大學的教育制度還浸透著濃厚的中世紀經院哲學的氣味。當牛頓進入劍橋大學時，那裡還在傳授一些經院式課程，如邏輯、古文、語法、古代史、神學等等。兩年以後，學校出現了新氣象，創設了獨闢蹊徑的講座，規定講授自然科學知識如地理、物理、天文和數學課程。講座的第一任教授巴羅（Isaac Barrow）是一位博學的科學家。就是這位教師把牛頓引向自然科學。在這段學習過程中，牛頓掌握了算術、三角，全方位拓展他的科學新知與視野。

牛頓在巴羅的門下學習，是他學習的關鍵時期。巴羅比牛頓大 12 歲，精通數學和光學，他對牛頓的才華極為讚賞，他認為牛頓的數學才能超過自己。

西元 1665 ～ 1666 年倫敦發生流行性鼠疫，劍橋離倫敦不遠，學校停課。牛頓於 1665 年 6 月回到故鄉。

由於牛頓在劍橋受到數學和自然科學的薰陶和培養，對探索自然現象產生極為濃厚的興趣。就在 1665、1666 年這兩年之內，他在自然科學領域內思緒奔騰，才華迸發，思考前人從未思考過的問題，踏進前人沒有涉及

的領域,建立前所未有的驚人業績。

　　1665年初牛頓證明了廣義二項式定理,同年11月,創立微分;次年1月,研究顏色理論;5月,開始研究積分。這一年內,牛頓還開始想到研究重力問題,並想把重力理論推廣到月球的運行軌道上去。他還從克卜勒(Johannes Kepler)定律中推導出使行星保持在它們軌道上的力必定與它們到旋轉中心的距離平方成反比。

　　牛頓在逃避倫敦流行的鼠疫來到母親的農場裡,他被一個常人視若無睹的現象吸引住了。有一次,他看到一個熟透了的蘋果落在地上,便開始思索為什麼蘋果會垂直落在地上,而不是飛到天上去呢?一定是有一種力在拉它,那麼這種將蘋果往下拉的力會不會控制月球?他就是透過這個看起來十分簡單的現象,發現了著名的萬有引力定律。這個定律的巨大作用,很快就顯示了出來。它解釋了當時所知道的天體的一切運動。可是,由於牛頓的性格孤僻及固執與追求完美,他在二十年後才發表這一理論。

　　見蘋果落地而悟出地球引力的傳說,說的也是在此時發生的軼事。還有一次,牛頓請母親和弟妹到自己房間裡來。房間裡黑洞洞的,只從窗子的一個小孔中透過一線陽光,在牆上照出一個白色的光點。牛頓讓他們注意看牆上的光點。他手裡拿著自製的三稜鏡,放在光線入口處,使光折射到對面牆上,光點附近突然映出一條瑰麗的彩帶。這條彩帶與雨後晴空中出現的彩虹一樣,由紅、橙、黃、綠、藍、靛、紫等七種顏色組成。牛頓和自己的親人共同觀賞了人工再現的自然景象。後來,牛頓又用第二個三稜鏡把七種單色光合成白光。他用白光分解實驗宣告光譜學的誕生。但奇怪的是牛頓對這非凡的發現閉口不談。原來,他認為當時只不過是一個大學生,如果公開一個如此革命性的發現,必然會觸怒教授。結果五年以後,當他晉升為教授才把昔日的發現公諸於世。

　　總之,在家鄉居住的這兩年中,牛頓以旺盛的精力從事科學創造,並關心自然哲學問題。由此可見,牛頓一生的重大科學思想是在他青春年

華、思想敏銳的短短兩年期間孕育、萌發和形成的。

西元 1667 年，牛頓重返劍橋大學。當時巴羅對牛頓的才能有了更深刻的認識。西元 1669 年 10 月 27 日巴羅便讓年僅 26 歲的牛頓接替他擔任科學講座的教授。牛頓把他的光學講稿、算術和代數講稿、《自然哲學的數學原理》（*Philosophiae Naturalis Principia Mathematica* 以下簡稱《原理》）的第一部分、第三部分等手稿送到劍橋大學圖書館收藏。

1672 年起牛頓被接納為皇家學會會員，1703 年被選為皇家學會主席直到逝世。牛頓在寫作《原理》之後，厭倦大學教授生活，他得到在大學學生時代結識的一位貴族後裔 C · 孟塔古（Charles Montagu）的幫助，於 1696 年謀得造幣廠監督職位，1699 年升任廠長，西元 1701 年辭去劍橋大學工作。當時英國幣制混亂，牛頓運用他的冶金知識，製造新幣。因改革幣制有功，1705 年受封為爵士。

牛頓的一生雖然為人類留下了巨大的財富，推動了人類的發展與思考，但同時也給人們留下了重重謎團，如：為什麼終身不婚，為什麼會在 50 歲至 51 歲時突然患精神失常疾病等謎團。

雖然牛頓取得了卓越的成就，但由於他把過多的精力投入到自然科學領域，沉醉於科學研究工作，他的個人生活並不是很美滿。他對戀愛和婚姻抱著偏激的態度，終生沒有結婚。據說，牛頓曾經交過女朋友，在交往過程中，牛頓張口閉口就是他的科學實驗見解，使女朋友聽後如墜雲霧，終因無法忍受而與他不歡而散。此後，牛頓不願再在這方面花費時間，於是再也沒有談過戀愛。

也有人說，牛頓在學習的時候，曾經和他房東的女兒安妮有著深厚的感情。可是牛頓是個只顧學習的人，因此，兩人朝夕相處期間，儘管彼此間熱情洋溢，卻始終沒有進一步的發展。1661 年，牛頓到劍橋大學求學，他們兩人的戀情就結束了，但他們仍然保持著朋友關係。

雖然牛頓並沒有經歷婚姻生活，但他的私生活一直是人們關注的焦

點，至今人們對牛頓是否是同性戀者，以及他與外甥女凱撒琳及孟塔古之間的三角戀情仍有著濃厚的興趣。

關於牛頓突然間患上精神失常疾病的原因，眾多的科學家雖然進行了長期的探討和研究，但卻始終無法找到一個合理的解釋，眾說紛紜。有的認為這一疾病是由於太過操勞，過於用腦而導致的；有的認為這一疾病是由於受外界強烈刺激，致使心理異常反應而引起的；有的認為這一疾病是由於牛頓汞水中毒而引發的。有些學者甚至認為牛頓得這種疾病與他幼年時的不幸生活有關，牛頓在患此病之前就已經存在精神分裂的傾向了。

牛頓的前半生做出了許多轟動一時的發現，開闢了物理學、天文學、數學等領域的新時代，成就卓越。但是，他的後半生卻黯然無色，在科學上不但沒有什麼新的建樹，而且可以說有了很大的倒退，令人不禁為之惋惜。

牛頓的後半生一頭紮進了對煉金術的研究之中，寫下了幾十萬字的筆記與文章。他沉溺於對年代學和神學的研究，完全被宗教支配。

西元 1727 年 3 月 31 日，牛頓在倫敦郊區肯辛頓寓中逝世，以國葬禮葬於倫敦西敏教堂。

牛頓的一生為人類科學發展做出了巨大貢獻，建立了古典力學基本體系，牛頓運動定律，發現萬有引力定律，致力於光學方面的色的現象和光的本性研究，製成了世界上第一架反射望遠鏡，創立了二項式定理和微積分學等，在力學、光學、熱學、天文學、數學等方面都取得了很大成就，被譽為現代科學奠基人、現代物理學之父，在科學發展史上占有非常重要的地位。作為現代物理學之父，他為未來的科學家提供了至關重要的科學法則和研究方法，後者導致了隨後三個世紀中的工業和技術革命。牛頓對於現代科學的貢獻超過了歷史上任何其他一位個人。他的研究成果對於整個人類文明都具有決定性的影響。

「日不落帝國」開創人

維多利亞女王（西元 1819 ─ 1901 年）

維多利亞女王，原名亞歷山德麗娜 · 維多利亞（Alexandrina Victoria），1819 年生於倫敦，1837 年繼位成為女王。維多利亞女王是英國歷史上統治時間第二長的女王（第一名是伊莉莎白二世，Elizabeth II，1926 年 4 月 21 日─）。女王統治時期，特別是 1851 年以後，在英國歷史上被稱為維多利亞時代。她在位的 60 餘年正值英國自由資本主義由方興未艾到鼎盛、進而過渡到壟斷資本主義的轉變時期，經濟空前繁榮，君主立憲制得到充分發展，使維多利亞女王成了英國和平與繁榮的象徵。也由於這一時期英國迅速地向外擴張，建立了龐大的殖民地，被稱為「日不落帝國」。

維多利亞女王，西元 1819 年 5 月 24 日生於倫敦肯辛頓宮，父親是肯特公爵愛德華（The Prince Edward Augustus, Duke of Kent and Strathearn）。為了讓孩子在倫敦出生，她的父母專程從巴伐利亞長途跋涉回國。愛德華對這個健康長女的降生欣喜若狂，而對母親來說，這個女嬰是個特別的孩子。愛德華的妻子維多利亞出身於歷史悠久的德國名門薩克森 · 科堡皇族。第一次婚姻給她留下兩個孩子，但只有這個小女嬰才有可能登上大英帝國的王位。父母為她取名費盡了心機，最後定名亞歷山德麗娜 · 維多利亞，一是表示對孩子的俄國教父 ── 亞歷山大一世的尊敬，二是為了紀念她的母親。

維多利亞在只有 8 個月大時，她的父親突患肺炎去世。臨死前，愛德華匆忙宣布自己和孩子為王室的合法繼承人。

維多利亞女王的童年是在其舅父利奧波德（後為比利時國王）的監護下受教育，長期受自由主義思想的薰陶。在維多利亞女王 12 歲時，開始學習

冗長繁瑣的宮廷禮儀和許多的行為禁忌：不許和陌生人交談，不能在外人面前流露情感，不得破壞規矩，不許按照自己的好惡選讀書籍，不許吃定量外的甜品等等。

西元 1837 年，威廉四世（她的叔父）去世，維多利亞成為女王，時年18 歲。1838 年 6 月 28 日在西敏大教堂加冕。即位初年，積極參與朝政，與首相墨爾本子爵 W·蘭姆（William Lamb）配合默契，傾向於輝格黨人，與托利黨人格格不入。

1837 年女王即位不久，議會舉行大選。選舉結果，輝格黨在議會裡只得到 348 票對 310 票的微弱多數。墨爾本政府顯然好景不長了，但女王當時尚未意識到局勢的嚴重性。1837 年 11 月新議會開會前夕，女王還特地率領車隊從白金漢宮前往市政廳，在倫敦市內舉行了一次車隊巡禮遊行，之後在市政廳舉行了盛大宴會，以示對新議會的祝賀。11 月 20 日，新議會由女王主持開幕。女王親自發表演說，支持議會。但是內閣危機仍不可避免。墨爾本政府困難重重，於 1839 年 5 月向女王提出辭職，迫於形勢，女王不得不授命托利黨人羅伯特·皮爾（Robert Peel）組閣。

西元 1839 年，年輕的俄國皇太子、未來的亞歷山大二世，來到倫敦慶祝維多利亞 20 歲生日。21 歲的皇太子英氣勃勃、彬彬有禮、風流倜儻，尤其是他身著軍裝時的瀟灑風度，在倫敦上流社會的名媛淑女中引起了不小的騷動。女王也並非心如止水，在宮廷舞會上，她把第一支和最後一支舞曲都留給了這位皇太子。這難道僅僅是出於對一個大國的尊敬和禮貌嗎？激動不安的女王私下向首相的妻子承認，亞歷山大對她產生了巨大的吸引力，他們已經成為親密的朋友。

但是這段感情很快就結束了，女王對俄國王位繼承人所表現出來的特殊興趣引起了英國政界的不安。首相墨爾本勸說女王要與俄羅斯保持距離，女王的顧問們也一致贊同首相的觀點。他們認為，俄羅斯的實力在不斷增長，對大英帝國構成了巨大的潛在威脅。遊說有了結果。

女王於西元 1840 年 2 月結婚，丈夫是她大舅父的兒子艾伯特親王（Albert, Prince Consort），德國人。親王最初不視政事，1840 年議會授予艾伯特在女王發生不測時得有攝政權，其政治地位隨之上升。1841 年，艾伯特出面與比爾進行了幾次祕密談判，在女侍問題上達成了和解，緩和了維多利亞與比爾之間的緊張關係。

1840 年，維多利亞女王的第一個孩子誕生了，是個小公主。一年後，愛德華七世出生。維多利亞女王一生共有 9 個孩子。長女後來成為德國皇后和德皇威廉二世的母親，有一個孫女當上俄國的末代女皇。到 19 世紀末，維多利亞女王由於擁有許多歐洲皇室的皇親國戚，被人稱為「歐洲的祖母」。

1846 年以後，維多利亞女王和丈夫艾伯特親王堅決反對外交大臣巴麥尊勳爵的對外政策，雖迫使巴麥尊辭職，但與內閣的爭鬥一再受挫使女王體會到，立憲君主的生存條件不在於與大臣爭權，而在於安做虛君。在位後期，女王的政治態度及與內閣的關係有很大變化，她轉向保守黨並積極支持他的殖民侵略政策。維多利亞女王的態度深受資產階級讚許。

1851 年，由於艾伯特的提議，在倫敦舉辦了第一屆世界博覽會。為了迎接這次博覽會，在倫敦海德公園建起了用玻璃裝飾的巨大鋼結構建築 —— 著名的「水晶宮」（The Crystal Palace）。

1856 年，女王向首相提出，希望在憲法中承認和鞏固艾伯特親王的地位和權利。議會在拖了一年以後，艾伯特親王才獲得了「王夫」的稱呼 —— 即在位女王的丈夫。

維多利亞女王力圖提高艾伯特親王地位和威望的舉動，是因為她深愛並忠於自己丈夫。最初，女王曾自我解嘲地說：我閱讀和簽署各種檔案，艾伯特則用吸墨紙將我的簽名吸乾。但隨著時間的推移，親王對維多利亞以及國事的影響力不斷提高，正是親王對科學技術的熱愛改變了女王對各種新發明的偏見。例如，當時在英國北部鋪設了火車軌道，但女王害怕坐火

車，是親王的鼓勵使她認識到鐵路運輸無可限量的前途，使她成為在國內推行工業化的堅定宣導者。

雖然王宮裡不喜歡艾伯特親王的人不少，但從沒有人懷疑過他們婚姻的穩定程度。因此不難想像，當艾伯特親王42歲英年早逝時，對女王是何等沉重的打擊。失去他，女王幾乎失去了一切。作為女人，她失去了愛情和深愛的丈夫；作為女王，她失去了摯友、謀臣和助手。在女王厚厚的書信集和日記中，找不到任何一件他們觀點有分歧的事情。

許多人認為，女王經過這樣的打擊後，她將只是一個受人操縱的木偶。但是他們錯了。維多利亞是一個悲傷的寡婦，但同時也是大權在握的君王，這雙重身分彼此毫不影響。由於她的調停，俾斯麥（Otto Eduard Leopold von Bismarck）在法國和普魯士戰爭中放棄了轟炸巴黎的計畫。維多利亞女王是對愛爾蘭實行鐵血政治的堅定支持者。她一生共遭遇過6次謀殺，全都是愛爾蘭人策劃的。他們見刺殺女王無望，就炸毀了艾伯特親王的雕像。女王悲痛萬分，就好像炸掉的是活生生的艾伯特親王本人。

維多利亞時期，是大英帝國對外領土擴張最輝煌的時期，為了擴張領土，女王不惜使用一切手段。而這正是從丈夫那裡學到的：陰謀、收買、強權、先下手為強、武力攻占。

西元1857年，英法兩國爭奪蘇伊士運河的統治權達到白熱化的程度，但是一場設計巧妙的陰謀使英國獲得了蘇伊士運河的控股權，法國只能乖乖地退讓。第二年，在大英帝國沿海殖民地的版圖中又增加了印度——帝國王冠上的一顆明珠。英國還讓俄國在西元1877～1878年與土耳其的戰爭中的勝利果實幾乎化為烏有。當時，俄國軍隊離伊斯坦堡只有一步之遙，俄土雙方簽訂協定，將巴爾幹半島的一部分土地歸屬俄羅斯。而維多利亞不希望看到俄國勢力深入到巴爾幹半島，她以武力和外交雙重施壓，迫使俄羅斯做出退讓。女王當時已經60歲了，但她是這場較量的真正贏家。

維多利亞女王特別推崇保守黨人迪斯雷利（Benjamin Disraeli）。在位後期與迪斯雷利結為至交。迪斯雷利尊稱維多利亞為「仙女王」，維多利亞深深讚許迪斯雷利藉由購買蘇伊士運河一半股票而一舉控制這條東西海上交通命脈的「高超」手腕。女王支持奴役印度，並透過迪斯雷利的努力，實現了她的皇帝夢想。西元 1876 年 5 月英國議會通過加封維多利亞為印度女皇的議案，1877 年 1 月 1 日，在印度德里正式宣布女皇即位。英國早年從印度掠奪來的聞名寶石「科伊努」（重 109 克拉）成了女皇皇冠上最大的一顆明珠。作為酬謝，女王加封迪斯雷利為伯爵。

晚年維多利亞對英國人和布林人為爭奪南非殖民地而進行的英布戰爭（西元 1899 — 1902 年）十分關心。為了鼓勵士兵在這場帝國主義戰爭中勇敢戰鬥，1900 年 4 月，81 歲高齡的女王渡海到愛爾蘭都柏林住了三個星期，表示對愛爾蘭支援戰爭的鼓勵。

1901 年 1 月 22 日，維多利亞女王去世。

在英國歷史上，維多利亞在位 64 年，是第二長的在位女王。在維多利亞時代，英國工業發展迅速，科學、文化、藝術空前繁榮。由於這一時期英國迅速地向外擴張，建立了龐大的殖民地，因此，被稱為「日不落帝國」。維多利亞女王雖然 1901 年去世，但「維多利亞時代」卻一直延續到 1914 年第一次世界大戰爆發。

當英國人聽到她的死訊，簡直就像是世界末日來臨。即使是國內最惡意的批評家也無法否認，在維多利亞統治期間，國家空前團結，英國成為一個強大的帝國，並不斷壯大發展。這是女王給英國人留下的最好遺產，也是對她一生政績最有力的評價。

老牌殖民主義國家，一般是指葡萄牙、西班牙、荷蘭、俄國、法國和英國。但是，16 世紀葡萄牙的殖民霸權主要在東西航路一條線，而西班牙的殖民霸權主要在中南美洲那一片，而且都是沾了探索和羅馬教皇的「光」，為時不長。十七世紀荷蘭的殖民霸權靠轉運貿易起家的，也是曇花

一現。至於十六七世紀俄國的殖民侵略，屬於區域性的陸地蠶食。法國的霸業，目標在於歐洲大陸，儘管它到處侵略擴張，在海外也占領過廣大的殖民地，但卻處於配角的地位。只有英國，從事殖民掠奪的時間最長，占領的殖民地最多，維持殖民統治的時間最久。據統計，1914 年英國殖民地面積達 3,350 萬平方公里，相當於全球陸地面積的 1/4，占各列強殖民地總和的 1/2，等於本土面積的 100 多倍。殖民地人口近 4 億，等於本國人口的 9 倍，殖民地範圍包括各大洲，是當時最大的殖民帝國。英國的國旗飄揚於各殖民地的上空，不管是東半球還是西半球英國的領土都能受到陽光照耀。因此自稱為「日不落帝國」。那麼，英國是怎樣占領如此之多的殖民地呢？

大英殖民帝國的發家史實際上是走過了一條火與血的路程，豎著三個路標：海盜起步，戰爭開路，工業鋪路。早在資本原始累積時期，英國就依靠商業冒險家、遠征隊到各地建立「貿易據點」。比較早的殖民據點建立在美洲、印度和北愛爾蘭的一些地區。

英國由海盜起步而走上爭奪殖民霸權的途程中，發動了近 200 次的戰爭。從三次英荷戰爭，摧毀了荷蘭的殖民霸權，奪得了東西方貿易和對亞洲進行殖民掠奪的優勢；從十七世紀末到十八世紀中，又對法國進行了一系列戰爭，西元 1756 — 1763 年英法因為爭奪殖民霸權和歐洲霸權而進行的「七年戰爭」，戰火遍及歐、亞、美三大洲，結果摧毀了法國在歐洲大陸的霸權，又使得英國奪得了北美殖民地和南亞次大陸的勢力範圍。此次，奠定了英國海洋霸權和殖民霸權的基石。

從十八世紀末，由於政治、經濟及技術方面逐漸成熟，英國興起了一場產業革命。隨著蒸汽機的發明，各種機器的使用，到十九世紀的維多利亞時期，英國成了世界上最先進的工業國，在生產及貿易方面躍居世界首位，到處推行炮艦政策，奪取海上霸權，占領殖民地，大量搜刮別國財

富。大英帝國稱霸世界，在海外統治的地域遍及歐、亞、美、非、澳洲，占領了世界上最多的殖民地。

　　大英帝國稱霸世界，雖然是英帝國幾代人的努力，但帝國最強盛的時代是在維多利亞時期形成的，因此，維多利亞女王被稱為「日不落帝國」的開創人。

法蘭西帝國締造者

拿破崙（西元 1769 — 1821 年）

> 拿破崙，原名拿破崙・波拿巴（Napoléon Bonaparte），法蘭西
> 帝國締造者，卓越的軍事家、政治家。先後多次打垮了歐洲各個
> 封建君主國組織的「反法同盟」，保衛了法國大革命勝利果實，並
> 在歐、非、北美各戰場上，進行了對歐洲各封建國家的戰爭，削
> 弱了歐洲大陸的封建勢力。頒布《拿破崙法典》，確立了資本主義
> 社會的立法規範，至今還有其重要作用。

西元 1769 年 8 月 15 日，拿破崙・波拿巴誕生於法國科西嘉島上的阿雅克肖城。他在家中是次子，上面有 1 個哥哥，下面有 6 個弟妹。拿破崙出生時，家道已經中落，日子過得並不富裕。1779 年 1 月，拿破崙的父親把兩個兒子約瑟夫和拿破崙送到奧頓的國立中學去進修法語。5 月，拿破崙又被轉往只收貴族子弟的布羅埃納預備軍校學習。在軍校裡，他整整待了5 年。1784 年 10 月，15 歲的拿破崙被保送到巴黎軍校深造。在這裡，他得到了比較專業的軍事化教育。不過，此時他已不像在布裡埃納軍校時那樣悶悶不樂、離群索居了。這位有抱負的年輕人正在逐漸改掉暴躁的壞脾氣。他依然異常地勤奮，在皇家軍事學校一般學員要用兩到三年才能取得軍官資格，而拿破崙卻在第一學年結束時就通過了全部考試。

可是沒過多久，拿破崙的父親去世了，為了挑起家中的重擔，拿破崙被迫中止學業，在第二年的 10 月被派往瓦朗斯任炮兵團少尉。

1789 年 7 月，法國大革命爆發，他先後三次返回家鄉科西嘉，開展支持法國大革命的運動。他經常發表反對貴族和教會的演說。不久，他成了一名活躍的領導人。

1793 年，在收復土倫的戰役之後，年僅 24 歲的拿破崙由於卓越的軍事組織才能被破格提拔為少將旅長。

1795 年 10 月 5 日，巴黎王黨陰謀暴動，國民公會任命巴拉斯（Paul Barras）指揮鎮壓，拿破崙任助手。他率領 5,000 軍隊，用大炮擊潰兩萬多名叛亂分子，被任命為法國「內防軍」副司令。這時，他結識年輕寡婦約瑟芬‧德‧博阿爾內（Joséphine de Beauharnais），並與之結婚。婚後第 3 天，他被任命為義大利方面軍司令，離開巴黎，前往尼斯。

　　1796 年 3 月 27 日，拿破崙到達義大利城市威尼斯。但面對著一些吃不飽穿不暖、對當局政府非常不滿的士兵，他想這樣的軍隊是不會打勝仗的。他要鼓舞起他們的士氣，只有讓他們感到作戰有巨大的吸引力，才能使他們鬥志昂揚地投入戰鬥，才能保證取得戰爭的勝利。他用充滿誘惑力的話告訴士兵們，他們將要去的國家是世界上最富饒的，他們會在那裡得到自己想要的東西。

　　在鼓舞起士氣、軍心穩定之後，4 月 9 日，拿破崙率軍出人意料地翻越阿爾卑斯山，突入義大利；拿破崙面對 8 萬聯軍，並未有絲毫膽怯。他冷靜從容地制定了集中優勢兵力、各個殲滅敵人、不給敵人喘息機會的戰略戰術。在短短半個月內，打了 6 次漂亮的勝仗，薩丁尼亞王國戰敗求和。拿破崙馬不停蹄，強渡波河，取得洛迪戰役的勝利。5 月 15 日，又攻占米蘭，取得米蘭戰役的勝利。緊接著法軍又發動對歐洲最堅固的要塞之一 —— 曼托瓦的進攻，由於奧軍援兵趕到，拿破崙採取了先在周邊作戰、各個擊破其外部力量、使曼托瓦陷於孤立的策略。在取得阿爾科拉和里沃利兩次決定性戰役的勝利後，1797 年 2 月 2 日，奧軍乖乖交出了曼托瓦城。這樣，法軍便直接面對著奧地利本土了。拿破崙迅速捕捉戰機，率軍直奔維也納。4 月，奧地利在法軍的強大壓力下，停戰求和。

　　拿破崙在義大利戰績輝煌，在先後進行的大大小小的 65 次戰役中大獲全勝。他在作戰中表現出來的勇敢和機智以及其靈活多變的軍事指揮才能，為老將和士兵們所欽佩，他在法國軍隊中也建立起崇高的威望，並且他的威名震撼了歐洲。

法軍遠征義大利得勝。英法矛盾激化後，法國無力直接攻英。於是在西元 1798 年初，拿破崙建議「舉行一次威脅英國和東印度之間貿易的東征」。拿破崙被任命為東征軍司令。1798 年 5 月，他統率 3 萬法軍和 300 餘艘艦隻離開土倫，7 月初在埃及登陸。法軍奪取亞歷山卓港，在金字塔旁擊敗敵人。

同年 12 月，英、俄、奧、土等國形成了第二次反法同盟，法國國內政局一時間動盪不安。此時拿破崙卻帶著幾個隨從悄悄離開埃及，返回巴黎。他受到了社會各階層的支持。在西元 1799 年發動的「霧月政變」中，拿破崙奪取了政權。

他上臺後便修改共和憲法，改為終身執政，成立帝制，後加冕稱帝，即拿破崙一世。

拿破崙執政伊始，法國正處在第二次反法同盟的包圍之中。尤其是奧地利，認為拿破崙國內不穩、軍事上又處於劣勢，就出動八萬奧軍進攻在義大利與之對峙的三萬法軍，並由此突入法國國境。但拿破崙卻不肯坐以待斃。奧軍的進攻，打響了拿破崙生涯中有名的戰役 ——「馬倫哥戰役」（Bataille de Marengo）。西元 1800 年 5 月 14 日，拿破崙親率一支部隊翻越阿爾卑斯山第一險道聖伯納山口，突然出現在義大利；又出其不意，不去救援被圍法軍而徑取米蘭，繞到奧軍背後斷其退路，形成戰略包圍。6 月 14 日，兩軍主力在馬倫哥激戰，奧地利大敗求和。僅一個月時間拿破崙就一掃一年多來反法聯軍在義大利的戰果，重新獲得了義大利。第二次反法同盟瓦解。

第二次義大利戰役甫停，英法戰端又起。1803 年 5 月 18 日英國向法國宣戰。拿破崙怒火中燒，在法國西海岸布倫港建起龐大的軍營，準備橫渡英吉利海峽與英國一決雌雄。他要把英國徹底打垮。然而未等拿破崙踏上不列顛島，英國已經策劃建立第三次反法同盟。1805 年，以二十萬奧地利軍為主力的反法聯軍準備猛攻義大利，再會同十萬俄軍向法國本土推進。

為此拿破崙斷然決定大軍東調，爭取搶在俄奧軍隊會合之前擊潰奧軍。他實現了自己的計畫。8月，大軍從六百多公里以外的海峽沿岸急速行軍 20 天趕到萊茵河畔，以迅雷不及掩耳之勢分割了俄奧兩軍，並在烏姆一舉包圍、殲滅了奧軍。接著，拿破崙一鼓作氣，揮師直取維也納。奧地利皇帝出逃摩爾達維亞，與俄皇亞歷山大一世會合。12月2日是拿破崙加冕一週年的日子，三位皇帝指揮的軍隊在奧斯特利茨決戰。這次「三皇之戰」是拿破崙戰爭中最光輝的一戰。正如拿破崙在戰後第二天的通令中所說的：「士兵們！你們在你們的鷹旗上又添上了不朽的光榮！不到四個小時，你們把俄國皇帝、奧地利皇帝所指揮的十萬大軍打得落花流水，潰不成軍。」10月3日奧地利立即求和，10月5日俄國引兵北歸。第三次反法同盟解散。

　　奧斯特利茨戰役後，拿破崙又占領了那不勒斯王國，任其哥哥約瑟夫為國王；巴達維亞共和國改為荷蘭王國，其弟路易為國王，組成「萊茵邦聯」，結束了神聖羅馬帝國的統治。1806年秋，在俄英的策劃下組成了第四次反法同盟。但是普魯士不堪一擊，10月14日，在耶拿和奧爾施泰特兩次會戰中，均以慘敗告終。接著，法軍又在艾勞和弗裡德蘭兩次戰役中，擊敗了俄軍。1807年7月，法國迫使俄、普同法國簽訂《提爾西特和約》，這樣第四次反法同盟土崩瓦解了。1809年，俄、英、奧組成第五次反法同盟，10月14日的《維也納和約》宣告第五次反法同盟的瓦解。

　　正是憑著拿破崙自己天才的軍事指揮能力和法國大革命所提供的強大的物質條件，拿破崙大軍戰無不勝，橫掃歐洲大陸。1810年，拿破崙達到其輝煌的頂點，同時覆滅的種子也已孕育成長。

　　1812年6月24日，拿破崙率領60萬軍隊渡過尼曼河，對俄國不宣而戰。他企圖以優勢兵力和大會戰的方式迅速擊敗俄軍，贏得戰爭的勝利，消除其爭霸歐洲的阻礙。可是法軍深入俄國腹地後，遇到了俄國人的頑強抵抗，加上糧食、飼料短缺，士兵對氣候不適應等因素，逐漸失去了優勢。俄軍在主帥庫圖佐夫（Mikhail Kutuzov）的指揮下，進行有步驟的撤

退。俄軍放棄斯摩倫斯克後，退向莫斯科。

俄國人實行堅壁清野的政策，使拿破崙以戰養戰的戰略遭受挫敗。在補給困難又不斷遭到民眾遊擊隊的襲擊、求和不成決戰不能的情況下，拿破崙下令撤退，但又遇上了惡劣的風雪天氣，這使拿破崙大軍大吃苦頭。等撤出俄國時，60 萬大軍只剩下幾萬人。拿破崙在俄國的慘敗，標誌著法蘭西第一帝國由盛而衰。

1813 年秋在與第六次反法聯盟較量的戰場上，法軍雖有德勒斯登大捷，但卻遭受了萊比錫失敗。1814 年 3 月 31 日，反法聯軍占領巴黎，法蘭西第一帝國崩潰，拿破崙被流放厄爾巴島。波旁王朝復辟，路易十八成為法國國王。

拿破崙雖流放在外，但與國內的波拿巴分子仍有聯絡。他不甘心就此失敗，只要有一線希望，他還要作殊死搏鬥。在經過周密準備後，1815 年 3 月 20 日，拿破崙又奇蹟般地重新登上皇位。歐洲的封建勢力被這個「科西嘉惡魔」嚇傻了，他們迅速組成第七次反法同盟，準備徹底擊敗這個惡魔。

1815 年 6 月 18 日，英法軍隊在滑鐵盧以南的山下相遇，歷史上有名的滑鐵盧戰役打響了，雙方打得難解難分。英軍將領威靈頓公爵阿瑟‧韋爾斯利（Arthur Wellesley）已經投入所有預備隊，正當他覺得恐怕一切都要完了的關鍵時刻，布呂歇爾（Gebhard Leberecht von Blücher）率援軍趕到。英軍士氣大振，發動反攻，但拿破崙等的援軍格魯希（Marquis of Grouchy）最終也沒來，拿破崙只好調近衛軍投入戰鬥，但在英軍的兩面夾擊下，這只是杯水車薪，無法扭轉戰局。

滑鐵盧戰役經過 12 小時的激戰後結束，拿破崙徹底失敗了。這對他是致命一擊，他再也無還手之力，拿破崙再次退位，結束了「百日」政權。波旁王朝在反法聯盟扶持下再度復辟。拿破崙被流放到大西洋中的聖赫勒拿島。1821 年 5 月 5 日去世，享年 51 歲。

拿破崙戰爭是處在十八世紀末和十九世紀初期，那時正是歐洲封建主義走向崩潰和資本主義開始興起的歷史時代。拿破崙時代和法國大革命是一脈相承、不可分割的。拿破崙就是在法國大革命中成長和崛起的。因此，拿破崙的對外戰爭雖然帶有侵略性、掠奪性和爭奪霸權的性質。但在當時的歷史條件下，拿破崙戰爭還具有保衛法國大革命的勝利成果，並把法國革命思想和革命制度推行到歐洲，破壞歐洲的封建秩序，動搖歐洲的封建制度，為資本主義在歐洲的發展創造環境條件。拿破崙戰爭的這些歷史推動作用也是不能抹殺的。

　　第一，「反法聯盟」作戰的目的雖然具有與法國爭奪歐洲霸權的性質，但是它要撲滅法國革命，恢復歐洲的封建秩序的目的也是堅定不移的。拿破崙多次擊敗「反法聯盟」則是保衛法國大革命的勝利成果。最後拿破崙雖然失敗，但是，由於他一開始在戰爭中的多次勝利，一次又一次地挽救了革命的法國，保衛了法國革命成果有十七年之久，使之在法國得到鞏固，並具有不可動搖的強大生命力。後來即使波旁王朝復辟也無法徹底清除和消滅。

　　第二，拿破崙戰爭衝破了歐洲各國的封建秩序，加速了歐洲各國實行資產階級性質的改革。那時，歐洲多半都是一些封建君主專制的農奴制國家。法國革命前，德意志名義上是在神聖羅馬帝國統治下，實質上它是由三百多個小諸侯國組織而成的，政治上四分五裂封建割據，經濟上極端落後。在各諸侯邦國之中，王公貴族橫行霸道，教會僧侶飛揚跋扈，農民處於農奴地位，沒有文化教育，愚昧落後，工業得不到發展，百業凋敝，民不聊生。拿破崙戰爭使德意志由三百多個分裂的小邦合併成為30多個大邦，為德意志的統一創造了條件。這是歷史上一種進步。恩格斯（Friedrich Engels）曾寫道：「拿破崙清掃了德國的奧吉亞斯的牛圈（The Augean Stable），修築了文明的交通大道，為他們做了極大的貢獻。」拿破崙以戰爭手段滌蕩了德意志諸邦以及義大利諸國和波蘭、比利時等歐洲

國家的封建制度,為資本主義在歐洲的發展創造了條件。

第三,拿破崙戰爭傳播了法國大革命的思想,推動了歐洲的資產階級革命運動。法國大革命提出的平等、自由與博愛的資產階級革命思想,隨著拿破崙戰爭傳播到被拿破崙征服的封建各國,給予了那些封建國家裡的人民反對封建主義的思想武器。拿破崙在他征服的國家和地區中,扶植當地的有志之士建立共和國,實行法國的革命制度、革命原則和拿破崙的《民法典》(*Code civil des Français*,又稱《拿破崙法典》),從而使法國大革命時期的自由與平等思想在歐洲各國人民當中生根發芽,極大衝擊了歐洲的封建秩序和封建制度。

這部法典在很多方面表現了法國革命的理想。例如,在法典面前人人無血統特權,在法典面前人人平等。法典穩健適度,條理清晰,語言簡潔。法典不僅在法國一直得到實施(今日法國的民法與原版的《拿破崙法典》很多地方相似),而且經過局部的修正也為許多其他國家所採用。

拿破崙,是法國史上的英雄,是影響歐洲和世界歷史歷程的偉大人物。

新大陸發現者

哥倫布，原名克里斯多福・哥倫布（Christopher Columbus），
義大利航海家。他無意間發現了美洲大陸，是人類歷史的轉捩
點，對世界產生了深遠的影響。

　　西元 1451 年，哥倫布出生於義大利的港都熱那亞市，當時的熱那亞是
航海業十分發達的城市。正是這種特殊的地理位置條件，使得小哥倫布從
小便迷上了大海和帆船。

　　雖然家裡很窮，父親仍勉強供哥倫布到學校念書。在那裡，他熱衷於
攻讀幾何、地理、天文、航海學、拉丁語等，後來，由於家裡經濟不佳，
哥倫布不多久就退學了。此後，他就全靠自修來充實地理、海洋、天文方
面的學問，以及許多實用的知識。1476 年，哥倫布在一艘船上當水手，
該船因受到法國特遣船隊的進攻而沉沒。哥倫布受傷跳下水去，一直遊到
拉哥斯港上了岸，後來到了里斯本。里斯本對於一個連做夢也想進行海上
探險的人來說實在是個好地方。因為最狂熱的探險計畫在那裡都曾得到過
支援。那裡還是一個學習數學、天文學、造船術和船帆索具裝配術的好地
方。這些知識是一個商船船長所必需的。哥倫布和他的弟弟巴爾托洛梅奧
（Bartholomew Columbus）一起開了一個繪圖店，生意做得還挺不錯。

　　1479 年，哥倫布做了黑人保羅和清圖里昂尼商館駐里斯本的代表，經
常到外地去收購原料和商品。他到過馬德拉島及其東北方的波爾多・聖托
島，並在那裡與該島總督義大利人佩列斯特列勞的女兒菲莉帕結婚。1479
年，哥倫布辭去商館職務，又做了水手，繼續其航海生涯。

　　當時最著名的地理學權威、義大利佛羅倫斯人托斯堪內里
（Toscanelli），極力主張地圓說。1474 年他送給葡萄牙國王一封信和一張

地圖，把整個遠東都稱之為「印度」，中國則是「印度」大陸的一部分，日本只是印度洋上的一個海島。地圖上標明的里程，從歐洲西海岸到印度大陸也不過五六千英里。哥倫布得到了這張地圖，並開始根據這張地圖規劃自己的遠航。

　　遠航計畫付諸實施，需要巨大的人力和物力支持。哥倫布最初寄希望於葡萄牙，但被正式拒絕。他不得不把目光轉向西班牙，遂率長子迭戈（Diego Colombo）來到西班牙，並逐漸把自己的遠航計畫傳到西班牙宮廷。哥倫布的計畫被整整壓了 4 年，最後被拒絕。1492 年 1 月 9 日西班牙人奪取了格拉納達城，完成持續了 700 多年的收復失地運動。為增加國庫的收入，國王在格拉納達又召見哥倫布，進行第三次談判。4 月 17 日，哥倫布與國王簽訂著名的《聖塔菲協議》（*Capitulations of Santa Fe*），規定，西班牙國王是新發現土地的宗主和統治者。哥倫布得到海軍司令、欽差及總督頭銜，並可得到從領地送回宗主國全部財富的 1/10，為領地貿易所裝備的船隻及收入的 1/8，另獲得領地上的商務裁判權。

　　《聖塔菲協議》簽訂後，哥倫布籌款籌船準備遠航。第一次遠航共花費200 萬馬拉維德（約合第二次世界大戰前的 14,000 美元）。這次共籌集三隻船。探險隊員有的是自願參加的，有的是在帕洛斯港強制募集的，有一部分是從監獄提出來的罪犯，包括四名死囚犯。此外還有阿拉伯語譯員和政府公證人，共 87 人。

　　西元 1492 年 8 月 3 日第一次遠航從帕洛斯港開始。哥倫布帶著自己的88 個船員從西班牙的巴羅斯港啟航，向大西洋出發。

　　一個月過去了，兩個月過去了，四周依然是除茫茫的大海外一無所有，本來就恐懼有餘信心不足的船員們更加不安起來，恐懼不安和煩燥的氣氛籠罩著整個船隊。他們聯合起來，一起勸說哥倫布還是回去為上策，甚至有一位主謀者凶狠地放出口風，如果三天之內看不到大陸，就把哥倫布殺了，不然就立刻返航。所幸的是，二天即將結束的時候，也就是在西

元 1492 年 10 月 12 日他們終於發現了陸地，哥倫布的探險成功了。當時哥倫布還以為他們到的是印度東海岸的一個島，所以，他把這些人稱為印第安人（印度人），這就是現在美國印第安人名字的由來。哥倫布繼續向前航行，陸續發現了幾個島國，但他在這次旅行中並沒有感受到《馬可·波羅遊記》（*The Travels of Marco Polo*）中所描寫的東方景色，也沒有找到遍地的黃金和香料，他感受到的除了新奇的動植物和奇怪的語言外，更多的是神祕。

1493 年 3 月，哥倫布的船隊歷經艱險，終於駛入西班牙的馬婁斯港。這次遠航歷時整整 32 個星期，往返行程 16 萬公里有餘，這是人類有史以來，在如此短的時間內，航行最長的距離。哥倫布因凱旋而歸獲得了西班牙王室的最高榮譽。

同年 9 月 25 日，哥倫布第二次西航來到北美大陸，但依然沒有找到黃金之國。這次航行使西班牙國王大失所望。1495 年國王頒布新法令，准許人們自由移居新發現的土地，但必須繳納所得黃金的 2/3。

1498 年，哥倫布組織第三次航行。5 月，從盧卡爾港出發，到加那利之後船隊分成兩組。三隻船直奔海地；另三隻船由哥倫布統率，南下綠角島後折向西南而西。這三次航行，哥倫布到達了千里達島，望見了南美大陸，發現了奧利諾科河河口。8 月 20 日，哥倫布回到聖多明哥。

1499 年西班牙政府取消哥倫布對新發現土地的壟斷權。西元 1500 年 8 月派波巴底里亞為總督取代哥倫布。哥倫布兄弟被逮捕解送回國，不久獲釋。1501 年，哥倫布籌辦第四次遠航。這次只有 4 艘船，150 個船員。1502 年 3 月從西班牙出發，6 月末到達海地，然後穿過加勒比海，到達洪都拉斯。再沿尼加拉瓜東南岸南下，到達哥斯大黎加（意為「富裕海岸」，哥倫布當時命名為「黃金海岸」）。再往南到達巴拿馬。哥倫布雖然已達到中美大陸，但仍然不認為它是一塊「新大陸」，因而到處尋找出海口。因為找不到出海口，不得不回航。1504 年 11 月 7 日回到西班牙。此後身染重病，臥床不起，1506 年 5 月 20 日病逝。

新大陸發現者

　　哥倫布試圖發現從歐洲西航到東方的航道，不料卻發現了美洲大陸，他由此而對世界產生了當時人所料想不到的巨大影響。他的發現，開啟了到新世界探險和殖民的時代，也是人類歷史發展的重要轉捩點。他為歐洲人開闢了兩個新大陸，為日益增加的歐洲人口找到了新的安家落戶之地，也為歐洲的經濟發展提供了新的礦產和原料資源。他的發現，也間接使美洲古文明毀滅。

俄羅斯帝國開創者

彼得一世（西元 1672 — 1725 年）

> 彼得一世，原名彼得・阿列克謝耶維奇・羅曼諾夫（Pyotr
> Aiekseyevich），俄國沙皇，俄羅斯帝國皇帝，俄國傑出的政治
> 家、軍事家、統帥和外交家，俄國正規陸海軍的建立者，史稱彼
> 得大帝。

西元 1672 年 6 月 9 日生於莫斯科的彼得一世，少時受家庭教育。他意志堅強，才能出眾，有堅定的意志。一生好學，涉獵甚廣，尤喜軍事和海防。1682 年與其異母兄伊凡（Ivan v Alekseyevich）並立為沙皇，由於彼得年幼，伊凡痴鈍，由伊凡的姐姐索菲亞（Sofia Alekseyevna）攝政。

彼得一世少年時隨母親住在莫斯科郊外，1680 年代為進行軍事「遊戲」曾建立「少年軍」，編列入兵團，這對彼得一世個性的形成具有特殊作用，後來這支隊伍便成為俄軍的禁衛部隊。

隨著彼得年齡的增長，索菲亞害怕他奪去自己已掌握的權力，於 1689 年發動政變，企圖殺害彼得。彼得粉碎了這次政變，把索菲亞關進修道院，掌握了政權。1696 年伊凡去世後，彼得成為唯一的沙皇，時年 24 歲。

彼得一世親政後採取的第一個重大行動，就是派遣一個龐大使團去西歐各國考察。1697 年 3 月，大使團從莫斯科出發，由費・亞・列福爾特等人率領，共約 250 人，彼得一世化名彼得・米哈伊洛夫，裝成一個下士隨大使團同行。

1697 年 7 月，大使團來到荷蘭，受到熱烈歡迎。彼得先在荷蘭薩爾丹的一家造船廠當木匠，後來又到阿姆斯特丹的一家造船廠當學徒。他在實習時，買了一套木工用具，親自進行操作，在不到 100 天的時間裡，他取得了荷蘭造船師傅保羅發給的一張畢業證書，上面寫著「彼得・米哈依洛夫

是一個勤奮、聰明、手藝精細的木工，學會了造船和繪圖設計」。

第二年初，大使團來到英國倫敦。彼得把大部分時間用於研究造船學，並參觀倫敦的各個企業，訪問科學中心英國。皇家協會，參觀牛津大學，會見著名的科學家，研究鞏固的政治制度。1698 年 4 月，大使團從英國返回歐洲，6 月，彼得訪問奧地利首都維也納，奧皇正積極準備參與西班牙王位繼承戰爭，而急於與土耳其媾和。7 月 15 日，彼得正要動身去威尼斯，接到了國內射手發生兵變的奏聞，便結束了這次出訪西歐的行程，於 8 月 25 日悄然回到莫斯科。

1698 年夏，索菲亞再次策動射手叛亂。他立即啟程回國，鎮壓叛亂。

之後，彼得在俄國推行歐化政策，進行經濟、軍事、文化、政治等一系列改革。經濟方面，他透過貸款和提供勞動力等優惠辦法，大力發展工業。到西元 1725 年，俄國手工工廠由原來的 21 個發展到近 240 個。國內貿易方面，他徵召農奴開鑿運河，建設通商口岸，發展集市貿易，擴大國內市場。對外貿易方面，他實行保護關稅政策。軍事方面，他建立起一支由步、騎、炮、工組成的 20 萬人正規陸軍和一支由 48 艘戰艦、大批快艇和 2.8 萬名水兵組成的海軍艦隊。

文化教育方面，他建立了算術學校、造船學校、航海學校、炮兵學校、工程技術學校、礦業學校，以及海軍學院等，並派一批留學生到西歐學習。規定貴族子弟必須上學，且必須學會算術和一門外語。他建立了俄國第一個印刷所、博物館、圖書館、劇院。1703 年，他創辦了第一份全俄發行的報紙 ── 《新聞報》，親任主編。1724 年，他開始籌建科學院。

在政治上，他撤銷貴族議會，建立樞密院，下設 11 個委員會分管政府的各項事務；罷黜大教長，代之以宗教院，使教會服從沙皇和政府；他還打破論資排輩、講究出身門第的傳統，破格擢用人才以推進改革。彼得的兒子阿列克謝（Alexei Petrovich）反對改革，企圖發動宮廷政變，他鐵面無情，把阿列克謝送交特別法庭，判處死刑。

在進行國內改革的同時，彼得發動了連綿不斷的對外戰爭。西元1700 — 1721 年，他發動了長達 21 年之久的俄瑞北方戰爭。

1700 年 8 月，俄國對瑞宣戰。11 月俄軍在納爾瓦初戰失利後，進一步進行軍事改革，發展軍事工業，以利再戰。1701 — 1704 年利用瑞軍主力陷入波蘭之機，率兵向波羅的海沿岸進攻，先後攻占諾特堡、尼延尚茨堡、納爾瓦和伊凡哥羅德等地。1703 年起在涅瓦河口大興土木，建立新都聖彼德堡。1708 自年初在瑞典國王查理十二率兵大舉進攻俄國之際，指揮俄軍實施戰略退卻，誘敵深入，堅壁清野，以小部隊不斷襲擾、消耗和疲憊瑞軍。10 月親率俄軍殲滅勒文豪普特指揮的瑞典援軍，殲敵 9,000 餘人，奪取其全部火炮和輜重。

1709 年 7 月，在波爾塔瓦戰役中，指揮俄軍殲滅瑞軍主力，扭轉了戰局。查理十二率千餘人逃往土耳其。土耳其對俄宣戰後，於 1711 年夏率軍南征土耳其，在普魯特河畔陷入土軍和克里米亞汗國軍隊重圍。因彈盡糧絕被迫簽訂合約，以歸還亞速、允許查理十二過境回國為條件，與土耳其停戰。隨後，恢復對瑞典的進攻。1714 年 8 月親率俄國艦隊前衛在甘古特會戰中擊敗瑞典艦隊，取得海軍建立以來首次勝利，自晉海軍中將。1721 年 9 月與瑞典簽訂《尼斯塔德和約》（*Treaty of Nystad*），奪取大片土地，並取得波羅的海出海口。10 月被樞密院封為「大帝」和「國家之父」；俄國改國號為俄羅斯帝國。

在西元 1700 — 1721 年的北方戰爭中，彼得一世使俄國贏得全勝，取得了通往波羅的海的出海口，從而得以與西方建立直接聯繫。俄國始躋身歐洲列強之中。

1721 — 1723 年又發動侵略波斯的遠征，兼併了裏海西部沿岸地區。同時繼續向遠東擴張，侵占千島群島。晚年曾企圖率兵侵占黑龍江流域，建立一個從波斯到太平洋，從北冰洋到印度洋的大俄羅斯帝國。但這一野心還未實現，彼得一世便於 1724 年秋臥病不起，並於次年 2 月 8 日病逝彼得

堡，時年 52 歲。

彼得一世在位時，深知俄國面臨的首要任務是；改變其在西方先進國家面前的落後狀態，開發國內雄厚的自然資源，進行巨大改革。為加速發展俄國生產力和鞏固國防，他鼓勵發展本國工廠手工業、交通、內外貿易、科學和文化，從而促進了俄國經濟、政治和文化的發展，使之成為強國。

他對國家機構的改革，旨在鞏固專制政體，加強封建農奴制度，強化貴族和新生資產階級的統治，更加重了對平民的剝削。

作為一位軍事家，彼得一世屬於十八世紀俄國和世界史上最有學識、最有才華的武裝力量建設者和陸海軍統帥之一。畢生致力於加強俄國的軍事威力，提高它在國際舞臺上的地位。彼得一世還十分重視陸海軍的技術裝備革新。組織了新型軍艦、新式火炮、彈藥的研製和生產。建立了亞速海、波羅的海和裏海完整的海軍基地配系。建造了大量的槳船艦和帆船艦。他建立的海軍能與陸軍密切共同，積極作戰。步兵裝備了帶燧石撞擊式槍機的火槍和國產刺刀。西元 1701 ─ 1719 年在莫斯科和聖彼德堡兩地興辦了航海學校、炮兵學校、工程學校和海軍學院。還頒布了軍銜，設置了勳章和獎章。

作為一位外交家，彼得一世深知俄國對外政策的任務，擅長利用形勢，能夠做出妥協。曾多次親自出面談判，締結協定。西元 1697 ─ 1698 年隨大使團考察西歐各國時，就為建立反瑞（典）北方聯盟做了準備，1699 年該聯盟最終形成。西元 1719 年開始俄瑞（典）和平談判後，由於其彼得一世的外交活動擅長利用歐洲列強間的矛盾，故使英國的破壞未能得逞，終於 1721 年簽訂了《尼斯塔德和約》。

彼得一世在位期間，對內實行改革開放，對外實行侵略擴張，把俄國從一個落後的國家變成強大的俄羅斯帝國。彼得一世是俄國歷史上最偉大的帝王，是世界歷史上傑出的政治家、軍事家和改革家，對後世產生了巨大而深遠的影響。

美國國父

華盛頓是美國的奠基者、第一任總統。他領導了美國獨立戰爭並取得勝利，獨立戰爭勝利後，他反對君主制，主張建立立法、行政和司法三權分立的共和政體；發展工商業，保護對外貿易，主張逐步廢除農奴制。華盛頓開創了美國的社會制度、生活方式和文化傳統，被人們稱為「戰爭中第一人，和平中第一人，同胞心目中第一人」。

　　西元 1732 年，喬治・華盛頓生於美國維吉尼亞州的威斯摩蘭。他是一個富有的農場主的兒子。小時候的華盛頓由於父親早逝，在少年和青年時期沒有受到系統的教育，而是透過在自己的種植園中實際的演練，掌握了土地測量、牲畜飼養和煙草種植技術。1748 年，華盛頓 16 歲時，為英國殖民當局進行土地測量。1752 年，異母兄勞倫斯去世，他繼承了維農山莊。華盛頓管理著 8 千英畝的土地和 270 名黑奴和少量的白種契約奴。他幾乎走遍了整個維吉尼亞，對西部廣袤無垠的土地產生了強烈的欲望。他預見到了不久以後發生的西進拓殖的洪流，他花了大量的時間和金錢在維吉尼亞與亞利加尼山脈之間的大片土地上興修水利。在西部的荒野上，他睡在小木屋裡，射獵火雞和鹿為食，日夜與獵人和伐木人為伍。這種粗獷的生活，使他練就一身好騎術。21 歲那年，他不僅是一名大莊園主、有經驗的土地測量員，而且還擔任了維吉尼亞民兵少校副官長。就在這一年，開始了他從政生涯的序曲。

　　1758 年 5 月，華盛頓在處理公務的途中，路過張伯倫的家。張伯倫家的傳統習慣是，凡是乘渡船在他的莊園登岸的旅客，都會受到熱情的款待。華盛頓在這裡遇到了當地最富有的寡婦瑪莎（Martha Dandridge

Custis)。瑪莎擁有大筆的財富，但在生活中卻連遭打擊：兩個孩子夭折，丈夫去世，這給她帶來沉重的精神創傷。但僅就個人而言，瑪莎能寫會算，知識豐富，擅長治家理財，具有大家閨秀的風範。經過深入交淡，他們彼此有了一定的了解，華盛頓向瑪莎求婚，瑪莎也覺得華盛頓更適合當個精明的農莊主人。三個月後，瑪莎答應了華盛頓的求婚。1759 年 1 月 6 日，按照當地的習俗，在親朋好友的簇擁下，他們在新娘的寓所舉行了婚禮，結為百年之好。

在以後的 15 年間，華盛頓一直在處理他自己的產業，他能力卓越，處事有方。到 1774 年，當他被選作維吉尼亞州的代表出席第一屆大陸會議時，他已是殖民地最富有的人之一。

此時的英國在七年戰爭中擊敗法國並取得對北美大陸的霸權以後，為填補國庫空虛，加強了對北美殖民地人民的壓迫和剝削。華盛頓與他周圍的人一樣，對英國殖民當局大失所望，開始認識到北美殖民地除了完全獨立之外，別無其他選擇。從 1774 年起，英國國會又連續通過 5 項法令，旨在鎮壓殖民地人民的反抗，這更激起人們的不滿。

1775 年 4 月 19 日，在英屬北美麻薩諸塞灣殖民地的萊辛頓鎮，一陣密集的槍聲劃破黎明的天空。北美殖民地民兵與前來查抄軍火的英軍展開了激烈的戰鬥。由此，北美獨立戰爭的序幕拉開了。英國在北美的 13 個殖民地從此走上了與英國分道揚鑣的革命道路。萊辛頓槍聲極大鼓舞了殖民地人民，他們到處進攻並奪取英軍的堡壘、兵工廠和廠庫，各地的群眾大會紛紛表示要為維護自由而奮戰到底。人民的呼籲、革命形勢的發展迫切需要有一個堅強而有力的領導。5 月，各殖民地政治領袖組成的第二屆大陸會議在費城召開。會議決定把彙集在波士頓周圍的約兩萬名民兵組織起來，整編為「大陸軍」，準備應付即將到來的戰爭。

在這次會議上，代表們一致通過組建大陸軍的決定，並一致推舉華盛頓擔任大陸軍總司令。這是因為他不僅家財萬貫，名聞遐邇，而且體魄健

壯，軍事經驗豐富，指揮才能卓越，尤其他那堅韌不拔的性格使他成為理想的人選。在接受總司令的任命時，他拒絕接受超過他開銷的任何薪俸，並且在給妻子的遺囑和告別信裡，深切地表達了自己對家庭的眷戀和對北美人民自由革命的熱愛。

在接到委任狀的第二天，華盛頓便策馬奔向前線。他很快就在組織沒有受過訓練的志願兵、籌集糧草和武器彈藥，以及獲得大陸會議和各殖民地支援等方面，顯示出他特有的果斷和才能。在華盛頓率領大陸軍作戰部隊，同占有優勢的英殖民軍展開巧妙而靈活的戰鬥時，他那克己奉公的高尚品格和堅韌不拔的頑強意志；鼓舞了部隊官兵的英勇作戰。他沉著穩定地指揮軍隊，在退卻和運動中伺機消滅敵人，使敵我力量慢慢發生變化。

西元 1776 年 3 月 4 日晚，華盛頓派約翰‧湯瑪斯將軍率兵搶占了波士頓南部制高點，並築起了碉堡。次日清晨，英軍發現後大為恐慌，在偷襲高地失敗後，撤離波士頓。20 日，大陸軍進駐波士頓市區。北美終於取得開戰以來最大一次勝利。

1776 年 7 月 4 日，由傑弗遜（Thomas Jefferson）起草的《獨立宣言》（*United States Declaration of Independence*）問世，它向全世界宣告：美國誕生了。

就在美國宣布獨立的時候，英軍分兩路氣勢洶洶地南下直達紐約，妄圖把剛宣布獨立的美國扼殺在搖籃裡。當時，華盛頓的大陸軍只有 2 萬人，裝備不足，也沒有海軍。在人民的支持下，他徵集民船趁著漫天大霧，躲過敵艦監視，悄悄地渡過海峽保存實力。在華盛頓率領下，智襲翠登的勝利，粉碎了英軍不可戰勝的神話。奇襲翠登和普林斯頓的勝利，像黑夜中的一道閃光，給美國軍民勝利的希望和力量。這個冬天，大雪紛飛，寒風呼號，華盛頓帶領士兵們頑強地堅持著。由於他們沒有足夠的衣服和毛毯，只能在露天裡燃起篝火取暖，由於條件太過艱苦，不少士兵因疾病和飢餓死去。

後來，法國支援美國，戰爭形勢才出現了根本性轉折。

1780 年 10 月，華盛頓領導的美國軍隊取得了約克鎮圍城戰役的勝利。這次戰役是獨立戰爭中最大一次戰役，它代表美國人民已在軍事上取得了最後勝利。

1783 年 9 月 3 日，英國承認美國為自由、民主的獨立國家。

獨立戰爭勝利後，曾有人寫信給華盛頓，請求他當國王，華盛頓很生氣，義正辭嚴地斷然拒絕了要他當國王的請求。他主動召集大陸軍軍官開會，滿腔熱情地回顧了官兵們在戰爭期間的功績，懇切希望他們不要玷汙昔日的榮譽。

在華盛頓等人的倡議下，1787 年 5 月到 9 月，制憲會議在費城召開。代表們一致推舉德高望重的華盛頓為制憲會議主席。經過 4 個月的討論後，美國憲法草案被制定出來了，這就是 1787 年憲法。該憲法規定美國實行三權分立的聯邦共和制。中央政府立法權屬於參議院與眾議院組成的國會，行政權屬於合眾國總統，司法權屬於最高法院。憲法賦予中央政府重大權力，特別是總統權力很大。當時人們都害怕總統建立專制獨裁，但一想到他們敬愛的華盛頓會當總統，他們就放心了。

華盛頓評價新誕生的憲法：憲法中規定的防範實施暴政的鉗制辦法和制約辦法比人類迄今所制定的任何體制都多，而且按其性質來說，也更難逾越。我不期望這個世界上有十全十美的東西，但是，現代人類已經在政治科學方面取得一些進展，假如經過實驗，人們發現現在放在美國人民面前的這部憲法還可以定得更完善的話，憲法中也明文規定可以加以改進。憲法制定出來之後，隨後又呈交給國會，然後分送各州議會，進行批准。

在這段時間，華盛頓又回到弗農山莊過隱居的生活。

1789 年 1 月，美國舉行了歷史上第一次總統選舉，華盛頓當選為總統。從此，華盛頓為美國建國初期的治理整頓和發展費盡心力。

華盛頓當選總統，沒有前人的經驗可以借鑑，也沒有什麼先例可循。

一切要華盛頓來創造。他規定每個星期二接見一般訪客。他要求所有任職的人員，哪怕是最低職位的公務員，必須經得起最嚴格的檢驗。他任命不同政治傾向的著名人物來擔任領導職務，以求得各個地區、各種觀點的平衡。

他不是被動地等待國會來制訂各種法律，而是告訴國會，他需要制訂什麼法律。他接受漢密爾頓（Alexander Hamilton）的建議，重新建立國家信用；建立統一的貨幣，徵收聯邦稅；鼓勵民族工業，減少對歐洲的依賴。

在華盛頓第一個任期中，極其關鍵的措施是建立了「合眾國銀行」。西元 1789 年，詹姆士・麥迪遜（James Madison Jr.）提出建立了美國歷史上第一個稅收法。1791 年以「人權法案」聞名的憲法頭十條修正案生效。美國政府的第三個部門 —— 最高法院，也是在 1789 年建立的。華盛頓任命約翰・傑伊（John Jay）為美國第一任首席大法官。華盛頓還確立了總統可以不經參議院同意撤換官員的權力。總之，美國總統的權力，按照華盛頓在實踐中所做出的範例而逐漸形成。

1793 年 3 月，他第二次就任總統不久，就面臨著更為複雜的問題。革命的法國向英國宣戰，美國與英法的矛盾等等。一開始，美英關係極為緊張。1794 年華盛頓派首席法官約翰・傑伊赴英交涉。同年，簽訂了《傑伊條約》（*Jay Treaty*）。使美英緊張關係得到緩和。他與法國保持中立。緩和了國際關係，保證了美國經濟的高速發展。

經過了 8 年的緊張從政生活，華盛頓感到身心交疲，決定不謀求第三次擔任總統。他在 1796 年 9 月 17 日發表了著名的《告別辭》（*Farewell Address*），在《告別辭》中，承認他可能做錯了一些事，他請求他的同胞原諒他這些，記住他做過的好事。他呼籲全國團結，反對黨派活動，因為黨爭將導致國家分裂。華盛頓在致人民的告別辭中宣布不再爭取連任美國總統，決定退出政壇。就這樣，64 歲的華盛頓告別政壇。這一舉動開創了總統連任不超過兩屆的先例，贏得了美國人民衷心的擁護。

 美國國父

1799 年 12 月 12 日，華盛頓突患急性喉炎，病勢凶猛。14 日晚上 10 時許，華盛頓離開了人間，終年 67 歲。遺囑中，他表示死後要讓他莊園裡的所有奴隸獲得自由。

為了紀念這位偉大的愛國者和傑出的政治家，美國人民把首都命名為華盛頓。

在國際社會享有盛名的美國第一任總統喬治‧華盛頓，素有美國「國父」之稱。作為北美獨立戰爭的領導者，他帶領北美人民經過艱難曲折的抗爭，創立了美國，他被看作是美國的象徵，並永載史冊。

作為美國的締造者，華盛頓不僅為新生美國的奠基做出了開拓性的貢獻，更重要的是，他在總統職位上的實踐為後世留下了不可磨滅的典範，美國的許多原則與傳統均源自於他的行為。華盛頓以其領袖的威望和政治手腕，使美國當時十三個爭吵不休的州在八個困難年頭裡保持了團結。在他擔任兩任總統的大多數時間裡，成功地與政治上的各派代表進行合作。他審慎地使自己超脫於政黨和派系的分歧，而把全體公民的願望集中為總統的職責。華盛頓終生貫徹的民主原則，透過他的所作所為已經給美國留下了一個民主的光輝範例，這對於以後美國的成長有著重要的影響，他的精神與確立的原則在美國迄今的政治發展中發揮著極大的作用。

諾貝爾獎的設立者

諾貝爾（西元 1833－1896 年）

諾貝爾，原名阿佛烈‧伯恩哈德‧諾貝爾（Alfred Bernhard Nobel），瑞典化學家、發明家、企業家、矽藻土炸藥的發明者，他用其巨額遺產創立了舉世聞名的諾貝爾獎，對世界文化產生很大的影響。

西元 1833 年 10 月 21 日，諾貝爾出生在瑞典首都斯德哥爾摩一個貧窮的家庭裡。他父親不得不帶領全家到國外去謀生，最後流落到美國。漂泊的生活，使諾貝爾沒有機會受到正規的學校教育，只在學校讀過一年書，受過幾年家庭教育。諾貝爾童年時，在父親工作的工廠裡打雜，多少接觸到一點化學知識。

諾貝爾的父親是一位頗有才能的發明家，傾心於化學研究，尤其喜歡研究炸藥。受父親的影響，諾貝爾從小就表現出頑強勇敢的性格，他經常和父親一起去實驗炸藥。多年隨父親研究炸藥的經歷，也使他的興趣很快轉到應用化學方面。

1842 年，他的父親在彼得堡開設了一家生產地雷和水雷的工廠，諾貝爾的全家也隨即遷往彼得堡。隨著家庭狀況的逐步好轉，父親為諾貝爾兄弟三人請了家庭教師。諾貝爾雖然年紀最小，學習卻絲毫不差，尤以外語最為突出，他掌握了英、俄、德、法等好幾門外語。他喜愛雪萊（Percy Bysshe Shelley）的詩歌，對文學產生了濃厚的興趣，這種興趣一直伴隨他的一生。

1848 年，15 歲的諾貝爾停止了學業。沒過多久，父親讓他到自己開辦的工廠裡幫忙料理日常事務。諾貝爾對此毫無興趣，一有時間不是看書，就是幫父親研究魚雷和炸藥。1850 年父親送他到美國學習機械。兩年以

後，他回到俄國，在父親的工廠裡任職。諾貝爾開始對氣量計的設計產生了濃厚興趣，1859 年，他終於獲得成功，並獲得了專利證。他的研究興趣仍然在化學方面，他開始全力以赴地研究炸藥。

那時已有很多人在研究炸藥。諾貝爾非常注意吸收別人的長處。他發現義大利化學家索布雷洛（Ascanio Sobrero）發明的硝化甘油（Nitroglycerin，化學式：C3H5N3O9）除了用於醫療外，還有爆炸性。他認為，如能控制它的爆炸，就是做炸藥的理想原料。他還想，如果把硝化甘油與火藥混合在一塊，也許能引起強烈的爆炸。

1862 年夏天，諾貝爾開始進行引爆實驗。他先把硝化甘油封裝在玻璃管裡，再把玻璃管放進裝滿火藥的錫管內，然後裝上導火管。當他將導火管點燃，投入水中時，轟的一聲，水花四濺，地面震動，爆炸效果顯然大於一般火藥。

實驗雖已初步成功，但離實際應用還有很大的距離，因為引爆物的用量大於硝化甘油的用量。他又繼續實驗，終於找到了原因。因為玻璃管口沒有封緊，所以火藥不能炸碎玻璃管而缺乏足以使硝化甘油爆炸的溫度和衝擊力。他獲得了用少量火藥導致硝化甘油爆炸的專利證。之後他繼續尋找可代替的引爆物。不幸的是，1864 年 9 月 3 日發生了硝化甘油大爆炸。他的實驗室被炸毀，5 位助手當場死亡，其中一個是他的小弟弟艾彌爾。諾貝爾得以倖免。這次事故使周圍的人們十分恐懼，他們紛紛向瑞典政府反映，甚至向諾貝爾提出抗議，不准他在市內實驗。

但是諾貝爾百折不撓，他把實驗室搬到市郊湖中的一艘船上繼續實驗。經過長期的研究，他終於發現了一種非常容易引起爆炸的物質 —— 雷酸汞（Mercury(II) fulminate，化學式：Hg(CNO)2），他用雷酸汞做成炸藥的引爆物，成功地解決了炸藥的引爆問題，這就是雷管的發明。它是諾貝爾科學道路上的一次重大突破。

礦山開發、河道挖掘、鐵路修建及隧道的開鑿，都需要大量的炸藥，

所以硝化甘油炸藥的問世受到了普遍的歡迎。諾貝爾在瑞典建成了世界上第一座硝化甘油工廠，隨後又在國外建立了生產炸藥的合資公司。但是，這種炸藥本身有許多不完善之處。存放時間一長就會分解，強烈的振動也會引起爆炸。在運輸和儲藏的過程中曾經發生了許多事故，針對這些情況，瑞典和其他國家的政府發布了許多禁令，禁止任何人運輸諾貝爾發明的炸藥，並明確提出要追究諾貝爾的法律責任。

面對這些考驗，諾貝爾沒有被嚇倒，他又在反覆研究的基礎上，發明了以矽藻土（Diatomaceous earth，又名 diatomite）為吸收劑的安全炸藥，這種被稱為黃色炸藥的安全炸藥，在火燒和錘擊下都表現出極大的安全性。這使人們對諾貝爾的炸藥解除了疑慮，諾貝爾再度獲得了信譽，炸藥工業也很快地獲得了發展。

在安全炸藥研製成功的基礎上，諾貝爾又開始了對舊炸藥的改良和新炸藥的生產研究。兩年以後，一種以火藥棉和硝化甘油混合的新型膠質炸藥研製成功。這種新型炸藥不僅有高度的爆炸力，而且更加安全。膠質炸藥的發明在科學技術界受到了重視。諾貝爾在已經取得的成績面前沒有停步，當他獲知無煙火藥的優良性能後，又投入了混合無煙火藥的研製，並很快研製出了新型的無煙火藥。

經過四年幾百次的艱苦而危險的實驗，就在矽藻甘油炸藥試爆的最後一次，他親自點燃導火劑，仔細觀察各種變化，當炸藥爆炸聲巨響之後，人們驚吼：諾貝爾完了！……他從彌漫的煙霧中爬起來，滿身鮮血淋淋，他忘掉了疼痛，振臂高呼：「我成功了！我成功了！」終於在 1876 年的秋天，成功地研製了矽藻甘油炸藥。

接著，諾貝爾又於 1888 年發明了用來製造軍用炮彈、手雷和彈藥的無煙炸藥，亦稱諾貝爾爆破炸藥。諾貝爾不僅在炸藥方面做出了貢獻，而且在電化學、光學、生物學、生理學和文學等方面也有一定的建樹。諾貝爾的一生中，僅在英國申請的發明專利就有 355 項之多。

諾貝爾獎的設立者

　　諾貝爾不僅是個偉大發明家，還是一個有卓越經營才能的實業家，他所經營的炸藥工業，遍布歐美各國，還用炸藥專利款購置了大面積的油田，使其迅速地成為一個富翁。然而，他對金錢和財物並不貪得無厭。對旁人，他慷慨施捨；對發展科學，他大力援助；他自己卻生活儉樸，一生在艱苦中度過，他甚至從來沒有請人畫過肖像，目前僅存的一幅肖像是他死後才畫的。他死後，根據他生前的願望，墓室修建得非常簡樸，他曾說過：「活人的肚皮比死人的紀念碑等榮譽，更值得我關心」。諾貝爾對功利和榮譽十分淡漠，非常謙虛。他曾在一封信中對於他所獲得的獎章的原因敘述道：他得獎章不是由於發明炸藥的原故。比如，瑞典政府授予他極星勳章，是因為他的烹調本領；他得到法國勳章，是因他與一位部長過往甚密；他得到巴西勳章，是因為偶爾認識了一位要人；他得到皮立華勳章，是因為授勳人想模仿一名劇中授勳時的情形……。他還曾在一份自傳中用詼諧戲謔的語言寫道：

　　阿佛烈・諾貝爾 —— 他那可憐的生命，當他呱呱落地的時候，差
　　一點斷送在仁義的醫生手裡。
　　主要優點：保持指甲乾淨整潔，從不累及別人。
　　主要缺點：無家室，情緒低落，消化不良。
　　唯一願望：不要被人活埋。
　　最大罪惡：不崇拜財神。
　　一生重要事蹟：無。

　　諾貝爾就是這樣一位「一生無重要事蹟」而只是保持指甲乾淨整潔的人。

　　諾貝爾一生努力不倦、熱愛奉獻、認真學習和工作，他終身未娶，把畢生的精力都獻給了科學。他不僅在化學上研究發明了硝化甘油引爆劑、雷管、硝化甘油固體炸藥和膠水炸藥而被世人譽為「炸藥大王」，而且他對光學、電學、槍炮學、機械學、生物學和生理學等方面也都很有研究。他

一生共獲得 200 多項技術發明專利。他在歐洲、北美洲和南美洲等五大洲的 20 多個國家建立了 100 多個公司和工廠，是個赫赫有名的大企業家。

諾貝爾研製炸藥的本來目的是為和平公共建設服務，為民造福。可是，暴虐統治者把它用作屠殺的武器，加重了戰爭的災難。因此，諾貝爾感到很痛心，在他去世的前一年，即 1895 年 11 月 27 日，他本著科學造福人類的精神立下遺囑：

我 —— 簽名人阿佛烈・伯恩哈德・諾貝爾，經過鄭重的考慮後特此宣布，下文是關於處理我死後所留下的財產的遺囑：

在此我要求遺囑執行人以如下方式處置我可以兌換的的剩餘財產：將上述財產兌換成現金，然後進行安全可靠的投資；以這份獎金成立一個基金會，將基金所產生的利息每年獎給在前一年中為人類做出傑出貢獻的人。將此利息劃分為五等份，分配如下：一份獎給在物理界有最重大的發現或發明的人；一份獎給在化學上有最重大的發現或改進的人；一份獎給在醫學和生理學界有最重大的發現的人；一份獎給在文學界創作出具有理想傾向的最佳作品的人；最後一份獎給為促進世界團結友好、取消或裁減常備軍隊以及為和平會議的組織和宣傳盡到最大努力或做出最大貢獻的人。物理獎和化學獎由斯德哥爾摩瑞典科學院頒發；醫學和生理學獎由斯德哥爾摩卡洛琳醫學院頒發；文學獎由斯德哥爾摩文學院頒發；和平獎由挪威議會選舉產生的 5 人委員會頒發。對於獲獎候選人的國籍不予任何考慮，也就是說，不管他是不是斯堪地那維亞人，誰最符合條件誰就應該獲得獎金。我在此聲明，這樣授予獎金是我的迫切願望。

這是我唯一有效的遺囑。在我死後，若發現以前任何有關財產處置的遺囑，一概作廢。

西元 1896 年 12 月 10 日，諾貝爾因心臟病突然發作，搶救無效，在義大利與世長辭，享壽 63 歲。

　　根據當時估計，他的遺產約有三千三百萬克朗（瑞典幣，折合約 920 萬美元）。

　　諾貝爾逝世後，有關機構籌組了諾貝爾基金會，並於西元 1901 年 1 月 1 日開始管理基金，同年舉行了第一次頒獎儀式。有關機構還對諾貝爾獎做了進一步的規定：每個各項獎金可由兩個獲獎青年均分享（最多不超過三人）；如果當年無人得獎，則該獎金可留待翌年；每一項獎金在五年內至少應頒發一次，實際上，從 1901 年開始授獎以來，都是每年頒發一次，只有在兩次世界大戰期間（西元 1940 至 1942 年），因戰爭關係，才停頓了幾年。由於按規定，每年要從基金利息中抽出 10％加入基金，另加上一部分沒有發出的獎金也併入基金，因此基金的數目越來越大。在同一年裡，各項獎金的金額是相同的，不同的年分，獎金金額有所變動，其幅度主要取決於市場行情，因為這些獎金是靠基金資本的年收入來支付的。

　　諾貝爾獎每年於 12 月 10 日，即諾貝爾逝世週年紀念日，以隆重的儀式在斯德哥爾摩寬敞的音樂廳裡頒發，和平獎於同一天在奧斯陸挪威國會所召集的會議儀式上頒發。

　　西元 1968 年，瑞典中央銀行為紀念諾貝爾這位科學界的一代驕子，出資增設了諾貝爾經濟學獎，從 1969 年開始頒發。現在，諾貝爾獎已有六個獎項。

　　諾貝爾獎，現在已經成為學術界個人最高榮譽，也是威信最高的國際性大獎。

世界發明大王

愛迪生，原名湯瑪斯・阿爾瓦・愛迪生（Thomas Alva Edison），是舉世聞名的美國電學家和發明家，他除了在留聲機、電燈、電話、電報、電影等方面的發明和貢獻以外，在礦業、建築業、化工等領域也有不少著名的創造和真知灼見。愛迪生一生共有約兩千項創造發明，正式登記的發明達 1,328 種，被稱為世界發明大王。為人類的文明和進步做出了巨大的貢獻。

　　愛迪生於西元 1847 年 2 月 11 日誕生於美國中西部的俄亥俄州的小鎮。父親是荷蘭人的後裔，母親曾當過小學教師，是蘇格蘭人的後裔。愛迪生 7 歲時，父親經營屋瓦生意虧本，將全家搬到密西根州休倫北郊定居下來。搬到這裡不久，愛迪生就患了猩紅熱，病了很長時間，人們認為這種疾病是造成他耳聾的原因。

　　愛迪生小時並不聰明，但擅長觀察，勤於思考，喜歡追根問底。有一次，父親見他一動不動地趴在草堆裡，非常奇怪地問：「你這是在幹嘛？」小愛迪生不慌不忙地回答：「我在孵小雞呀！」原來，他看到母雞會孵小雞，想自己也試試。父親又好氣又好笑，告訴他，人是孵不出小雞的。回家的路上，他還盯著父親問：「為什麼母雞能孵小雞，我就不能呢？」從此，大家都說愛迪生是個「呆子」。有一次，為了想知道火的奧祕，他竟在鄰居穀倉裡燃起一堆火，引起了一場火災。事後，他挨了父親一頓毒打。

　　愛迪生八歲上學，當時學校課程安排十分呆板，還經常體罰。幼小的愛迪生對此十分不滿意。老師講得枯燥無味，引不起他的興趣。他功課雖然學得不好，但腦子裡卻裝著很多稀奇古怪的問題。同學們都說他笨，老師竟然也當著他母親的面說他是個傻瓜，說他是個低能兒，將來不會有什

麼出息。母親一氣之下讓他退學，由她親自教育。這是愛迪生一生所受到的唯一的正規教育。

愛迪生的母親耐心地教孩子讀書寫字，不厭其煩地解答他所提出的各式各樣的問題。有一次，母親幫他買了本《自然讀本》，他立即被書上介紹的小實驗迷住了。他在家裡布置起一間小實驗室，把零用錢都用在購買實驗用品上，一有空就做實驗。

在母親指導下，他閱讀了大量的書籍，母親良好的教育方法，使得他對讀書發生了濃厚的興趣。「他不僅博覽群書，而且一目十行，過目成誦」。

愛迪生到 9 歲時，他能迅速讀懂難度較高的書，如帕克的《自然與實驗哲學》。11 歲那年，他進行了他的第一份電報實驗。為了賺錢購買化學藥品和設備，他開始了工作。

由於家庭經濟困難，不能給愛迪生基本的實驗經費，12 歲時，愛迪生不得不去做小生意，以維持生活。他每天清晨跟隨從休倫到底特律的火車，在車廂裡叫賣蘋果、香蕉糖和花生米。晚上又在返回的火車上叫賣從底特律批發來的報紙。不久，他徵得列車員的同意，把行李車廂作為流動實驗室，進行各種化學實驗，研究排字和印刷技術。在一次實驗中，由於磷塊意外燃燒，險些釀成一場火災，怒不可遏的車長把他的東西全部扔出車外，並狠狠地打了他一記耳光，從此，愛迪生的右耳便聾了。後來，愛迪生當了一名夜班報務員。一天清晨三四點鐘，他下班扛起白天從舊書店買來的幾十本書回住處。巡邏的員警遠遠看見他，疑心是小偷，就大聲喊他站住。可惜他耳朵聾，聽不見，仍然急急忙忙地趕路，員警以為他要逃跑，忙舉槍射擊。當呼嘯的子彈擦著耳邊飛過，愛迪生才站住了。員警追上來，一問才知道是個聾子，扛的全是舊書，不覺抽了一口涼氣，說：「算你有運氣，要是我的槍法準，那你白送了一條命！」

西元 1862 年 8 月，愛迪生奮不顧身地在鐵軌上救了車站站長兒子的命，孩子的父親對此感恩戴德，但由於無錢可以酬報，願意教他電報技

術。從此，愛迪生便和這個神祕的電的新世界發生了關係，踏上了科學的征途。

1864 年 12 月，愛迪生通過考試，到聯邦西部電報公司當了報務員。他不滿當時電報機的結構和性能，經過多次實驗，發明了二重發報機。隨後的幾年中，他又先後發明了自動電報機和四重、六重發報機、自動點票機、自動電話機，還協助友人完成了世界上第一架英文打字機。

1868 年，愛迪生以報務員的身分來到了波士頓。同年，他獲得了第一項發明專利權。這是一臺自動記錄投票數的裝置。愛迪生認為這臺裝置會加快國會的工作，它會受到歡迎的。然而，一位國會議員告訴他說，他們無意加快議程，有的時候慢慢地投票是出於政治上的需要。從此以後，愛迪生決定，再也不進行人們不需要的任何發明。

1869 年 6 月初，他來到紐約尋找工作。當他在一家經紀人辦公室等候召見時，一臺電報機壞了。愛迪生是那裡唯一的一個能修好電報機的人，於是他謀得了一個比他預期的更好的工作。10 月他與波普一起成立一個「波普 —— 愛迪生公司」，專門經營電氣工程的科學儀器。在這裡，他發明了「愛迪生普用印刷機」。他把這臺印刷機獻給華爾街一家大公司的經理，本想索價 5,000 美元，但又缺乏勇氣說出口來。於是他讓經理開個價錢，而經理給了 4 萬美元。

愛迪生用這筆錢在紐澤西州紐華克市的沃德街建了一座工廠，專門製造各種電氣機械。他通宵達旦地工作。他培養出許多能幹的助手，同時，也巧遇了勤快的瑪麗，他未來的第一個新娘。在紐華克，他做出了諸如蠟紙、油印機等的發明，從西元 1872 至 1875 年，愛迪生先後發明了二重、四重電報機，還協助別人完成了世界上第一架英文打字機。

1876 年春天，愛迪生又一次遷居，這次他遷到了紐澤西州的「門羅公園」。他在這裡建造了第一所「發明工廠」，它象徵著「集體研究的開端」。1877 年，愛迪生改進了早期由貝爾發明的電話，並使之投入了實際使用。

他還發明了他心愛的一個企劃──留聲機。電話和電報「是擴展人類感官功能的一次革命」；留聲機是改變人們生活的三大發明之一，「從發明的想像力來看，這是他極為重大的發明成就」。經《科學的美國人》雜誌介紹，引起了人們極大的興趣。來自不同地方的人們成群結隊地湧到門羅公園，饒有興趣地參觀愛迪生的新發明。這個幽靜的村莊，一時成為熙攘的鬧市。這位 30 歲的發明家從此聲名遠揚，人們都稱他為「門羅公園的魔術師」。

第二年，愛迪生應美國科學院的邀請，前往華盛頓進行學術報告和表演。當地新聞界用激動的語氣報導說：「美國科學院成立以來，從沒見過如同今天這樣令人振奮的場面。」

西元 1878 年 9 月，愛迪生決定向電力照明這個堡壘發起進攻。他對自己所要實驗的照明燈確定了以下幾個原則：它至少要像煤氣燈那樣簡便，能夠隨意遍布各地，適合各種條件下的室內室外使用；它必須結構輕巧，價錢便宜，非常耐用，而且要無聲，無臭，無煙，對使用者的健康沒有絲毫不良的影響。

愛迪生從實驗白熾燈下手。這種燈的原理是把一段耐熱的材料裝在玻璃泡內，當電流把它燒到白熱化的程度時，便由熱而發光。首先的問題是要找到一種合適的耐熱材料，並要把玻璃泡內的空氣抽掉。愛迪生先後用炭和白金進行了多次實驗，效果都不大理想。

儘管如此，大名鼎鼎的發明家愛迪生正在研製電燈的消息，透過報刊的宣傳，還是很快傳遍了整個美國，轟動了大西洋兩岸。倫敦煤氣公司的股票價格猛跌了 12%，英國下議院還專門召開會議商討對策。美國大富豪摩根（John Pierpont Morgan）預見到電燈的潛在價值，於是出資 30 萬美元，與愛迪生合辦了電燈公司。

從此，門羅公園的實驗室裡，實驗人員一下增加到 200 多人。在愛迪生的直接領導下，開始分門別類地實驗耐熱材料，改進抽氣方法，並繼續研究電流分路系統，爭取做到既切實可行，又能保證安全。

一次，正在用竹扇乘涼的愛迪生忽然心血來潮，將扇子上的竹尾取出，經過炭化後裝進玻璃泡內，結果，這第一盞炭化竹絲燈竟連續發光1,200餘個小時。於是，愛迪生派人專程前往日本訂購竹子，又在紐約興建發電廠，在紐華克設立燈泡製造廠。不久，幾百萬隻價廉物美的燈泡就開始供應市場。

　　為了精益求精，愛迪生又進一步實驗用化學纖維代替植物纖維，最後又轉向耐熱金屬，經過多次實驗，終於研製出了現在通用的鎢絲燈。這一發明是愛迪生一生中達到的登峰造極的成就。接著，他又創造一種供電系統，使遠處的燈具能從中心發電站配電。

　　他在純科學上第一個發現出現於西元1883年。實驗電燈時，他觀察到他稱之為愛迪生效應的現象：在點亮的燈泡內有電荷從熱燈絲經過空間到達冷板。愛迪生在1884年申請了這項發現的專利，但並未進一步研究。而其他科學家利用愛迪生效應發展了電子工業，尤其是無線電和電視。

　　愛迪生又企圖為眼睛做出留聲機為耳朵做出的事，電影攝影機即產生於此。使用一條喬治伊斯曼新發明的賽璐珞膠片（Celluloid Nitrate），他拍下一系列照片，將它們迅速地、連續地放映到幕布上，產生出運動的幻覺。他第一次在實驗室裡實驗電影是在1889年，1891年申請了專利。西元1903年，他的公司攝製了第一部故事片「列車搶劫」。

　　西元1887年愛迪生把他的實驗室遷往西奧蘭治以後，為了他的多種發明製成產品和推銷，他創辦了許多商業性公司；這些公司後來合併為愛迪生奇異電氣公司，後又稱為奇異電氣公司（General Electric Company）。此後，他的興趣又轉到螢光學、礦石搗碎機、鐵的磁離法、蓄電池和鐵路信號裝置上。

　　第一次世界大戰期間，他研製出魚雷機械裝置、噴火器和水底潛望鏡。

　　大戰過後，福特（Henry Ford）將底特律的福特汽車工廠大事擴充，並邀請愛迪生前往參觀。那時福特對愛迪生說：「製造汽車的器材，全都可在

美國國內生產，只有橡膠需要輸入。」

愛迪生接受了福特的建議，於西元 1927 年成立了愛迪生植物研究公司。愛迪生用福特和費爾斯通投資的 9 萬美元在邁爾斯堡買了橡膠種植園地，並建起了一座新的實驗室。他寫道：「不要以為再也不會爆發戰爭了，儘管我們可能在相當長的時間裡沒有戰爭威脅，但或遲或早歐洲各國會聯合起來向美國發動進攻。」這時他們要做的第一件事就是切斷我們的橡膠供應。

愛迪生心想：「橡膠樹以外的植物，沒有辦法生產同性質的東西嗎？橡膠樹需要經過那麼些年，才能採到橡膠。如果像雜草那樣，每年都能採到同性質的東西，那就好辦了。」他認為，首先應將北美和南美的植物收集起來，依次採取樹液進行研究。

不到一年，被派往世界各地去尋找提取膠乳的植物的人採集了約 3,000 種植物回到美國。愛迪生對 14,000 種植物進行分析研究之後認為，有幾種菊科植物可能符合要求。經過雜交，愛迪生培育了一種高 12 英尺、含有大量膠乳的植物，他將此種植物送給費爾斯通一批，費爾斯通用它提煉出的橡膠製作了福特牌旅行車的 4 個輪胎。但是，使用這種菊科植物提膠，造價太高。西元 1928 年，這個老發明家說：「再給我 5 年的時間，我一定讓美國出現常年產膠的植物！」

1929 年 10 月 21 日，在電燈發明 50 週年的時候，人們為愛迪生舉行了盛大的慶祝會，德國的愛因斯坦（Albert Einstein）和法國的居里夫人（Marie Curie）等著名科學家紛紛向他祝賀。不幸的是，就在這次慶祝大會上，當愛迪生致答辭的時候，由於過分激動，他突然昏厥過去。從此，他的身體每況愈下。1931 年 10 月 18 日清晨 3 時 24 分，愛迪生帶著寬慰的微笑，閉目辭世，享年 84 歲。臨終時他坦然地說：「我為人類的幸福，已經盡力了，沒有什麼可遺憾的了。」

舉行葬禮的那天，全美國熄滅電燈一分鐘，以示哀悼。這是人們表達對愛迪生無限懷念之情最隆重的方式，也是人們獻給這位偉大發明家的一曲無言的輓歌。

　　愛迪生一生所以能夠有這麼多的發明創造，並不是偶然的。他生活在美國工業高速發展的時期，經濟的發展迫切需要先進的科學技術來加以推動。同時，愛迪生具有嚴密認真和重視實驗的科學態度，以及不達目的誓不甘休的頑強意志。他從 32 歲發明了電燈泡，直到 59 歲才最終找到理想的鎢絲作為燈絲，為此在 27 年中，他實驗過 1,600 多種不同的物質，做了 20 萬頁的實驗筆記。

　　同樣，為了發明鹼性蓄電池，愛迪生費時 10 年，先後實驗了 5 萬次才獲得成功。他和助手們經常是一連幾夜不休息，實在太累了，抱過幾本書來當枕頭，在實驗臺上打一下盹，醒來又投入實驗。

　　愛迪生的人生哲學是：「工作！揭露自然的奧祕，並把它應用來供人享用。」他認為自己能夠獲得成功的主要原因是：「幻想加上雄心壯志，以及肯刻苦工作的心願。」

　　愛迪生的學歷極低，從一個賣報童成長為一個舉世聞名的大發明家，愛迪生的道路留給後人許多啟示。這裡的「祕訣」是什麼呢？他除了有一顆好奇的心，親自實驗的本能，就是他具有超乎常人的艱苦工作的無窮精力和果敢精神。西元 1926 年 2 月 11 日，是美國大發明家愛迪生的 79 歲生日。這一天，在愛迪生的家裡，擠滿了前往祝壽的客人。當客人向愛迪生祝壽時，滿面紅光的愛迪生很驕傲地對人們說：「應該說，我已經是 135 歲的人了」，祝壽的客人們乍一聽很愕然，但仔細一想，不由得會意地笑了。愛迪生在幾十年裡，幾乎每天工作十幾個小時，若以平常人的活動時間來計算，他的生命顯然是成倍地增長了，他以 135 歲來折算 79 歲，其實還算謙虛了。

世界發明大王

　　愛迪生活了 84 歲，一生之中發明有 1,328 項之多，被譽為科學界的「拿破崙」。他對於自己成功的原因，曾有過這樣的說明：「有些人以為我可以在許多事情上有成績是因為我有什麼『天才』，這是不正確的。無論哪個頭腦清楚的人，如果他能拚命鑽研，都能像我一樣有成就。」他在「發明工廠」，把許多不同專業的人統合起來，裡面有科學家、工程師、技術人員、工人共 100 多人，愛迪生的許多重大發明就是靠這個團體的力量才獲得成功的。他的成就主要歸功於他的勤奮和創造性才能以及眾人的力量。

　　愛迪生對人類的文明和進步做出了巨大的貢獻。「愛迪生效應」不算發明，不在各種專利統計的範圍裡，實際上它的影響更深遠。愛迪生最重要的發明是電燈和留聲機，其他比較著名的發明還有：二重和四重電報機、電影、電車、蓄電池、打字機、水泥、橡皮等等。在第一次世界大戰期間，他擔任美國海軍部技術顧問，先後發明了水雷探測器、水底巡燈、戰艦穩定器、吸聲器等 39 種器械。從他 16 歲的第一項發明 —— 自動定時發報機算起，平均每 12 天半就有一項新發明。要是光算西元 1882 年一年，平均不到 3 天就有一項發明。如此驚人的成就，實屬世界罕見。

　　因此，世界各國對愛迪生的創造發明給予人類的巨大貢獻無不表示敬意。他們稱愛迪生是「發明大王」，「打開電氣時代的領袖」，是「現代研究所的先驅」，「科學界的拿破崙」，「世界上最有用的人物」。

現代航空之父

萊特兄弟指的是威爾伯‧萊特（Wilbur Wright）和他的弟弟奧維爾‧萊特（Orville Wright），美國發明家。由於這兩位兄弟的成就密切相聯，此處共敘兩者的生平事蹟。西元 1903 年 12 月，萊特兄弟駕駛人類第一架有動力的飛機試飛成功，成為 20 世紀人類最偉大的發明之一，從此拉開人類飛翔的歷史。回首人類航空百年，飛機工業的發展緊緊伴隨著人類科技的飛躍、社會的發展和文明的進步。飛機的出現讓人類的生存空間成為真正意義上的「地球村」，也為探索遼闊的宇宙空間提供了可能。萊特兄弟也因此被人們稱為現代航空之父，宇宙航行奠基人。

威爾伯‧萊特，1867 年生於美國的米爾維爾。弟弟奧維爾 1871 年生於俄亥俄州的代頓市。父親密爾頓‧萊特是一位牧師。母親凱塞琳是德國造車工匠的女兒，精明能幹，善良而賢慧。

威爾伯和奧維爾兄弟二人，從小就十分愛好研究把玩舊機械，所以總是使滿屋子散落著鐵釘、鐵片、鐵絲和發條，把家裡搞得亂七八糟。儘管如此，父母並不指責他們，父母都認為，他們兄弟二人雖然頑皮，但是喜愛機械，又富於幻想，任其自由發展下去，說不定將來會有所成就，因此，在很多方面兄弟兩個都獲得了父母的支持。小兄弟兩個心靈手巧，配合默契，經常製造一些小玩具。父母對此還感到非常高興。

兩兄弟的確從小就不同凡響。10 歲的威爾伯和 6 歲的奧維爾就創作了一個可以自由轉向的雪橇。他們兩人製作的風箏比其他朋友的都好，不但美觀而且飛得高。他們還特別喜歡觀察鳥類的飛行。威爾伯對奧維爾說：「假如我們也像老鷹那樣在天空中飛來飛去，那該多好啊！」這之後，他們做了一個很大的紙蝴蝶，用橡皮筋把它送到空中，那蝴蝶飛得又高又遠，

其他的孩子們雀躍著，讚嘆著，威爾伯和奧維爾卻默不作聲，他們在想著一個問題 —— 能不能飛得更高更遠。

一有空閒，兄弟倆總是到郊外去玩風箏。藉以觀察各種天氣的動態，以便記錄下風力和氣流。飛行一直是他們心中不滅的憧憬。萊特兄弟聽到有關德國的李林塔爾（Otto Lilienthal）進行滑翔機空中滑翔的消息，深受啟發，對飛機產生了更大的興趣。

威爾伯高中快畢業時在學校的一場曲棍球比賽中受了重傷，在這期間，他放棄了讀大學的想法。西元 1889 年 7 月他們的母親因患病醫治無效，離開人世。不久，奧維爾也離開了學校。

西元 1895 年，萊特兄弟讀到一條有關奧托‧李林達爾在德國進行滑詳實驗的消息。這條消息猛然間觸動了萊特兄弟少年時期的夢想，他們開始刻意尋找有關的資料。次年 8 月，一條不幸的消息傳來，李林達爾因為滑翔機的意外事故身亡了，在彌留之際，李林達爾告訴大家，他並不後悔悲觀，因為做什麼事都需要有人去付出。李林達爾的意外去世，冥冥中成為對萊特兄弟的召喚，他們也決定要為人類的飛行夢想而獻身。

西元 1899 年初，萊特兄弟向華盛頓的史密斯學會發出了求助信，希望從他們那裡得到一些有關航空實驗方面的資料。很快，史密斯學會就為這兩位熱心者寄來了他們手頭上的所有資料，萊特兄弟欣喜若狂。在閱讀了大量的資料之後，他們也開始著手製造自己的滑翔機。

西元 1900 年，萊特兄弟開始創造一架理想的滑翔機。他們參考了李林塔爾的計算，分毫不差地先將木材鋸斷、刨平，將用作支標的木條刨光、削圓，然後釘合起來，最後覆以堅韌的布料，即使極小的部分也不忽視，以免影響安全，經過幾個月的忙碌，這架完善的滑翔機終於完成了。在氣象條件較好的北卡羅萊納州的基蒂霍克，萊特兄弟進行了飛行，滑翔機在離地面 1 公尺左右的上空滑翔，儘管在空中逗留的時間僅僅是短短的幾秒鐘，但卻預示著一個新的時代即將到來。

西元 1902 年，他們製作了第三架滑翔機，可以認為這架滑翔機就是萊特兄弟最初的飛機的原型。他們又一次前往基蒂霍克，試飛成功了。滑翔機在空中逗留了長達 30 秒之久。

萊特兄弟自製的滑翔機，經過一再改良，已經能夠在空中隨心所欲地操縱了，可是必須借助風力。他們兩人想到在機身上裝置動力設備。雖然當時已經發明了使用汽油的發動機，但機件很容易發生故障，萊特兄弟決定自己動手製造一臺適合的發動機。安裝了新的動力設備的新飛機，機翼長 12 公尺，弦長 2 公尺，面積 47 平方公尺。機身總重量為 340 公斤。

1903 年 12 月 17 日，萊特兄弟在基蒂霍克又進行了飛行實驗。先是奧維爾乘坐，引擎發動，螺旋槳開始旋轉，奧維爾手握升降器的操縱桿，機身冉冉升起。飛機迎著強勁的風，緩緩地飛行了 12 秒，從出發點飛行了 36 公尺後平穩地降落。接著威爾伯坐上飛機，他熟練地操縱著。中午之前，威爾伯做了第四次飛行。這四次飛行共飛了五十九秒、240 公尺的距離。這是劃時代的五十九秒，在世界飛行史上留下了不可磨滅的一頁。

根據多次試飛實踐中獲得的知識和經驗，萊特兄弟在 1905 年研製出了性能更好的飛機。這一年他們的飛行成績也突飛猛進。

當年 5 月，萊特兄弟在基蒂霍克進行了公開的飛行實驗。這次飛行實驗的消息，很快就見報了，而且都登在頭版頭條上，這意味著，人們已經接受飛行的事實了。

當威爾伯的飛行震驚歐洲的時候，奧維爾也在美國進行了飛行表演。不幸的是，9 月 17 日的飛行實驗，卻發生了意外事故。作為乘客的海軍上尉塞爾弗里奇因傷勢太重而喪命。奧維爾左腿摔斷，4 條肋骨骨折，但是卻幸運地活了下來。

為了改良和製造新型飛機，萊特兄弟於 1909 年 11 月 12 日，在代頓市正式成立了「萊特飛機公司」。除了研製飛機之外，他們還在霍夫曼草原上開辦了一所飛行學校，訓練飛機駕駛員。不幸的是，1912 年威爾伯因患病

現代航空之父

醫治無效英年早逝。

　　1948 年 1 月 30 日，77 歲高齡的奧維爾因病與世長辭。萊特兄弟把畢生精力投身於科學研究，終生未娶，共同鑄造了航空事業的豐碑。

　　二十世紀最重大的發明之一是飛機的誕生。萊特兄弟在世界的飛機發展史上做出了重大的貢獻。他們因此於西元 1909 年獲得美國國會榮譽獎。這是人類發展史上取得的巨大成功。

　　自從飛機發明以後，飛機成為現代文明不可缺少的運載工具。它深刻地改變和影響著人們的生活。使航空運輸業得到了空前發展，許多為工業發展所需的種種原料擁有了新的來源和管道，大大減輕了人們對當地自然資源的依賴程度。特別是超音速飛機誕生以後，空中運輸更加興旺。那些不宜長時間運輸的牲畜和難以長期保存的美味食品，也可以乘坐飛機而跨越五湖四海，給世界各地的人們共賞共用。

　　當然，飛機在現代戰爭中的作用更為驚人。不僅可以用於偵察、轟炸，而且在預警、反潛、掃雷等方面也極為出色。在 1990 年代初爆發的波斯灣戰爭中，飛機的巨大威力有目共睹。軍用飛機技術對現代戰爭產生了巨大而深遠的影響。

　　同時，飛機的發明更為宇宙探險奠定了基礎，為人類了解宇宙拉開了序幕。

世界喜劇表演大師

卓別林（西元 1889 — 1977 年）

> 卓別林，原名查理斯·史賓賽·卓別林（Charles Spencer Chaplin），英國人。卓別林是當代傑出的電影喜劇藝術大師。他既是一位天才的演員，又是一位作家和導演，人們稱他為「第一號大眾友人」。他自己也說：「我是一個世界公民。」迄今為止，世界上還沒有哪一位電影演員能像卓別林那樣使如此之多的觀眾為之迷戀和傾倒。

西元 1889 年 4 月 16 日，查理斯·史賓賽·卓別林誕生於英國倫敦的一個貧民區。卓別林的父母都是雜劇場的喜劇演員。卓別林出生一年後，他的父母便離了婚。此後，他和哥哥與母親生活在一起。

小卓別林長得聰明伶俐，非常喜歡唱歌跳舞。母親每次演出都要把他帶到劇院，讓他站在舞臺幕後觀看演出。卓別林三歲那年的一天，母親正在臺上演唱時，嗓子忽然啞了，唱不出聲來。不幸的是，她再也沒能恢復，不久，她便失業了。

自從母親失業後，家境越來越貧困，他們一再搬遷，最後，他們不得不住進了貧民收容所。三週後，兄弟倆又被送入漢威爾貧民孤兒院，此後，母子三人更是難得一聚。

從母親那裡，卓別林繼承了優秀的表演天賦和模仿才能。卓別林是在街頭的遊樂場裡奠定了他的藝術基石的。夜幕降臨時，街頭的手風琴、單簧管奏出的音樂，總是使他手舞足蹈，或翻筋斗，或模仿歌唱家唱歌並配以滑稽的動作。當母親為生活所迫而發瘋被送進瘋人院後，11 歲的卓別林再也沒有家了，他只能流浪於街頭。倫敦街頭下層人民的生活景象為他日後的藝術創作提供了不盡的源泉。

　　卓別林在街頭流浪了 6 年多，他覺得該告別過去的生活了。出現在他腦子裡的第一個念頭是：當演員。

　　西元 1907 年，卓別林被卡爾諾劇團錄取，並從此聲名大震。卓別林經常隨團到各地演出，也有機會接觸到更多的新鮮事物。

　　卓別林在紐約演出時，引起了好萊塢片商的注意。1913 年底，他和公司簽訂了一年的合約，正式成為該公司的主要演員。卓別林從此開始了他的銀幕生涯。

　　《謀生之路》（*Making a Living*）是卓別林步入影壇的第一部影片。由於當時刻板的表演形式，卓別林的個性表演沒有得到發揮。

　　使卓別林這位藝術天才脫穎而出的影片是《威尼斯兒童賽車》（*Kid Auto Races at Venice*）。開拍前，導演對他說，你當個丑角吧！怎樣演都行，只要能逗笑觀眾。這句話給了卓別林創作的自由。他說：「機會來了，我得讓他們笑。」於是他隨心所欲地玩出了許多新花樣：肥大的褲子、繃緊的上衣、碩大的皮鞋，裝扮了一個永遠不安於命運的流浪漢。他的表演直逗得導演哈哈大笑，攝影師笑得忘了操作機器。從此，「偉大的流浪漢查利」的形象誕生了。在此後拍出的幾十部影片中，終於創造出了有人格、有靈魂的查利流浪漢這個銀幕典型。卓別林終於成了全球聞名的喜劇大名星。

　　卓別林基於他真正藝術家的天性，越來越清楚地意識到幽默對生活基礎的特殊意義。他開始從早期的滑稽電影中跳脫出來，逐漸地把嚴肅的題材和喜劇片的傳統手法巧妙地結合起來。在卓別林對現實的諷刺影片中占有特殊地位的是他於西元 1918 年拍攝的《狗的生涯》（*A Dog's Life*）。這部影片中，深思代替了嬉笑，憂鬱代替了嘲弄。透過這部影片，他放棄了濫用的低級趣味，而以發人深省的笑代替了純生理的笑，用同情的微笑代替哈哈大笑。流浪者夏爾洛，露宿街頭，處處受辱，當他從職業介紹所碰了壁狼狽地走出來時，茫然地看見門口的幾隻狗正在爭奪一塊骨頭。這辛酸的一筆正是殘酷人生的真實寫照，也是童年卓別林的真實寫照。

西元 1918 年 1 月 21 日，卓別林自己的製片廠正式落成。這天，他興高采烈地穿上那雙舉世聞名的夏爾洛的大皮鞋，在未乾的水泥地上踏下一個腳印。

卓別林力圖透過電影反映出時代的特徵。他說，創作喜劇，其中的悲劇因素往往會激起嘲笑的心理，而嘲笑正是一種反抗。

當卓別林 29 歲時，他突然閃電般地與 16 歲的米爾德・哈里斯（Mildred Harris）結婚。兩年後，在大肆張揚的氣氛中，他們離了婚。四年之後，他與麗泰・格雷（Lita Grey）結了婚。她也是 16 歲，而卓別林沒多久就離家而去。在這次婚姻中，麗泰為他生了兩個孩子 —— 小查理斯（Charles Chaplin）和雪梨（Sydney Earle Chaplin）。經過一場轟動的離婚訴訟之後，這次婚姻也宣告結束。因為這次離婚，他遭到了婦女俱樂部對他的抗議和不滿，以至於有的影片被禁止上映。

西元 1929 年，從美國開始的經濟危機迅速席捲了整個資本主義世界。此時拍攝的《城市之光》（*City Lights*）描寫夏爾洛愛上一個賣花的盲女，盲女卻誤以為他是百萬富翁。為了替賣花女籌錢治病，夏爾洛吃盡苦頭弄來一筆錢，賣花女眼睛治好才知道自己的恩人原來是個乞丐窮人。

提出的問題更為尖銳深刻的影片是《摩登時代》（*Modern Times*）。貪得無厭的資本家為了追求利潤，不顧工人死活，無限增加工人的勞動強度，甚至異想天開地發明「吃飯機」，連工人短短的午飯時間也不放過。由於夏爾洛整天在輸送帶旁操作，機械地重複擰螺絲的單調工作，因而神經失常，被送進醫院，然而等病治好了，他卻失業了。這部影片不僅思想內容深刻，而且在演技上也達到爐火純青的地步。

譴責戰爭販子和軍火商的《凡爾杜先生》（*Monsieur Verdoux*），描寫銀行小職員凡爾杜忠心耿耿地工作了二十年，受盡剝削，在一次經濟危機中被踢出銀行，為了養家糊口，被迫走上了犯罪道路。凡爾杜因殺人而被捕，判處死刑。他說：「殺了一個人就說這人是罪犯，殺了幾百萬人卻說他是英

雄。在這個世界上，只要有權勢就能獲得成功⋯⋯」

為此美國政府掀起對卓別林的迫害。《凡爾杜先生》在美國許多大城市被禁映。西元 1947 年 12 月，卓別林在巴黎報紙上發表了一篇題為「我向好萊塢宣戰」的文章，向全世界控訴他所遭遇的迫害。

1952 年 9 月，為參加歐洲各國舉行的《舞臺生涯》（*Limelight*）首映典禮，卓別林準備到歐洲旅行半年。他帶著家眷，當輪船橫渡大西洋時，收音機廣播了美國政府司法部的聲明，聲明說政府將拒絕卓別林再入境。船在法國停泊時，卓別林向一百多名記者發表了演說，他說：「我信仰自由，這是我全部政治見解⋯⋯我為人人，這是我的天性。」又說，「我並不想製造革命，只是還要拍些電影。」

1953 年，卓別林全家定居瑞士，他也開始撰寫回憶錄。

此後，卓別林在孤獨和沉默中生活著，他拍的 80 餘部電影仍然擁有大量觀眾，人民也沒有忘記這位影壇巨星。

1954 年 5 月，在柏林召開的世界和平理事會宣布，鑑於卓別林「豐富多彩的活動對和平事業及各國人民之間的友誼做出了特殊貢獻」，決定頒發給他國際和平獎金；1962 年，英國牛津大學授予卓別林名譽博士學位；1971 年，法國政府授予卓別林榮譽軍團高級綬帶；1972 年，美國電影藝術與科學院授予卓別林「奧斯卡」特別金像獎和紐約市頒發的最高文化獎；1975 年，英國女王伊莉莎白二世授予卓別林大不列顛帝國爵位。

1977 年 12 月 15 日，卓別林這位給世界帶來歡笑的喜劇大師於 88 歲高齡與世長辭。

卓別林一生在電影裡扮演的都是些小人物，但每一個人物都是經過精心刻劃的。從西元 1914 年至 1967 年，他在八、九十部電影中扮演了各種不同的小人物。他們受到生活的反覆衝擊，但並沒有被徹底擊垮，總是振作起來，去迎接新的挑戰。他塑造的小人物都是普通人，幾分是小丑，幾分是社會流浪漢，幾分是哲學家。他在影片中創造了夏爾洛這樣一個被輕

蔑、被傷害的流浪漢形象。他是透過這些小人物的不幸來揭示社會的醜惡。

卓別林是一位喜劇大師，他幽默的實質就是諷刺。這種諷刺有時是微妙的，如影片《尋子遇仙記》（*The Kid*）和《淘金記》（*The Gold Rush*）；有時則異常尖刻，如影片《大獨裁者》（*The Great Dictator*）和《凡爾杜先生》。他說：「我傾向把人類看成眾神的凡界。」當眾神巡遊造訪地球時，他們見到的多半是塵世間的罪惡。」在諷刺這些罪惡的過程中，卓別林顯示了對人類的愛。他既嚴肅，又滑稽。正是由於他恰如其分地把這兩方面融合在一起，才使他的喜劇超越了粗俗的電影滑稽劇而進入藝術的殿堂。

卓別林總是細心地研究喜劇的結構。為了使觀眾發笑，他仔細分析喜劇手法的要素和整個喜劇中的各個場景。在好萊塢生涯的早期，他對他的影片如何構思和拍攝很少有發言權。然而後來，當他掌握了藝術領導權以後，常常會為了一小段最後出現在銀幕上的情節而拍攝上百英尺的膠捲，總是想方設法讓每個場景都達到完美。

卓別林的一些最好的喜劇場面，都來自他對身邊生活的敏銳觀察。他除了能覺察到日常瑣事中所蘊含的喜劇因素之外，還具有熟練運用對比手法的才能。他曾指出：「對比意味著妙趣。」

在進入有聲電影之前的默片時期，卓別林不得不依靠情節喜劇和默劇，使用啞語手勢和面部表情來表達情感。由於超越了語言障礙，這種體態語言使演員很快被每個地方的人們所理解。

卓別林一生攝製了近九十部影片，其中絕大部分是他自編、自導、自演的。著名的有《淘金記》、《城市之光》、《摩登時代》、《舞臺生涯》等。由於表演的巨大成功，他得到了世界各國人們的熱情崇拜，也得到了社會名流的關注。在 20 世紀的任何領域裡很少有人在人們心目中建立起像他這樣的形象。

人類太空旅行第一人

加加林（西元 1934—1968 年）

> 加加林，原名尤里·阿列克謝耶維奇·加加林（Yuri Alekseyevich Gagarin），前蘇聯太空人，他是到太空旅行的第一人。西元 1961 年 4 月 12 日，東方 1 號太空船載著他圍繞地球完成了一次完整的軌道飛行。在這次長達 108 分鐘的旅行中，他飛越了 40,000 公里，這次飛行之後，加加林便名揚四海。

　　西元 1934 年 3 月 9 日，加加林出生於蘇聯一個農夫家庭。他於 1951 年中學畢業後成為冶金工人，並利用業餘時間學習飛行。1957 年，加加林參加蘇聯軍隊並成為蘇聯北方艦隊航空軍團的一名戰鬥機飛行員。

　　1959 年 10 月，蘇聯首批太空人的選拔工作在全國展開，加加林脫穎而出，成為 20 名入選者中的一員。1960 年 3 月，加加林在蘇聯太空人訓練中心接受培訓，成為一名太空人。

　　1961 年 4 月 12 日，加加林身著 90 公斤重的太空服、乘座重達 4.75 噸的「東方」號太空船進入太空，成為世界上第一個進入宇宙空間的人，也是第一位從宇宙中看到地球全貌的人。

　　「東方」號飛船於莫斯科時間上午 9 時 7 分發射，在最大高度為 301 公里的軌道上繞地球一圈，歷時 1 小時 48 分，於上午 10 時 55 分降落在蘇聯境內。

　　這次太空旅行飛行使加加林立即馳名全球，他也因此榮獲列寧勳章並被授予「英雄」稱號，蘇聯以他的名字命名了許多街道，為他建立了紀念碑。

　　第一次太空旅行之後，加加林沒有再次進入太空，但積極參加訓練其他太空人。他曾多次出國旅行，訪問過 27 個國家，22 個城市授予他「榮譽

市民」稱號。

西元 1967 年 4 月，他完成了「聯盟」號飛船首次飛行的培訓準備，是太空人弗拉基米爾・科馬羅夫的替補。

1968 年 3 月 27 日，他和飛行教練員謝廖金在一次被說成是例行訓練的飛行中，因一架雙座噴氣式飛機墜毀而罹難。加加林死後，其骨灰被安葬在克林姆林宮牆壁龕裡，他的故鄉被命名為加加林城。

為紀念加加林首次進入太空的壯舉，俄羅斯把每年的 4 月 12 日定為宇宙航空節，在這一天舉行隆重的紀念活動，緬懷這位英雄人物。

加加林進入太空軌道並返回地面，掀開了世界載人太空旅行史的第一頁。截止到 1998 年底，全世界共進行了 216 次載人太空旅行飛行，其中美國 124 次，俄國 92 次，共有 795 人次上天，開展了前所未有的空間實驗活動。但這些載人太空旅行取得的巨大發展，是以上萬人 40 多年不懈的努力和數以千億美元計的投入為代價的。時至今日，人類並沒有從載人太空旅行得到多少回報。這就引發了「為什麼要進行載人太空旅行和值不值得進行載人太空旅行」的曠日持久的激烈爭論，出現了載人太空旅行總是在反對和責難的氣氛中獲得支持和取得進展的奇特現象。那麼，為什麼要發展載人太空旅行呢？

· **開發利用空間資源需要發展載人太空旅行**：人類為了社會進步和生活，總是不斷擴大活動的領域，探索新的理論和方法，開發和利用更多的資源。這是包括空間科學和技術在內的高新技術發展的動力。外太空是人類擴大其活動範圍的最新疆域，它廣闊無垠，擁有豐富的空間資源。空間資源可分為兩類：一類是天然資源，如太陽能、月球、微小行星等；另一類是因火箭在軌道上運行而自然產生的資源，如火箭對於地球表面的高位置和高速度，火箭的微重力環境等。空間資源也可以分為資訊類、能源類和物質類三類，這三類資源的開發都會給人類帶來巨大利益。

- **載人太空旅行是天基太空旅行的基礎**：過去和現在，太空旅行技術及其產業的基本發展模式是在地上做好一切工作，將火箭設計、製造和調適到最終狀態，之後發射到運行軌道，並工作到壽命終止。這種一切靠地上的發展模式也可稱為「地基太空旅行」模式。地基太空旅行的火箭，在軌道上任何一個關係到其功能和壽命的環節、零件和設備出了問題，火箭不是帶病降低等級勉強維持，就是失效報廢。不出問題的火箭，當燃料用完或能源不夠時，儘管其他一切均好，但也因無法補給而壽終正寢。太空旅行技術屬高技術，具有一般高技術的特徵，但它還有火箭不可維修、不可替換、不可加注、不可改變及調整功能和不可組裝等五不可的特點，因此，它是一種投入更多和風險更大的高技術。減少投入和降低風險始終是地基太空旅行的頭等重要的課題。從根本上講，改善太空旅行技術發展模式，變「五不可」火箭為「五可」火箭，將會大幅度降低成本和風險，促進太空旅行技術的大發展。

隨著載人太空旅行技術的發展，現在載人空間站已基本上可以實現「五可」。但對站外火箭實施「五可」，還需要在空間站的基礎上發展載人空間基地，空間基地配有拖船、備配件和燃料倉庫，可以把失效的或燃料耗盡的火箭拖到基地由太空人進行維修恢復到原性能後再送回其原運行軌道。空間基地有組裝場地可把按緊打包送來的分散零、部、元件展開、組裝成火箭整體，再由拖船拖到運行軌道。空間基地可作為高軌道、月球和行星際任務的中轉站。

實現「五可」有相當一部分工作在天上完成，按這種模式發展太空旅行，可稱為「天基太空旅行」模式。天基太空旅行可從根本上降低火箭的成本和風險，為在空間建造大型火箭，如空間電站、空間旅館、月球基地等創造了條件，這無疑將促進人類生存空間的擴大和空間資源的開發。

世界第一男高音

帕華洛帝（西原 1935 — 2007 年）

帕華洛帝，原名盧奇亞諾‧帕華洛帝（Luciano Pavarotti），義大利歌唱家，在當代，這名字幾乎成了男高音的代名詞。自卡魯索（Enrico Caruso）之後，還沒有哪位男高音像帕華洛帝這樣聲播四海，贏得全球性的喝彩。談帕華洛帝首先要說「高音 C」，這是他的絕活。這個被稱作男高音試金石的高音 C，他不但能自如地唱到位，而且唱得穩而好，可以說是完美無缺，迸射出寶石般的光輝。如此，帕華洛帝才有了「高音 C 之王」和「世界第一男高音」的美稱。

西元 1935 年 10 月 12 日，帕華洛帝生於義大利摩德納市郊一個並不富裕的家庭。這裡承襲著義大利文藝復興的餘韻，滋養了一代又一代的藝術之花。

帕華洛帝從小就喜歡歌唱。他的父親費爾南多‧帕華洛帝是個麵包師，卻有良好的聲音素養，是個出色的男高音。費爾南多一度想成為歌唱家，後來改變了主意。帕華洛帝的母親是個感情豐富的女人，她愛聽音樂，優美的音樂往往能喚起她心中的狂瀾。帕華洛帝十分幸運，他既繼承了父親動人的歌喉，又繼承了母親豐富的情感。

帕華洛帝從 5 歲開始，便跟著唱片模仿唱歌。那時，他的嗓子像漂亮的女低音，唱起歌來很好聽。他經常在臥室中拴上門，高唱〈善變的女人〉（*La donna è mobile*），一遍又一遍……

帕華洛帝 9 歲那年，進入了教堂的唱經班。放學了，他踢完足球，回家吃完飯後，總是和父母一道去參加晚禱時的唱經，有時，他還能幸運地擔任領唱。

　　帕華洛帝 12 歲時，一次聽過當時世界最佳男高音貝尼亞米諾‧吉利（Beniamino Gigli）練聲後，他心情激動地向這位大師傾訴，他想成為男高音歌唱家。後來他曾就讀於師範學校，中途由於家裡不富裕，父母想讓他早日工作。但他決定學聲樂，請求父母支持。

　　西元 1955 年，19 歲的帕華洛帝開始學聲樂。他父親的朋友、當時在音樂界已有名氣的男高音歌唱家阿里戈‧波拉（Arrigo Pola），聽了帕華洛帝唱一些歌劇片段後免費收他為徒。後來，他在另一個男高音那裡學習了 5 年。

　　在七年半的學藝生涯中，帕華洛帝在一個小城市舉辦過兩場獨唱音樂會，可惜不成功，這使得他想成為職業歌唱家的夙願就像是一個遙遠的夢。父親那悲涼的話語也像陰雲一樣籠罩在帕華洛帝心上，他一度由自信、樂觀變為自卑、消沉，憂鬱成疾的帕華洛帝的聲帶上也長起了小結。在費拉拉演出時，他的男高音變成了「男中音」，連一般歌手的程度也算不上。帕華洛帝以為自己成為歌唱家的美夢徹底幻滅了。他絕望地對後來成為他妻子的阿杜阿‧韋羅尼（Adua Veroni）說：「沒希望了，再到薩爾索馬焦雷泰爾梅（Salsomaggiore Terme）演一場，從此與舞臺告別。」沒想到，奇蹟出現了！由於解除了精神負擔，帕華洛帝在的獨唱音樂會獲得了巨大的成功。他自己多年來付出大量辛勤的汗水，從別的男高音學來的全部技巧、他自己與生俱來的美妙嗓音都在這次音樂會上一下子全表現了出來。

　　他激動的心久久不能平靜：但願這是生命中的一個轉捩點。帕華洛帝應邀在勒佐‧艾米利亞的阿里斯托大廳演出，他選唱難度很大的男高音詠嘆調《弄臣》（*Rigoletto*）中的〈我彷彿看見眼淚〉（*Parmi veder le lagrime*）。

　　走上舞臺，帕華洛帝一眼看到坐在觀眾席位上的世界著名男高音歌唱家費魯齊歐‧塔利阿維尼。他感到在大師面前演出，無異於關公面前舞大刀，他頓時緊張了起來，呼吸急促。他極力控制住自己，努力把自己的特

長發揮出來。演出後，塔利阿維尼對帕華洛帝的演唱十分滿意，當即表示：「我還要看你的《波希米亞人》（*La Bohème*）演出。」帕華洛帝深感榮幸，興奮得幾乎要跳起來。

西元 1961 年，帕華洛帝以《波希米亞人》中魯道夫的一個唱段參加了國際聲樂比賽，一舉奪得了第一名。

1963 年，歌劇界巨頭在愛爾蘭都柏林歌劇院看了帕華洛帝的演出後，立即請他到英國科文特加登歌劇院獻藝。不久，帕華洛帝又在倫敦電視臺舉辦的「星期日之夜」中露面，借助於電視臺，帕華洛帝的歌聲飛進了千家萬戶。英國觀眾對他的表演發出了「瘋狂的迴響」。

1964 年他進入名耀世界的米蘭斯卡拉歌劇院，並一舉成名。1967 年，在紀念傑出音樂家托斯卡尼尼誕辰一百週年的音樂會上，他被卡拉揚挑選擔任威爾第的《安魂曲》（*Messa di Requiem*）中的獨唱。此後，這顆歌劇巨星越來越引入矚目，各國歌劇院爭相聘請他。他，終於成為當代最佳男高音。

1967 年，帕華洛帝在舊金山一舉成功。緊接著，紐約大都會歌劇院又向他伸出了歡迎之手。然而，就在這關鍵時刻，帕華洛帝患了重感冒。憑著他那深厚、扎實的聲樂技巧，他順利地度過了難關。輿論界對他做出了高度的評價。而被讚譽的歌唱者卻在暗想：自己還遠沒有唱出應有的水準呢！

他真正的實力，直到 1972 年，才讓紐約人真正地見識到。那一年，他在大都會歌劇院又與薩瑟蘭合作，在一個詠嘆調中，帕華洛帝從容不迫地從胸中連續唱出了 9 個「高音 C」！在演出另外兩個劇碼中，帕華洛帝竟然唱出了「高音降 D」、「高音 D」直至「超高音 F」。這是音樂史上記載過而本世紀還沒有人耳聞過的聲音上至此。，他已經用自己的歌聲衝開了地球上任何一個歌劇院的大門！

世界第一男高音

　　帕華洛帝的成功，除了有好嗓子、聰敏過人、接受能力強等特質外，更主要的是他勤奮好學、刻苦頑強，有強烈的事業心。唱歌，已成為他生活中「歡樂的源泉」。

　　帕華洛帝視音樂為生命：「沒有音樂我無法生活。」他酷愛各種音樂，認為「只要處理得好，搖滾樂、流行歌曲也會像優美的歌劇一樣動聽」。為延長藝術生命，他不停地演唱，平均三天演一場，每年演出多達 120 場次。那齣《波希米亞人》他到底唱了多少遍，自己也記不清。可每次唱來總是那樣激動，眼前總能看到他那位愛哼唱小調的當麵包師的父親，還有在煙廠做工的母親，是她當年說服了 26 歲的兒子投身歌唱事業，從此改變了他的生活道路，成為風靡全球的一代歌王。

　　帕華洛帝是幸運的。他的成功和聲名除了自身天賦和勤奮外，還受惠於著名女高音薩瑟蘭和指揮大師卡拉揚的提攜。早年的帕華洛帝雖年輕有為，嗓音宏亮，唱歌不過是票友而已。即使是後來專攻歌唱，並拿了一個國際歌賽大獎，但每每登臺也還多屬於國內串場。後來，薩瑟蘭發現了他這塊好料，並校正他發聲的毛病，多次言傳身教，甚至讓他把手放在她的肚皮上來感受正確的運氣方法，這樣，不出多久，帕華洛帝歌藝大增，氣候漸成。他登上了著名的米蘭斯卡拉大劇院舞臺，他和薩瑟蘭同臺演唱並揚名澳洲。而卡拉揚的提攜則把帕華洛帝推上更為顯赫而寬廣的世界舞臺，在柏林、舊金山，帕華洛帝在卡拉揚的指揮棒下引吭高歌，傾倒所有觀眾，場場掀起轟動。

　　此後，帕華洛帝的聲譽節節上升，或上歌劇或唱音樂會，或巴黎或倫敦或紐約，可謂名利雙收，成為西方樂迷心中的偶像和音樂市場上的超級明星。

世界科技巨頭

比爾蓋茲 (1955 年—)

> 比爾蓋茲 (William Henry Gates III)，美國西雅圖人，微軟公司
> 創始人。比爾蓋茲以其電腦應用軟體 Windows 系統聞名於世。

西元 1955 年 10 月 28 日，比爾蓋茲生於美國西北部華盛頓州的西雅圖。父親是律師，是他早期打官司的重要幫手。母親是教師，後來在比爾蓋茲與 IBM 歷史性的合作中具有關鍵作用。

比爾蓋茲從小歡快活潑，是一個高能量的孩子。不論什麼時候，他都在搖籃裡來回晃動。接著又花許多時間騎彈簧木馬。後來，他把這種搖擺習慣帶入成年時期，也帶入了微軟公司，撼動了整個世界。

比爾蓋茲自小酷愛數學和電腦，在中學時就成為有名的「電腦迷」。保羅・艾倫 (Paul Gardner Allen) 是他最好的朋友，兩人經常在湖濱中學的電腦上玩三連棋的遊戲。那時候的電腦就是一臺 PDP8 型的小型機，學生們可以在一些相連的終端上，用紙帶打字機玩遊戲，也能編一些小軟體，諸如排座位之類的，小比爾蓋茲玩起來得心應手。

西元 1972 年的一個夏天，年齡比他大 3 歲的保羅拿來一本《電子學》的雜誌，翻到第 143 頁上，指著一篇只有十個自然段的文章，對比爾說，有一家新成立的叫英特爾的公司推出一種叫 8008 的微處理器晶片。兩人不久就弄到晶片，組裝出一臺機器，可以分析城市內交通監視器上的資訊，於是又決定成立了一家命名為「交通資料公司」的公司，不過，兩位少年的遊戲很快結束了。

西元 1973 年比爾上了哈佛大學，保羅則在波士頓的漢威聯合國際 (Honeywell International) 公司找到一份程式設計的工作，兩位朋友經常

會面，探討電腦的事情。1974 年春天，當《電子學》雜誌宣布英特爾推出比 8008 晶片快 10 倍的 8080 晶片時，比爾和保羅已認定那些像 PDP8 型的小型機的末日快到了。他們在新晶片背後已看到了對每個人來說堪稱是完美電腦的輝煌前景：個人化、適應性強而且最重要的是不超出個人購買力。一句話，英特爾的 8080 晶片將改變整個工業結構。

如蘋果砸出牛頓的智慧一樣，個人電腦突入比爾蓋茲的腦海也有一個外在的啟蒙者。這就是西元 1975 年 1 月分的《大眾電子學》雜誌，封面上 Altair8080 型電腦的圖片一下子點燃了保羅·艾倫和比爾蓋茲的電腦夢。

這臺世界上最早的個人電腦，標誌著電腦新時代的開端。這個基於 8008 微處理器的小機器，卻是一位虎背熊腰的大漢的傑作，他叫艾德·羅伯茨（Henry Edward "Ed" Roberts），當時他經營的 MITS 公司陷入困境，情急之下發明了這臺微機。還在哈佛上學的比爾蓋茲看到了商機，他打電話表示要給 Altair 研製 Basic 語言，羅伯茨將信將疑。結果，比爾蓋茲和艾倫在哈佛阿肯電腦中心沒日沒夜地工作了 8 週，為 8008 配上 Basic 語言，此前從未有人為微機編過 Basic 程式，比爾蓋茲和艾倫開闢了軟體業的新路，奠定了軟體標準化生產的基礎。

西元 1975 年 2 月，大功告成，艾倫親赴 MITS 解說並示範操作，十分成功。這年春天，艾倫進入 MITS，擔任軟體部經理。念完二年級課程，比爾蓋茲不顧家人反對，執意中斷學業，加入艾倫從事的工作。那時他們已有創業的念頭，但要等到 Basic 被廣大用戶接受，此前他們是不會離開羅伯茨的，他們正待羽翼漸豐。

微軟誕生於西元 1975 年，但當時微軟與 MITS 之間的關係十分模糊，確切地說微軟「寄生」於 MITS 之上。西元 1975 年 7 月下旬，他們與羅伯茨簽署了協定。期限 10 年，允許 MITS 在全世界範圍內使用和轉讓 Basic 及原始程式碼，包括協力廠商。根據協定，比爾蓋茲他們最多可獲利 18 萬美元。羅伯茨在全國展開了聲勢浩大的宣傳，生意蒸蒸日上。借助 Altair

的風行，Basic 語言也推廣開來，同時微軟又贏得了 GE 和 NCE 這兩個大客戶。比爾蓋茲和他的公司聲名大振，腰桿子一下子硬了許多。

比爾蓋茲思維敏捷，有超凡的判斷力和遠見，他看準了國際商用機器 (IBM) 這棵大樹，想讓當時還很弱小的微軟依附在這棵大樹上成長。終於在西元 1980 年 11 月，微軟與 IBM 簽訂合約，共同為 IBM 的電腦開發操作軟體。因為有了 IBM「藍色巨人」的支持，微軟進步飛速。但是，由於兩家公司的文化不同，IBM 的作風是沉著穩重，過於謹慎，而微軟則是激進、充滿活力，精明的比爾蓋茲發覺兩家公司遲早要決裂，於是留了一手，在與 IBM 共同研製開發系統軟體的同時，他自己組織一幫年輕人殺入應用軟體領域，著手開發應用軟體程式。最後微軟公司與 IBM 鬧翻之後，事實證明，比爾蓋茲保留的這一手是多麼英明，以至於微軟不但沒有被踢出局，還憑自己開發的應用軟體異軍突起，牢牢地穩坐在軟體行業領袖的寶座上。

西元 1981 年，IBM 與微軟共同推出新型的個人電腦，這種機器裝有微軟的高階語言系統及作業系統 (DOS)。緊接著，康柏公司推出了與 IBM 電腦相容的電腦，以此與 IBM 競爭。但是，不管是 IBM 還是康柏，他們的電腦都得使用微軟的 MS — DOS 軟體，競爭的結果，只有比爾蓋茲是真正的贏家。此時，市面上的絕大多數電腦都採用微軟的軟體，所以這時的微軟決定不再針對不同的機器生產不同的軟體，而是只生產標準軟體，但用微軟自己的標準。

微軟公司規模迅速擴大，公司員工從西元 1978 年的 15 人暴增到 1981 年的 125 人，銷售額從 1980 年的 84 萬美元上升到 1981 年的 1600 萬美元。

1982 年春，基爾代爾教授的 16 倍 CP/M 作業系統終於推向了市場。雖然這種系統的價格較貴，但對微軟的 DOS 仍然具有很大的威脅。比爾蓋茲為此立即展開了攻勢，他派出了公司裡的精兵強將分兵四路，四處出擊，說服了許多商家使用微軟的作業系統。由於比爾蓋茲足智多謀，巧妙

地誘導著對手，同時憑著對市場的深入了解，使他的對手一直未能占到什麼優勢。

　　經過不懈的努力，微軟取得了最終的勝利，在 IBM 個人電腦問世半年後，微軟正式成為個人電腦軟體方面的領導者，微軟的 DOS 成為這個產業的唯一標準。隨著 IBM 個人電腦的節節勝利，微軟也平步青雲。IBM 的電腦供不應求，訂單如雪片般飛來。到 1982 年 8 月，IBM 共售出 13,533 臺個人電腦，收入達 4,300 萬美元，取得了輝煌的成績。作為電腦軟體的供應者 ── 微軟公司也得到令人驚嘆的發展。比爾蓋茲和他的助手們並沒有因此而陶醉，他們正積極地抓緊開發 MS ── DOS 的升級版本。西元 1982 年 5 月，作為 MS ── DOS 的升級版本 ── DOS.1 版正式完成，公開發售。這種升級版本的磁片容量將增至 320K，比原來的大一倍多。這個版本的開發成功，使微軟更上一層樓，這時只有 26 歲的比爾蓋茲一躍而成為電腦軟體行業舉足輕重的人物。

　　西元 1985 年 6 月，微軟和 IBM 達成協議，聯合開發 OS/2 作業系統。根據協定，IBM 在自己的電腦上可隨意安裝，幾乎分文不取。而允許微軟向其他電腦廠商收取 OS/2 的使用費。當時 IBM 在電腦市場擁有絕對優勢。兼容機市占率極低，洛伊幾乎不加思索地同意了。而到了 1989 年，兼容機市場已達到 80% 的市占率。微軟在作業系統的許可費上，短短幾年就營利 20 億美元。

　　當然，雙方在 OS/2 上的合作未能持續下去。微軟從 1981 年就開始開發後來稱之為「Windows」的作業系統。Windows 最初版本與 OS/2 有很大關係。1985 年，Windows1‧0 問世，才真正成為一個產品。而 1995 年 8 月，Windows95 發布，正式把微軟推向電腦業的顛峰。而 1992 年 IBM 的 OS/22.0 銷量僅 100 萬套，Windows3‧0 卻達 1,000 萬套。

　　IBM 霸主地位日漸降低，使失去了對手的比爾蓋茲成為無冕之王。1992 年，著名電腦作家羅伯特‧克林格利 (Robert Cringely) 說「如果說

IBM 是電腦宇宙中的上帝，那麼比爾蓋茲就是教皇。」

借助強大的市場優勢和金錢實力，微軟屢屢實施「吸功大法」，將許多其他公司創造的新技術新功能納入自己的產品，尤其是 Windows 之中，使其成為無所不能的百寶箱。這種形勢下，弱小的軟體公司的確無法與微軟一起參與這場遊戲。

的確，微軟雖然已是一個龐大的帝國，但還從未曾真正以自己原創的設想，開發出市場上巨大的產品。其起家 Basic 並不是自己發明的，DOS 也是從其他公司買來的，Windows 用的是 Xerox 和蘋果的技術，Excel 其實是 Lotus123 的複製品，Web 瀏覽器也是借助網景（Netscape）的創意開發的，Word 純粹是 Wordstar、WordPerfect 的跟風……這些模仿的產品構成了微軟的主要力量。而一些他自己的創意和產品，如 Bob、MSN、Slate、Park 等則沒有獲得相同的成功。

當然，微軟的光芒也吸引了美國反壟斷法的注意力。西元 1990 年，美國聯邦貿易委員會開始調查微軟的市場行為，主要是針對其作業系統與應用軟體一起捆綁銷售的方式，這種搭售方法正是反壟斷法「專政」的對象之一。不過作為資訊時代的美國傳奇，微軟習慣了法律對它網開一面的照顧。1993 年，司法部接管調查工作，才使微軟有點緊張起來。1994 年，司法部對微軟的市場行為做出限制性裁決。尤其是當微軟準備購並財務軟體市場的領頭羊 —— Intuit 公司時，司法部挺身而出，指控這起兼併為非法，微軟不得不放棄了這次機會。

西元 1995 年，法院做出裁決，禁止微軟將不同軟體產品強行捆綁，這與其說是司法部的勝利，不如說是雙方體面的「言和」，因為微軟毫髮未損，而且也認定這項裁決將束之高閣。

微軟給人最深的印象就是其好戰的本性及一貫咄咄逼人的策略，用比爾蓋茲的話來說：「任何會動的東西，都是我們的獵物。」也正是非凡的野心和一往無前的氣勢，成為微軟不斷成功的動力源泉。20 多年來，微軟如

同一頭風度翩翩的大白鯊，遊進了金魚池中，令對手聞風喪膽。在比爾蓋茲的率領下，不但在原有的業務領域內鞏固了壟斷地位，也頻頻開拓可供占領的全新疆界。

西元 1994 年元旦，這位世界上最具價值的年近 40 歲的單身漢終於結婚了。成家後的比爾蓋茲並沒有收斂自己的野心，而且他馬上投入了一場更赤裸裸的野蠻戰爭中：圍剿網景公司的瀏覽器。

如今微軟已成為了業內的「帝國」，除了主宰電腦作業系統和辦公軟體外（這是微軟的命脈），還插足個人財務軟體、教育及遊戲、網路作業系統、商用電子郵件、資料庫及工具軟體、內部網伺服器軟體、手持設備軟體、網路瀏覽器、網路電視、上網服務以及近 20 個不同的網站。拉爾夫‧納德（Ralph Nader）說：「與約翰‧洛克斐勒（John Davison Rockefeller）不同，比爾蓋茲清楚地意識到，他的壟斷行為沒有界限。」除了反壟斷法，他已天下無敵。

歷史的築夢者，開創文明與新世界的先驅：
從古代帝王到現代科學家，那些改寫歷史的力量

編　　著：陳深名，劉國生

發 行 人：黃振庭

出 版 者：複刻文化事業有限公司

發 行 者：複刻文化事業有限公司

E-mail：sonbookservice@gmail.com

粉 絲 頁：https://www.facebook.com/sonbookss/

網　　址：https://sonbook.net/

地　　址：台北市中正區重慶南路一段六十一號八樓 815 室

Rm. 815, 8F., No.61, Sec. 1, Chongqing S. Rd., Zhongzheng Dist., Taipei City 100, Taiwan

電　　話：(02)2370-3310

傳　　真：(02)2388-1990

印　　刷：京峯數位服務有限公司

律師顧問：廣華律師事務所 張珮琦律師

─版權聲明─

定　　價：375 元

發行日期：2024 年 02 月第一版

◎本書以 POD 印製

國家圖書館出版品預行編目資料

歷史的築夢者，開創文明與新世界的先驅:從古代帝王到現代科學家，那些改寫歷史的力量 / 陳深名，劉國生 編著 . -- 第一版 . -- 臺北市 : 複刻文化事業有限公司 , 2024.02

面；　公分

POD 版

ISBN 978-626-7426-45-6(平裝)

1.CST: 世界傳記 2.CST: 通俗作品

781　　113000673

電子書購買

臉書

爽讀 APP